Dieter Nohlen   Feuer unter der Asche

DIETER NOHLEN

Feuer unter der Asche

Chiles gescheiterte Revolution

SIGNAL-VERLAG · BADEN-BADEN

Schutzumschlagentwurf: Herbert Carl Traue, Schwaig

© Signal-Verlag, Hans Frevert, Baden-Baden, 1974
Printed in Germany

Druck: St.-Johannis-Druckerei, Lahr 13513/1974
Buchbinderarbeiten: J. Spinner, Ottersweier

ISBN 3 7971 0132 5

Inhalt

Vorwort

Am 4. September 1970 gewann der Marxist Salvador Allende in freien Wahlen die Regierungsgewalt im Andenstaat Chile. Drei Jahre danach, am 11. September 1973, stürzten die Streitkräfte und die Polizei des Landes die demokratisch gewählte Regierung. Dem September der Hoffnung, durch eine sozialistische Revolution Armut und soziale Ungerechtigkeit beispielhaft für Lateinamerika zu überwinden, folgte — mit den Worten des chilenischen Nobelpreisträgers Pablo Neruda — der »Bitter Monat September«. Die Militärs beendeten ein Experiment, das umstürzende Veränderungen und heftigste innenpolitische Kämpfe ausgelöst hatte. Pausenlose Attacken der in- und ausländischen Gegner, aber auch eigene Fehler in der Führung des Revolutionsprozesses hatten Allende in eine Sackgasse geraten lassen.

Die Welt hat an den Ereignissen in Chile, zumal am gewaltsamen Sturz und Tod des chilenischen Präsidenten, lebhaft und engagiert Anteil genommen. Das vorliegende Buch gibt eine Antwort auf die überall und immer wieder gestellte Frage, warum Allende scheiterte. Es läßt dabei die drei Revolutionsjahre voller sozialer Spannungen und politischer Auseinandersetzungen wieder aufleben. Es führt den Leser an das bewegte und bewegende politische Geschehen eines Landes heran, dessen Wählerschaft den sozial fortschrittlichen Parteien das Mandat erteilte, freiheitliche Demokratie und Sozialismus in einer neuen Gesellschaftsordnung miteinander zu verbinden. Zunächst werden die geschichtlichen Voraussetzungen der Revolution dargestellt. Ohne sie kennenzulernen, könnten Programm, Realisierungschance und Gefahrenmomente einer sozialistischen Revolution in Chile kaum verstanden werden. Sodann wird die Politik des »zweiten Weges zum Sozialismus« an konkreten Beispielen veranschaulicht: Nationalisierung des Kupfers, Agrarreform, Verstaatlichung von Unternehmen, Verfassungsreform. Siege und Niederlagen der Allende-Regierung wechseln einander ab. Dramatisch spitzte sich die wirtschaftliche Entwicklung zu, gekennzeichnet durch Versorgungsschwierigkeiten, schwarze Märkte und eine extrem hohe

Geldentwertung. Kaum weniger spannend verlief die Auseinandersetzung innerhalb der die Allende-Regierung unterstützenden politischen Parteien um die richtige Strategie und zwischen der marxistischen Linken und der Opposition: Oktoberstreik, Märzwahlen, Juniputsch usw. Das vorliegende Buch schildert Fronten und Verlauf einer letztlich gescheiterten Revolution, die mit dem 11. September ihr tragisches Finale erlebte. Was zu diesem Tag hinführte und was in den dramatischen Stunden bis zum Tode des Präsidenten geschah, wird eingehend dargestellt.

Es würde zu weit führen, hier im einzelnen zu begründen, weshalb ich innerhalb von 18 Monaten ein zweites Buch über Chile vorlege. Ein wesentlicher Grund war, daß meine Töchter mich bedrängten, endlich mal ein Buch zu schreiben, das auch sie lesen können. Leider ist der Gegenstand so schwierig und komplex, daß die Darstellung nicht immer so vereinfacht werden konnte, wie es für einen jugendlichen Leserkreis wünschenswert wäre. Schwierige Begriffe werden im Text mit einem Sternchen versehen und im Anhang erklärt. Der leitende Gedanke dieses Buches ist also ein didaktischer*. Zudem reizte mich, meine Aussagen des ersten Chile-Buches im Lichte des 11. Septembers zu überprüfen und auch die Darstellung fortzuführen, die seinerzeit mit den Märzwahlen von 1973 abgebrochen wurde. Auch wurde möglich, die reaktionäre Politik der Militärs und ihr Versuch, die Flamme der chilenischen Revolution vollkommen auszulöschen, darzustellen. Dabei wird wohl auch deutlich, daß Kritik an der Volkseinheit nicht bedeutet, den Militärs Beifall zu spenden. Im Gegenteil!

Freilich bezieht das Buch einen politischen Standpunkt. Es wäre vermessen, dies zu leugnen. Ich befürworte eine demokratisch und schrittweise verlaufende revolutionäre Veränderung der Gesellschaft in Chile, gestern, heute und morgen. In die neue Darstellung gehen auch Erkenntnisfortschritte hinsichtlich der Theorie der Unterentwicklung und Entwicklung ein.

Angesichts der geringen zeitlichen Distanz zu den dramatischen Ereignissen und der noch vorherrschenden emotionalen Bewertung der Vor-

---

*Auf Anmerkungen und Quellenverweise wurde verzichtet. Der daran interessierte Leser sei auf meine Schrift: *Chile – Das sozialistische Experiment, Hoffmann und Campe Verlag, Hamburg 1973* sowie auf meine verschiedenen kleineren Arbeiten zu Chile verwiesen, von denen einige im Literaturverzeichnis S. 179 angegeben sind.
Hinsichtlich der Lernziele, die eine Analyse der wirtschaftlichen, sozialen und politischen Probleme eines Entwicklungslandes anstreben sollte, folge ich den hessischen Rahmenrichtlinien. Eine Zusammenstellung der Lernziele und Leitfragen im Problemreich »Unterentwicklung und Entwicklung« findet sich in: Dieter Nohlen und Franz Nuscheler (Hrsg.), Handbuch der Dritten Welt, Band I, Theorien und Indikatoren von Unterentwicklung und Entwicklung, Hamburg 1974, S. 190–192.

gänge, die die Welt bewegten, kann der Versuch, eine abgewogene Darstellung der drei Jahre Revolution zu schreiben, kaum des Beifalls aller Leser sicher sein. Noch herrscht der Wunsch vor, eine bestimmte Sichtweise des chilenischen Weges zum Sozialismus und der Gründe seines Scheiterns immer wieder bestätigt zu finden. Was hilft es, sich Sand in die Augen zu streuen? Erhebliche Fehler wurden von der Volkseinheit gemacht. Die chilenische Revolution lebt in dem Maße, wie sie in der Lage ist, die gemachten Fehler zu erkennen und aus ihnen zu lernen. Sie bedarf – um wieder erstarken zu können – nicht der bewußten und unbewußten Entstellungen, der historischen Fälschungen, der großen Vereinfachungen, die zum Zwecke politischer Propaganda in die Welt gesetzt wurden und vielfach gläubige Aufnahme fanden. Die Wahrheit ist fortschrittlich, ist revolutionär, hatte auch Allende den Journalisten der linken Presse Chiles zu verstehen gegeben.

Für die mir geleistete Unterstützung möchte ich Herrn Otto Boye Soto, Professor für Internationale Politik an der Universität von Valparaiso, sehr herzlich danken. Die Verantwortung für mögliche Mängel und Fehler der Darstellung liegt allerdings bei mir.

Anja und Meike gewidmet.

Heidelberg, im Juni 1974

Dieter Nohlen

Vengo cantando esta zamba
con redoble libertario,
mataron al guerillero
Ché, comandante Guevara,
selvas, pampas y montañas,
patria o muerte su destino.

Que los derechos humanos
los violan en tantas partes,
en América Latina,
Domingo, Lunes y Martes.
Nos imponen militares
para sofocar los pueblos,
dictadores asesinos,
gorilas y generales.

Explotan al campesino,
al minero y al obrero –
cuanto dolor su destino,
hambre, miseria y dolor.
Bolivar les dió el camino,
y Guevara lo siguió,
liberar a nuestro pueblo
del dominio explotador.

Ich singe diese Zamba,
die Zamba der Befreiung.
Sie töteten den Guerillero
Che, den Kommandanten Guevara.
Wälder, Steppen und Berge,
Vaterland oder Tod – sein Schicksal.

Die Menschenrechte –
überall werden sie verletzt
in Lateinamerika,
sonntags, montags und dienstags.
Sie zwingen uns Militärs auf,
um das Volk zu unterdrücken,
mörderische Diktatoren,
Gorillas und Generäle.

Sie beuten den Bauern aus,
den Bergmann und den Arbeiter.
Wieviel Leid ist ihr Schicksal!
Hunger, Elend und Schmerz.
Bolivar wies den Weg,
und Guevara folgte ihm,
unser Volk zu befreien
von Herrschaft und Ausbeutung.

Víctor Jara, aus: Zamba del Ché

Jara wurde im Estadio Chile von Santiago grausam zugerichtet und umgebracht.

1. Chile – 4. September

Es war der Abend des 4. September 1970. Um 19.00 Uhr hatten die Wahllokale geschlossen. Während an den Fernsehapparaten und Rundfunkgeräten die Masse der politisch Interessierten die einlaufenden Wahlergebnisse verfolgte, sammelten sich im Stadtzentrum der drei Millionenstadt Santiago die politischen Gruppen, die sich des Sieges sicher glaubten und auf den Moment des Jubels und der Parade warteten. Noch war aber nicht alles entschieden. Die Informationen der verschiedenen Radiosender gaben kein eindeutiges Bild. Eines aber stand fest. Der christdemokratische Kandidat war abgeschlagen. Das Rennen um die Präsidentschaft in Chile entschied sich nur noch zwischen Salvador Allende und dem Expräsidenten Jorge Alessandri (1958–1964). Allende kandidierte für die Volkseinheit (Unidad Popular), Alessandri war der Bewerber der politischen Rechten des Landes und der Nationalpartei. Beide hatten schon einmal im Kopf-an-Kopf-Rennen gelegen, am Ende aber war Alessandri mit 40 000 Stimmen Vorsprung der Sieg sicher. Das waren die Präsidentschaftswahlen von 1958. Würde es diesmal wieder so sein? Würde sich nach dem Versuch der fortschrittlichen Regierung Eduardo Frei (1964–1970), die wirtschaftlichen und sozialen Probleme Chiles durch grundlegende Strukturreformen zu lösen, die konservative Kandidatur durchsetzen? Sie forderte eine Rückkehr zu früheren Verhältnissen. Würde damit das Rad der Geschichte in Chile wieder zurückgedreht? Oder würden es die Parteien und politischen Bewegungen, die sich zur Volkseinheit zusammengeschlossen hatten, würde es die vereinigte Linke diesmal schaffen? Würden sie also die politische Rechte schlagen, nachdem die Christdemokraten den Sieg der Reaktion nicht mehr verhindern konnten? Die zahlreichen privaten Sendestationen, die von der politischen Rechten kontrolliert werden, meldeten einen Vorsprung Alessandris. Demgegenüber ließen die Stimmbezirks- und Zwischenergebnisse, die das Innenministerium der Regierung Frei bekanntgab, einen knappen Sieg Allendes erwarten. Wenn der Wahlausgang tatsächlich sehr knapp würde, würden dann die Kontrahenten, die politisch in nichts übereinstimmten, das Wahlergebnis überhaupt anerkennen? Im Grunde stand alles auf dem Spiel: der Wahlsieg, die politischen Machtverhältnisse, die Verfassung.

Im »Barrio alto«, dem bürgerlichen Viertel Santiagos, das insgesamt 35 Prozent der Wahlberechtigten des gesamten Landes stellte, lag eindeutig Alessandri vorne. Allende folgte hier teilweise erst hinter Radomiro Tomic, dem dritten Kandidaten, an letzter Stelle. In den Arbeiterbezirken, in den Vorstadtsiedlungen und Slums, die hier Callampas heißen, war das Stimmenverhältnis zwischen Allende und Alessandri genau umgekehrt. Doch wenn Allende diese Bezirke auch sicher gewann, war hier, wo fast nur arme Leute wohnen, der Stimmenanteil von Alessandri unerwartet hoch. Da keine Hochrechnungen auf der Grundlage ausgesuchter Stimmbezirke angestellt wurden, die für das Gesamtwahlverhalten bei einer Wahl repräsentativ sind und bereits nach Bekanntwerden einer ausreichenden Zahl von Teilergebnissen das Endergebnis angeben – wir kennen diese Hochrechnungen von europäischen Wahlen, etwa von Wahlen zum deutschen Bundestag –, konnten die nach Stimmbezirken höchst unterschiedlichen Daten kein klares Bild über den Wahlausgang ergeben. Würden nicht die relativen Stimmenerfolge Alessandris in den unteren Schichten, wo er als Vaterfigur verehrt wurde, zugunsten der Reaktion entscheiden? Alessandri würde ja auch auf dem Lande gut abschneiden, wo die Großgrundbesitzer noch immer Druck auf die Stimmabgabe der von ihnen Abhängigen ausüben können. Die Spannung stieg ins Unerträgliche!

Gegen 21.00 Uhr kündigen beide politische Gruppen, Rechte und Volkseinheit, ihren wahrscheinlichen Wahlsieg an. Das scheint für ihre Anhänger der Auftakt zu einem spontanen Massenauflauf in der Stadt. Es ist höchste Zeit, daß der Platzkommandant von Santiago angesichts des noch unentschiedenen Wahlausgangs per Rundfunk und Fernsehen sein Verbot öffentlicher Veranstaltungen wiederholt, das 24 Stunden vor dem Wahltermin einsetzt und von den Streitkräften überwacht wird, die insgesamt für den ordnungsgemäßen Ablauf der Wahlen Sorge zu tragen haben. Zu befürchten war, daß die gegnerischen politischen Lager den Wahlsieg mit Fäusten und Waffen zu erringen versuchen und statt der Wahlurnen die Straße sprechen lassen. Bei Hunderttausenden von Menschen auf Straßen und Plätzen konnten Ausschreitungen nicht ausgeschlossen werden.

In Chile sind solche Massenkundgebungen keine Seltenheit. Besonders der Wahlkampf von 1970 hatte gezeigt, daß die Massen politisch aktiviert werden können, freilich im Fieber einer politischen Auseinandersetzung, die in Chile grundsätzliche Entscheidungen über die Zukunft des Landes enthielt, die weit über die Bedeutung normaler Parlamentswahlen hinausgehen. Santiago stand seit Monaten im Zeichen der Wahlen, aber auch die Städte und Dörfer der Provinz. Wo gab es für die politische Werbung noch ungenutzte Stellen an Hauswänden und Steinzäunen? Selbst die Straßen waren mit Slogans und Namen beschriftet. Aus den Fenstern der Hochhäuser hingen Fahnen und Bänder, hinter den Scheiben klebten die Plakatköpfe der Kandidaten, die Privatwagen wurden vielfach in Werbewagen verwandelt. Aber das alles reichte noch nicht. Anderen Verkehrsteilnehmern zeigte man mit der Zahl der gestreckten Finger, für welchen der drei (auf dem Wahlzettel mit Nummern versehenen) Kandidaten man sei. Und war dies im starken Verkehr nicht recht klarzumachen, so half eine Hupfanfare, um den letzten Zweifel über die eigene politische Einstellung auszuräumen. Der Wahlkampf brachte auch den Höhepunkt des revolutionären Lieds in Chile. Angel und Isabel Parra, Victor Jara, Rolando Alarcón und die Gruppen der Inti Illimani und der Quilapayun besangen im nueva canción chilena den Kampf der Arbeiter am Arbeitsplatz, in der Mine und auf dem Lande, die Unterdrückung durch die Oligarchie* und den Staat, der sich in ihren Händen befindet, erzählten von Kuba und vom neuen Leben auf der karibischen Insel, sie besangen Fidel Castro, den »Comandante« Che Guevara und auch Ho Chi Minh und den Kampf des vietnamesischen Volkes gegen den nordamerikanischen Unterdrücker. Sie zogen mit einigen Liedern den Haß des Bürgertums auf sich, wenn sie Politiker aus der Mittelschicht namentlich für Ausschreitungen der Polizei gegenüber Arbeitern und Siedlern verantwortlich machten. Vor allem die beiden Parras beherrschten aber auch die einheimische Folklore und vermochten durch eine Mischung zwischen dem traditionellen und dem revolutionären Lied ein breites und begeistertes Publikum anzusprechen. Ihre sonnabendlichen Fernsehsendungen wurden viel gesehen.

So nimmt es nicht wunder, daß die Wahlen jeden in ihren Bann zogen. Bei den Abschlußveranstaltungen des Wahlkampfs der drei Kandidaten strömten jeweils über 500 000 Menschen in die Alameda, die Hauptstraße Santiagos, und vor den Mapacho-Bahnhof. Schon Stunden vor Beginn der Rede des Kandidaten setzten sich von den Außenbezirken der weiträumig angelegten Stadt die Marschkolonnen in Bewegung. Die Ansprachen der Kandidaten wurden ständig von rhythmischen Gesängen der Teilnehmenden unterbrochen. Vor allem die Allende-Anhänger brachten eine Reihe von Slogans vor, die auch diejenigen mitriß, die nur zur Beobachtung der Szene gekommen waren. So forderte ein Zweizeiler dazu auf, auf- und abzuhüpfen, wenn man sich nicht als »Momio«, als Mumie, wie die reiche Oberschicht genannt wird, zu erkennen geben wollte.

Das Engagement der Chilenen bei diesen Wahlen erklärt sich nur zum Teil aus der herkömmlichen Bedeutung, die die Politik im Leben der Chilenen spielt. Gewiß, man kann sich kaum ein anderes Land vorstellen, in welchem es eine freiere Presse geben könnte, in welchem von morgens bis abends, in der Familie, im Beruf, in der Gesellschaft, so viel über Politik gesprochen wird wie im Chile von damals. Die Formen des Wahlkampfes und die Intensität, mit der die Wahlen alle Aktivität des Landes durchfuhren, ist vor allem Ausdruck der Tatsache, daß bei den Wahlen von 1970 außerordentlich viel auf dem Spiel stand. Im Laufe des Jahres 1970 war die Wirtschaftätigkeit des Landes zurückgegangen. Entscheidungen über Investitionen* und Produktion wurden aufgeschoben, bis das Ergebnis der Wahlen vorlag. Angesichts der Möglichkeit, daß Allende die Wahlen gewinnen könnte, wurden Geldwerte aus dem Lande geschafft oder in harten Devisen angelegt. Der Schwarzmarktkurs des US-Dollars stieg zehn Tage vor den Wahlen von sechs auf zehn chilenische Escudos an. Die politische Rechte wußte, daß sie ihre wirtschaftliche Macht einbüßen würde, wenn diese Wahlen verloren gingen. Vorsorglich legten sich auch Angehörige der Mittelschichten Auslandskonten in den USA, in der Schweiz und in der Bundesrepublik an. Aber es wurde auch viel Geld eingesetzt, um Alessandris Sieg zu erreichen, inländische Gelder und solche des Auslands. Viel Geld ging in die Kampagne des Optimismus, Alessandri würde die Wahlen auf jeden Fall gewinnen. Viele erlagen dieser Propaganda. Beispielsweise gab es in der deutschen Botschaft in Santiago kaum jemanden, der nicht vom Wahlsieg Alessandris überzeugt war. Doch fiel auf, daß trotz der allgemeinen Atmosphäre des Optimismus, die vor allem der rechtsunabhängige »Mercurio«, einflußreichstes Blatt der bürgerlichen Presse, verbreitete, viele die Koffer packten und sich Flugkarten oder Schiffspassagen kauften, um bei einem Wahlsieg Allendes sofort das Land zu verlassen. Sie ahnten, daß ihr Spiel »alles oder nichts« ins Auge gehen konnte. Den Wahlslogan von Tomic, daß, wer am 5. September ruhig aufwachen wolle, Tomic zu wählen habe, hatten sie in den Wind geschlagen. Sie wollten Alessandris Sieg erzwingen oder Chile verlassen.
Die offiziellen Zwischenergebnisse des Innenministeriums bestätigten fortlaufend eine leichte Führung für Allende. Je mehr Ergebnisse einliefen, während der Trend unverändert blieb, desto mehr verfestigte sich bei der Regierung und der sie tragenden Christlich-demokratischen Partei, daß Allende der Wahlsieger sei. Hier tat nun der abgeschlagene Kandidat Radomiro Tomic den entscheidenden Schritt. Gegen 22.00 Uhr, als noch immer nicht alle Wahlergebnisse eingelaufen waren, der Trend aber endgültig festzustehen schien, erkannte Tomic den Wahlsieg des

Kandidaten der Volkseinheit an. Ein Mitbewerber um die Präsidentschaft, der immerhin später bestätigte 28,1 Prozent der Stimmen auf sich
vereinigte, machte Allende den Wahlsieg nicht mehr streitig. Das war der
Auftakt zu Solidarisierungskundgebungen der christlichen Linken mit
den Parteien der Volkseinheit. Vor allem die Jugend der linken Parteien
verbrüderte sich und feierte gemeinsam den Sieg eines ihrer Kandidaten
über den Rechtskandidaten. Das fiel den jungen Christdemokraten, die
auf die kommunistischen Jugendlichen und Studenten zugingen, nicht
schwer, denn sie hatten schon während des Wahlkampfes verkündet:
»Wir haben nichts gegen Allende, aber wir ziehen Tomic vor«. Nun, da ihr
eigener Kandidat ausgefallen war, machten sie wahr, daß sie nichts gegen Allende einzuwenden hätten und zogen mit den Jugendlichen der
Volkseinheit zum alten Gebäude der Vereinigung der Studenten der
Staatsuniversität auf der Alameda, wo – wie sich herumgesprochen hatte
– gegen 23.00 Uhr Allende eine erste Rede nach seinem Wahlsieg halten
sollte. Hier hatte sich eine zehntausendköpfige Menge versammelt, als
Allende vom Balkon des zweistöckigen Hauses, dem Zentrum der politisch aktiven Universitätsjugend, unter lautem Beifall zu sprechen begann:
»Wie sehr empfinde ich im Innersten meines Ichs als Kämpfer, was jeder
von Ihnen mir übertragen hat. Was heute zu Ende geht, ist ein langer Tag.
Ich übernahm nur die Fackel, die andere, die vor uns zusammen mit dem
Volk und für das Volk gekämpft haben, entzündeten. Diesen Triumph haben wir in Ehrerbietung all denen zu widmen, die in den sozialen Kämpfen gefallen sind, die mit ihrem Blut den fruchtbaren Samen der chilenischen Revolution getränkt haben, die wir duchführen werden . . .«
Die Volkseinheit hatte gesiegt und einen Wahlerfolg errungen, an den sie
selbst nicht glaubte. Waren doch Schriften und Untersuchungen vor
dem 4. September erschienen, die nachwiesen, daß die marxistische
Linke die Präsidentschaftswahlen nicht würde gewinnen können. Nun
hatte sich der Optimismus Allendes bewahrheitet. Er hatte im Wahlkampf
immer wieder mit dem Che-Guevara-Wort »Venceremos« (wir werden
siegen) seine Wahlreden beendet. Also war es doch richtig, nach so vielen vergeblichen Anläufen erneut zu versuchen, durch Wahlen, innerhalb der Spielregeln einer parlamentarischen Demokratie, an die Regierung zu gelangen, um die notwendigen sozialen Reformen durchzuführen, nach denen das Land verlangte. Der Jubel unter den Anhängern Allendes war riesengroß. Die Rechte dagegen wurde von Angst und Panik
ergriffen. Vollbesetzte Maschinen der zahlreichen Fluggesellschaften
starteten von Santiagos Flughafen Pudahuel. Wer blieb, wußte, daß der
Aufbau eines »Neuen Chile« beginnen würde.

2. Ein zweiter Weg zum Sozialismus

Balkenüberschriften, zumindest aber herausragende Schlagzeilen verkündeten in den Blättern der Weltpresse den auch international als Überraschung gewerteten Wahlausgang. Die Entwicklung in Chile rückte schlagartig in das öffentliche Interesse der Welt.

Natürlich waren die Reaktionen auf den Wahlsieg der Volkseinheit vollkommen unterschiedlich. Wirtschaftliche und politische Interessen des westlichen Auslands standen auf dem Spiel. Ihre Bedrohung wurde in der bürgerlichen Presse in den Mittelpunkt der Kommentare gestellt. Befürchtet wurde, daß Chile unter Allende in das sozialistische Lager abschwenken und neben Kuba einen zweiten Brückenkopf der Sowjetunion in Lateinamerika bilden könnte. Damit hätte nun Moskau auf dem Festland des Subkontinents Fuß gefaßt, wodurch der Kommunismus festen Boden für ein weiteres Vordringen in Lateinamerika bekäme. Befürchtet wurde weiterhin, daß diejenigen Banken, Firmen und auch Privatleute, die in Chile investiert hatten, eventuell entschädigungslos enteignet würden. Schließlich wurde im Wahlsieg Allendes die Zerstörung der parlamentarischen Demokratie in Chile gesehen und offen die Frage angesprochen, wie dies alles zu verhindern sei, vor allem welche chilenischen Kräfte den Untergang der Demokratie in Chile nicht zulassen dürften. Insbesondere wurde dem chilenischen Militär vorgeworfen, seiner staatspolitischen Rolle nicht gerecht zu werden, wenn es nicht putsche. Zu einem derartigen Verständnis von Demokratie, daß gegen die demokratische Entscheidung der Wählerschaft die Streitkräfte einzuschreiten hätten, um die Demokratie zu retten, verstieg sich u. a. die »Frankfurter Allgemeine Zeitung.«

Dagegen wurde im sozialistischen Lager des Ostens und des Westens der Wahlsieg Allendes begrüßt und gefeiert. Zwei Jahre zuvor noch war man heftigst aufeinandergeprallt, als sich der Versuch ankündigte, Sozialismus mit Demokratie zu verbinden. Die sowjetischen Panzer hatten das Experiment des Prager Frühlings niedergerollt; damit war eine große Hoffnung der freiheitlichen Sozialisten in aller Welt zunichte gemacht

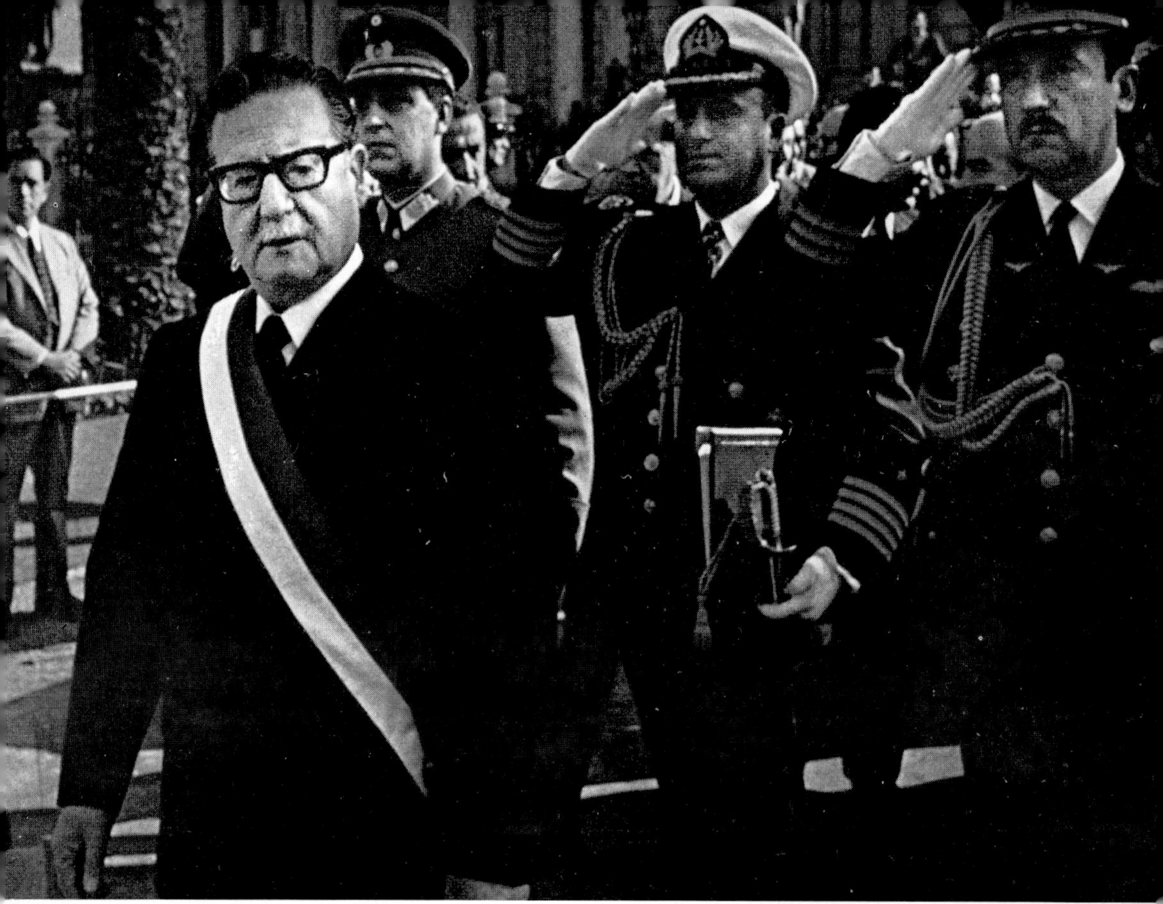

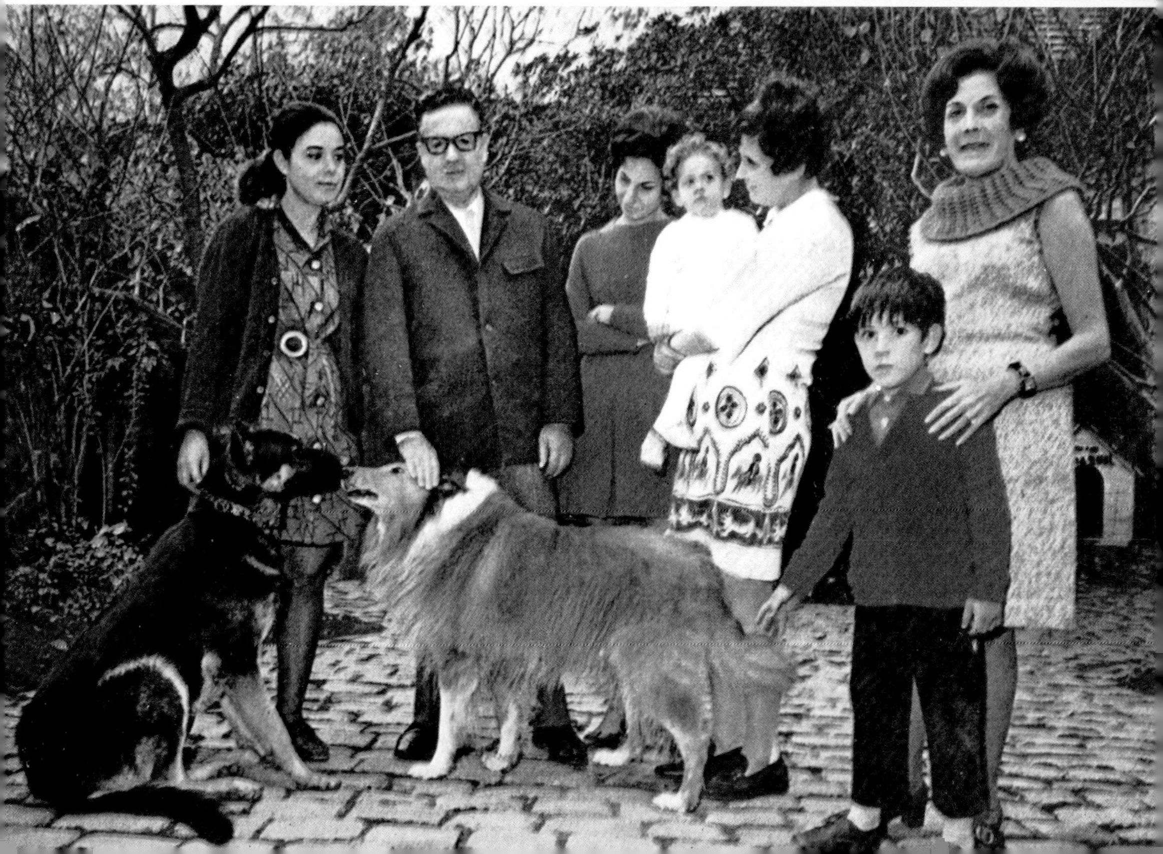

Seite 17
Salvador Allende im Wahlkampf von 1970.

Seite 18
Auch die Familienangehörigen sind politisch aktiv. Frau Hortensia Bussi de Allende im Wahlkampf von 1970.

Seite 19
Präsident Salvador Allende mit seinen Adjutanten, je einem Vertreter des Heeres, der Marine und der Luftwaffe (oben) und im Kreis seiner Familie (unten).

Seite 20 oben
Fidel Castro in Chile. Auf der Fahrt vom Flugplatz Pudahuel in die Innenstadt von Santiago wird er von einer vieltausendköpfigen Menge umjubelt.

Seite 20 Mitte
Allende und Castro im Gespräch, interviewt von Augusto Olivares.

Seite 20 unten
Die beiden Führer des Sozialismus in Lateinamerika grüßen die Menge vom Balkon des Regierungspalastes.

worden. Moskau mußte auch Kritik von kommunistischen Parteien des Westens einstecken. In Chile dagegen, dessen kommunistische Partei übrigens als eine der ersten westlichen Parteien den Einmarsch der Truppen des Warschauer Pakts in die Tschechoslowakei rechtfertigte, stimmte man in der Wertung der Ereignisse vollkommen überein, obwohl das siegreiche Wahlprogramm nichts anderes als einen zweiten Weg zum Sozialismus versprach. Freilich handelte es sich hier nicht darum, daß ein Land aus der politischen und ideologischen Vorherrschaft der Sowjetunion ausbrach, sondern nach der von Moskau ausgegebenen Strategie an die Regierung gelangte, nämlich über freie Wahlen und über ein Bündnis von Arbeiterparteien und Parteien der Mittelschichten. Die freiheitlichen Sozialisten sahen in Allendes Wahlsieg innerhalb kürzester Frist eine zweite weltgeschichtliche Möglichkeit, Sozialismus und Demokratie zu vereinen. Sie richteten deshalb ihr Augenmerk auf Chile. Vielen von ihnen galt bereits der Wahlsieg als solcher, der ja erst eine Vorbedingung dafür war, daß das sozialistische Experiment eröffnet werden konnte, eine Bestätigung dafür, daß es doch möglich sei, friedlich und innerhalb der Spielregeln einer demokratischen Verfassung die notwendigen gesellschaftlichen und wirtschaftlichen Veränderungen vorzunehmen, die einen demokratischen Sozialismus begründen können. Viele Sozialisten in aller Welt sahen ihren Traum sich verwirklichen. Die Gefahr, die in der Übertragung der eigenen politischen Sehnsüchte in eine fernab sich vollziehende geschichtliche Entwicklung lag, wurde dabei nicht oder kaum gesehen.

Tatsächlich wich die demokratische Regierungsübernahme des Marxisten Allende von allen bisherigen historischen Vorgängen ab, bei denen marxistische Gruppen an die Macht gelangten. Niemals bisher hatte eine marxistische Regierung ein Mandat der Wählerschaft in Wahlen erhalten, in welchen eine freie Konkurrenz unter mehreren Parteien oder Kandidaten bestand. Deshalb sprach Allende davon, daß Chile einen zweiten Weg eröffne für den Übergang eines Landes zum Sozialismus, daß sein Land dazu aufgerufen sei, diesen Weg zu beschreiten. Karl Marx hatte betont, daß der Errichtung des Sozialismus die gewaltsame Zerschlagung des bürgerlichen Staates und Staatsapparates vorausgehen müsse. Nur beiläufig räumte er in einer Rede mal ein, daß es vielleicht Ausnahmen gebe, daß vielleicht in einigen Ländern der Übergang von einer kapitalistischen zu einer sozialistischen Gesellschaft friedlich vonstatten gehen könne. Er dachte dabei an entwickelte westliche Industriegesellschaften, die sich zu seiner Zeit im Aufbau befanden. Die russische Revolution als die erste sozialistische Revolution war aber gewaltsam verlaufen. Sie prägte ebenso wie die Grundthese von Marx die ideologischen und strategischen Vorstellungen der sozialistisch-kommunistischen Linken, wenn auch infolge der Aussichtslosigkeit eines gewaltsamen Umsturzes in der überwiegenden Zahl der Länder seit Mitte der dreißiger Jahre unseres Jahrhunderts die kommunistischen Parteien dazu übergingen, sich mit linksbürgerlichen Parteien zu verbünden und Volksfrontregierungen anzustreben. Diese Politik war in Chile bereits im Jahre 1938 erfolgreich, als der Kandidat der Volksfront Pedro Aguirre Cerda die Präsidentschaftswahlen gewann. Der Präsident selbst gehörte damals jedoch der Radikalen Partei an. Salvador Allende war Mitglied der sozialistischen Partei und Marxist.

Würde Allende erfolgreich sein, so mußte dies große Bedeutung für die politische Strategie der sozialistischen Bewegungen in der Welt haben. Zumindest mußte der gewaltlose Versuch, eine soziale Revolution durchzuführen, und ihr erfolgreiches Voranschreiten dem zweiten Weg zum Sozialismus Anerkennung verschaffen. Sie war ihr vor allem in den sechziger Jahren abgesprochen worden, als nach der kubanischen Revolution die Guerilla-Strategie entwickelt wurde und als die einzig richtige für den kontinentalen Kampf der Sozialisten in Lateinamerika erklärt wurde. Von bewaffneten Kampfgruppen, die auf dem Lande operierten und sich den Rückhalt der bäuerlichen Massen verschafften, sollte die Revolution gegen die Städte vorgetragen werden. Che Guevara hatte in Bolivien entsprechend der von ihm und dem Franzosen Régis Debray erarbeiteten Strategie eine Revolution herbeiführen wollen, war aber ebenso gescheitert wie die Guerilla-Gruppen in anderen Ländern Lateinamerikas. Auch dies begünstigte die Aufwertung eines Experiments, das mit friedlichen Mitteln versuchte, eine Revolution einzuleiten.

Denn darum handelte es sich: um eine Revolution. Dieser Begriff wird vielfach nicht richtig verwandt, hier ist er jedoch am Platze. Nicht jeder Umsturz ist eine Revolution, auch wenn die neuen Machthaber dies vorgeben. Entscheidend ist, ob die sozialen Verhältnisse mit dem Umsturz grundlegend geändert werden, ob beispielsweise eine bislang herrschende Schicht durch eine andere soziale Schicht in der politischen Machtausübung abgelöst wird. Für sich selbst genommen sind sog. Palastrevolutionen, Staatsstreiche und Putsche keine Revolutionen. Ob ein gesellschaftlicher und politischer Wandel Revolution genannt werden kann, hängt davon ab, welchen Umfang der Prozeß hat und wie intensiv er die bisherigen Verhältnisse verändert. In den meisten Fällen wird dies nicht anders als gewaltsam gehen. Allende strebte diese Revolution mit friedlichen Mitteln an, ohne soziale Kosten, wie er zu betonen pflegte.

3. Chile – ein Entwicklungsland

Chile hat eine »verrückte Geographie«, so der Titel eines sehr bekannten chilenischen Buches. Es ist über 4000 km lang und hat nur eine durchschnittliche Breite von 200 km. Vom Flugzeug aus, ja bei klarem Wetter auch vom Strand oder von den Bergen aus, kann man zugleich die östliche und westliche Begrenzung des Landes sehen: den Pazifik im Westen und die Hauptkordillere der Anden, deren höchste Gipfel auch im Sommer schneebedeckt sind, im Osten. Der Aconcagua in der Nähe des Andenübergangs zwischen Santiago und Mendoza in Argentinien erreicht eine Höhe von 6970 Metern. In nord-südlicher Richtung dagegen fliegt man stundenlang auch mit Düsenflugzeugen, die allmählich die Propellermaschinen der nationalen Fluggesellschaften LAN und LADECO ablösen, von Arica nahe der peruanischen Grenze nach Punta Arenas im äußersten Süden. Insgesamt ist Chile dreimal so groß wie die Bundesrepublik Deutschland, die Gebiete in der Antarktis nicht mitgerechnet, auf die Chile Anspruch erhebt. Zu Chile gehören auch noch die Juan Fernandez-Inseln – auf ihrer Hauptinsel lebte Robinson Crusoe – und die am weitesten entlegene Insel der Welt, die Osterinsel. Sie liegt fast auf halber Strecke zwischen Südamerika und Australien.

Auf den viertausend Kilometern Nord-Süd-Ausdehnung bestehen große Kontraste in der Landschaft: Im Norden Wüste, im Süden ausgedehnte Seen und Wälder. Chile gehört mit Teilen seines Territoriums verschiedenen Klimazonen an. In den nördlichen Zonen fällt in manchen Jahren kein Niederschlag. Nur wenige Oasen und einige Flußtäler bereichern die durchaus farbenreiche Palette von Braun- bis Rottönen der Wüste um grüne Tupfer. Der Süden hingegen ist regenreich. Sattgrüne Wiesen zeugen dem Besucher davon, der die leicht hügelige Landschaft mit ihren immer neuen Perspektiven auf die schneebedeckten Vulkane der Anden, den Villarica oder den Osorno, durchfährt. Aber auch dort, wo die Geographie weniger kontrastreich ist, in der Mittelzone Chiles, ist die Landschaft reizvoll. Dieses Gebiet ist das Kernland Chiles. Es reicht von Coquimbo im Norden bis zur Hafen- und Industriestadt Concepción im

Darstellung I: Chile in Südamerika

Entnommen aus: Statistisches Bundesamt Wiesbaden, Allgemeine Statistik des Auslandes, Länderbericht Chile 1970

Süden. Ihm wurden erst seit Mitte des 19. Jahrhunderts die nördlichen und südlichen Landesteile hinzugefügt, dank der siegreichen kriegerischen Auseinandersetzungen, die Chile im Norden gegen Peru und Bolivien, im Süden gegen das von Araucanern bewohnte und verteidigte Land führte. In diesen Gebieten herrscht auch heute noch ein indianischer Einschlag vor, vor allem unter der Landbevölkerung.

Die großen urbanen Zentren, Santiago und die Hafenstadt Valparaiso mit dem bekanntesten Seebad an der pazifischen Küste Südamerikas, Viña del Mar, haben europäisches Aussehen, sowohl von der Architektur her als auch von den Menschen, die dort leben. Hier wohnt etwa die Hälfte der chilenischen Bevölkerung. Der Besucher wähnt sich in südeuropäischen Städten voller Leben und Atmosphäre.

Europäischen Zuschnitt hat auch die Politik des Landes. Die Stabilität der politischen Ordnung Chiles ragt aus der lateinamerikanischen Wirklichkeit steter Staatsstreiche und Palastrevolutionen heraus. Zusammen mit einem früh ausgeprägten politischen Parteiwesen macht sie die Politik Chiles mit Frankreich oder Italien vergleichbar. Vor allem die Stärke der politischen Linken, insbesondere der marxistischen Parteien, berechtigt zu diesem Vergleich.

Im Gegensatz dazu steht jedoch die wirtschaftliche und soziale Entwicklung Chiles. In diesem Bereich hat das Land am Ende der Welt den Bannkreis seiner lateinamerikanischen Umwelt nicht verlassen. Chile ist ein wirtschaftlich und sozial rückständiges Land. Die Rückständigkeit oder Unterentwicklung ist heute sein hervorstechendstes Merkmal und ordnet es auch international zu.

Chile ist ein Entwicklungsland. Es könnte aufgrund des Reichtums des Landes so entwickelt sein wie die westlichen Industrienationen, aber es ist es nicht. Seine Landwirtschaft könnte 30 Millionen Menschen ernähren, aber die Erzeugnisse dieses Wirtschaftszweiges reichen nicht aus, um eine gegenwärtige Bevölkerung von fast 10 Millionen zu ernähren. Die Bodenschätze des Landes könnten die Grundlage sein für eine vielfältige Industrie, aber der Grad der Industrialisierung ist gering. Chile ist ein Entwicklungsland mit all den Merkmalen, die Länder dieser Gruppe kennzeichnen. Diese Merkmale beschreiben zunächst den ökonomischen und sozialen Zustand eines Landes. Man mißt etwa das Einkommen pro Kopf der Bevölkerung und vergleicht es mit demjenigen industrialisierter Länder. Niedrige Prokopfeinkommen (unter 600 US-Dollar) sind Grundcharakteristika von unterentwickelten Ländern. Ebenso wichtig ist die Verteilung der Einkommen, wer wieviel verdient. In Entwicklungsländern ist die Verteilung der Einkommen höchst ungleich und ungerecht. Eine kleine Schicht von Leuten bezieht Einkommen und

Großer Norden: Voll- und Halbwüste, Bergbau (Kupfer, Nitrate), über 75% urbane Bevölkerung
24,0% Obfl.,
4,8% Bev.,
5,8% Wahlb.

Kleiner Norden: Übergangsgebiet: Wüste, Strauchsteppen- bergland, Subtropen; Bergbau und Landwirtschaft, Minifundisten, etwa 50% ländl. Bevölkerung
16,0% Obfl.,
5,5% Bev.,
5,0% Wahlb.,

Mittelchile I, untergliedert in:
Nördliche Zentralzone: Subtropen, Landwirtschaft, Klein- und Mittelindustrie; urbane Ballungszentren: Santiago, Valparaiso, Handel und Dienstleistungen, Mittelschichten
≈ 4,4% Obfl.,
46,4% Bev.,
51,3% Wahlb.,

Mittlere Zentralzone: Kupferbergbau (O'Higgins), Landwirtschaft, etwa 60% ländl. Bevölkerung
4,2% Obfl.,
9,3% Bev.,
8,3% Wahlb.,

Mittelchile II (Südl. Zentralzone): Landwirtschaft
3,9% Obfl.,
6,6% Bev.,
5,5% Wahlb.,

Frontera-Zone und Concepción: Landwirtschaft, Bergbau (Kohle) und Industrie (Eisen) in Concepción, Arauco; ohne Concepción (80% urbane Bev.) ländl. Bevölkerung in Streusiedlungen (Indianerreservate in Cautín); Getreideanbau, Viehzucht
7,4% Obfl.,
18,3% Bev.,
14,9% Wahlb.,

Kleiner Süden: Seengebiet, Landwirtschaft, Viehzucht, überwiegend ländliche Bevölkerung
6,2% Obfl.,
7,2% Bev.,
6,1% Wahlb.,

Großer Süden (mit Chiloé): Land- und Viehwirtschaft in Chiloé und Aisén, Kohle und Erdöl in Magallanes, hier etwa 85% urbane Bevölkerung
33,0% Obfl.,
2,8% Bev.,
3,0% Wahlb.,

Obfl. = Oberfläche
Bev. = Bevölkerung
Wahlb. = Wahlberechtigte

VERWALTUNGSEINTEILUNG 1969

Regionen

Großer Norden (Norte Grande)

Kleiner Norden (Norte Chico)

Mittelchile (Núcleo Central)

Südliches Mittelchile (Kleiner Süden)

Großer Süden (Los Canales)

Staatsgrenzen
Grenzen der Regionen (Geographische Zonen)
Grenzen der Provinzen
⊙ Hauptstadt
○ Verwaltungssitze der Provinzen

0 — 500 km

STAT. BUNDESAMT 70 302

lebt wie die Mittelschicht der Industrieländer oder besser, während die Masse der Bevölkerung nur über das Lebensminimum verfügt. Die Löhne sind im allgemeinen niedrig – nur eine kleine Schicht von Arbeitern in vor allem exportorientierten Industrien verdient Spitzenlöhne – und die Arbeitsbedingungen sind schlecht. Die Menschen sind aber schon froh, überhaupt Arbeit zu finden. Vielfach herrscht Arbeitslosigkeit oder Unterbeschäftigung. Sie verursachen die grenzenlose Armut, die Unter- und Fehlernährung der Menschen und die daraus folgenden geistigen Schäden und die allgemeine Lethargie. Viele Menschen sterben frühzeitig, da es zudem auch an medizinischen Einrichtungen fehlt, an Krankenhäusern, Ärzten und Medikamenten. Die miserablen Verhältnisse auf dem Lande drängen vor allem die jungen Menschen auf Arbeitssuche in die Städte. Ihre Hoffnungen werden aber meistens enttäuscht. Die Industrie bietet zu geringe Möglichkeiten.

In erbärmlichen Slumsiedlungen, in den Callampas oder Poblaciones callampas, fristen sie ein trostloses Dasein. Diese Menschen leben außerhalb der Gesellschaft, und es ist sehr schwer, sie durch Wohn-, Arbeits- und Bildungsprogramme zu integrieren.

Einige wenige Daten sollen die vorhergehenden Zusammenhänge verdeutlichen und zugleich auch die besondere Entwicklung in Chile aufzeigen:

Tabelle 1
Ausgewählte Daten zur sozialen und wirtschaftlichen Entwicklung Chiles 1920–1970

Jahr	Bevölkerung	davon in Städten über 20.000 Einwohner in Prozent	Anteil verschiedener Erwerbszweige an der erwerbstätigen Bevölkerung in Prozent		
			Landwirtschaft	Industrie (Bergbau)	Handel und Dienstleistungen
1920	3.731.000	46,4			
1930	4.287.000	49,4			
1940	5.023.000	52,5	37	17 (6)	32
1952	5.933.000	60,2	31	20 (5)	33
1960	7.683.000	68,2	31	18 (4)	36
1965	8.707.000	71,5	27	19 (4)	37
1970	9.780.000	74,2	25	19 (3)	41

Die Tabelle zeigt die großen Veränderungen in der chilenischen Bevölkerung, ihrer Zahl, ihrer geographischen Verteilung und ihrer Erwerbstätigkeit auf. In den letzten fünfzig Jahren verdreifachte sich fast die Einwohnerzahl Chiles. Zugleich mit der enormen Bevölkerungszunahme vollzieht sich eine Binnenwanderung vom Land in die Stadt. Lebte noch 1920 über die Hälfte der Bevölkerung auf dem Lande, so 1970 nur noch genau ein Viertel. Diese Entwicklung geht einher mit einer steten prozentualen Abnahme der in der Landwirtschaft beschäftigten Arbeitskräfte an der Gesamtzahl der Erwerbstätigen, wohlgemerkt nur derjenigen, die einer Arbeit nachgehen, bzw. nachgehen können, nicht der gesamten Arbeitskraft, also auch der Arbeitslosen. Auch in absoluten Zahlen zeigt sich nur eine relativ geringe Steigerung der in der Landwirtschaft tätigen Menschen von 649 000 im Jahre 1920 auf 738 000 im Jahre 1970. Der stark angestiegenen Bevölkerung bietet die Landwirtschaft in ihren veralteten Strukturen, dem privaten Großgrundbesitz (Latifundium) keine ausreichenden Arbeitsplätze. Die Folge ist die Landflucht und die außerordentliche Bevölkerungszunahme der Städte. Die hier sich ansiedelnde Industrie schafft jedoch nur eine allzu geringe Zahl neuer Arbeitsplätze. Zwar nehmen die lohnabhängigen Arbeitskräfte im Industriebereich in fünfzig Jahren um fast das Doppelte zu, doch reicht dieses Wachstum gerade aus, um den prozentualen Anteil der Industriearbeiterschaft an der Gesamtzahl der Erwerbstätigen zu halten. Neben dieser Tatsache zeigt die Tabelle auch, wie wenig arbeitsintensiv* der Bergbau ist. Seine Bedeutung für den Arbeitsmarkt Chiles, auf dem ein Überangebot an Arbeitskraft herrscht, hat kontinuierlich abgenommen, wie die in Klammern gesetzten Ziffern verdeutlichen.

Unterentwicklung ist aber nicht nur ein wirtschaftlicher und sozialer Zustand eines Entwicklungslandes. Unterentwicklung ist eine Struktur. Diese Tatsache ist weniger sichtbar und folglich weniger bekannt, auch schwieriger zu erklären und zu verstehen. Entwicklungsländer sind arme Länder, aber sie brauchten es nicht zu sein. Sie verfügen in aller Regel über ausreichende Bodenschätze und über Menschen, die die Rohstoffe abbauen könnten. Aber auch dort, wo dies getan wird, sind Entwicklungsländer arm, weil sie die abgebauten Rohstoffe nicht zur eigenen Entwicklung nutzen oder nutzen können. Woran liegt das? Nun, die Entwicklungsländer sind wirtschaftlich verbunden mit den Industrieländern. In dieser Beziehung spielen die industrialisierten Länder die erste Rolle. Sie bestimmen nach den Bedürfnissen ihrer eigenen Entwicklung, welche Rohstoffe in den unterentwickelten Ländern abgebaut und zu welchen Preisen sie gehandelt werden. Sie verfügen über das Kapital, das notwendig ist, um solche Abbaubetriebe einzurichten und zu unterhalten, und ebenso über die Maschinen und technischen Anlagen, die eine rentable Produktion gewährleisten. Die Verarbeitung der Rohstoffe erfolgt in den Industrieländern, die die Fertigwaren den Entwicklungsländern zu Preisen anbieten, deren Gegenwert in Rohstoffen ständig steigt. Für ein Automobil oder ein anderes Fertigprodukt zahlen die Entwicklungsländer mit immer mehr Säcken Kaffee oder Erdnüsse, immer mehr Baumwolle oder Kupferbarren. Aber diese Ungleichheit der internationalen Arbeitsteilung ist nur eine Form der Benachteiligung der unterentwickelten Länder, die ihre Entwicklung hemmen. Eine andere liegt in dem Abzug von Gewinnen aus den Entwicklungsländern. Unternehmen aus den Industrieländern legen Kapital in den unterentwickelten Ländern an, das dort aufgrund der niedrigen Löhne und anderer günstiger Bedingungen hohe Gewinne erwirtschaftet, die von den Unternehmern aus diesen Ländern abgezogen werden. So verdienten die nordamerikanischen Unternehmen in den 60-er Jahren an einem Dollar, den sie in Lateinamerika investierten, vier Dollar an Gewinnen. Besonders hier zeigt sich, daß die unterentwickelten Länder die Entwicklung der entwickelten Länder mitbezahlen, daß die Entwicklung der einen Ländergruppe die Unterentwicklung der anderen Ländergruppe begründet und aufrechterhält.

4. Wie Unterentwicklung entstand

In wenigen Jahren jährt sich zum hundertsten Male der glorreiche Sieg Chiles gegen Bolivien und Peru im sogenannten Salpeterkrieg von 1879-84. Bolivien verlor damals seinen direkten Zugang zum Pazifik. Der Krieg ist in den Erinnerungen der Völker sehr wach geblieben. Bolivien fordert eine Öffnung zum Meer und hält damit das Thema politisch aktuell. Die Jahrhundertfeier wird auf chilenischer Seite sicher viele Emotionen und Stolz hervorbringen. Man wird sich der Seeschlacht von Iquique erinnern, des Kapitäns Arturo Prats und seines Schiffes, der Esmeralda, ebenso wie der Erstürmung des Morro von Arica, des von Seeseite her kaum einzunehmenden Berges, der diese ehemalige peruanische Stadt gegen Süden beschützt. Andere Begebenheiten, bei denen Tapferkeit und Glück der chilenischen Soldaten zutagetraten, werden hinzukommen. Doch fraglich ist, ob dabei auch die Frage angeschnitten wird, wie es möglich war, daß der Salpeterbergbau und die chilenischen Interessen, für die Chile einen kostspieligen Krieg gegen seine Nachbarn führte, binnen weniger Jahre an das imperialistische Großbritannien übergingen.

Wenn wir die Unterentwicklung Chiles richtig verstehen wollen, müssen wir einen Blick in die Geschichte des Landes werfen und dabei Vorgänge aufsuchen, die normalerweise nicht in den Schulbüchern stehen oder Gegenstand von Festreden sind. Nach der jahrhundertelangen kolonialen Abhängigkeit von Spanien erlangte Chile zu Beginn des 19. Jahrhunderts seine politische Unabhängigkeit. Eine kleine adelige Schicht einheimischer, kreolischer* Herkunft brach während der lateinamerikanischen Unabhängigkeitskriege mit Spanien und gewann nach einer Periode der Auseinandersetzung mit liberalen Vertretern derselben Schicht die politische Führung des Landes. Maßgebend für die Lösung von Spanien waren wirtschaftliche Motive gewesen. Der einheimische Handel wurde durch die Kolonialmacht stark beschränkt. Nach der Unabhängigkeit entfielen Zölle und Abgaben an die spanische Krone und das Vizekönigreich Lima, dem Chile direkt unterstand. Landwirtschaft und Bergbau waren in chilenischer Hand, ebenfalls die Exporte der in Chile erzeugten Produkte, obwohl diese wesentlich in der bereits jetzt sich herausbildenden Weltarbeitsteilung Rohstoffe bildeten. Chile exportierte landwirtschaftliche Produkte, Mineralien, vor allem Salpeter, und Erze. Es erhielt dafür auf dem Weltmarkt Konsumgüter. Der entscheidende Wandel in der wirtschaftlichen Entwicklung setzt um die Mitte des 19. Jahrhunderts mit dem Eindringen ausländischen Kapitals und ausländischer Interessen in die chilenische Volkswirtschaft ein. Binnen weniger Jahrzehnte verändern sich die Besitzverhältnisse im Bergbau, im Handel und im Bankwesen grundlegend. Noch 1878 war der Anteil chilenisch (*peruanischen) Kapitals im Salpeterabbau mit 67 Prozent führend. Zwei Jahrzehnte später war er auf 15 Prozent zurückgegangen. Die chilenische Handelsschiffahrt zählte 1852 insgesamt 215 Schiffe, zehn Jahre später war ihre Zahl auf 21 gesunken. Britische Schiffe beherrschten den Handel Chiles, britisches Kapital den Bergbau; Großbritannien beherrschte auch den Außenhandel. Über 90 Prozent der Ausfuhren Chiles gingen nach Großbritannien, etwa die Hälfte seiner Importe bezog es von dort.

Wenige Jahrzehnte nach Erringung seiner politischen Unabhängigkeit war Chile in eine Art neokoloniale Abhängigkeit von Großbritannien geraten. Darüber waren sich auch bereits die Zeitgenossen im klaren. Einer der Mitverantwortlichen für den Ausverkauf der Besitztitel im Salpeterbergbau schrieb bereits 1893: »Chile hat auf seinem Territorium . . . eine industrielle Kolonie ausländischer Ausbeutung und Nutzung«. Und da der Salpeterexport seit 1890 bis zur Ablösung durch das Kupfer nach dem ersten Weltkrieg etwa die Hälfte der chilenischen Staatseinkünfte ausmachte, kann man sich vorstellen, welchen Einfluß Großbritannien auf die chilenische Politik besaß. Davon profitierte allerdings eine einheimische Schicht, die den Briten zuarbeitete und, da sie die politische Macht innehatte, die Einnahmen aus Zöllen und Abgaben auf die Ausfuhr von Rohstoffen zu privatem Konsum verwandte. Chile erlebte jetzt sogar eine wirtschaftliche Blütezeit, an der neben der Oberschicht des Landes auch eine sich stark ausdehnende Mittelschicht teilhatte. Die Besteuerung des Eigentums und der Einkommen wurde aufgehoben und allein eine Konsumsteuer aufrechterhalten, so daß arm und reich gleich besteuert waren. Die Oberschicht des Landes imitierte den Lebensstil der Oberschichten in den sich industrialisierenden Ländern und importierte Luxuswaren, statt sich um eine eigenständige wirtschaftliche Entwicklung zu kümmern. Hier liegen die Wurzeln der »ökonomischen Unterlegenheit Chiles«, über die der chilenische Historiker Francisco Encina bereits 1911 eine sehr treffende Untersuchung schrieb: »Hätten wir nur die

Hälfte dessen, was wir in den letzten 40 Jahren in Luxus angelegt haben, investiert, um Maschinen für den Salpeterabbau zu kaufen, um eine Kupferindustrie zu errichten, um unser Land zu bewässern und andere industrielle Unternehmungen begonnen, die noch größere Bedeutung haben, wäre die Position Chiles in Amerika heute eine ganz andere.«

Encina hebt, wie später auch Aníbal Pinto, ein chilenischer Sozialwissenschaftler von heute, die Verantwortung der chilenischen Oberschicht und der sich mit ihr verbindenden neuen bürgerlichen Mittelschichten für die Situation hervor, in der sich Chile heute befindet. Die Entwicklungschancen wurden von einer kleinen Schicht vertan.

5. Was heißt »Entwicklung«?

Wir haben bereits und werden im folgenden noch viel von »Entwicklung« sprechen. Wir wollen hier zunächst klarlegen, was wir unter »Entwicklung« verstehen. Der viel verwandte Begriff bezeichnet ganz sicher nicht nur jede beliebige Veränderung. »Entwicklung« ist sehr eng verbunden mit dem Wort »Fortschritt«. Inhaltlich gleicht es also dem, was wir als Fortschritt ansehen. Wenn somit soziale Verhältnisse sich verschlechtern, wenn die Unterschiede zwischen arm und reich in einem Lande zunehmen, dann kann man das nicht »Entwicklung« nennen. Entwicklung bedeutet ein Fortschreiten auf bestimmte Ziele, ein Fortschreiten in Richtung auf die Verwirklichung bestimmter Werte. Die entscheidende Frage ist dann, welches die Werte sind und ob sie so allgemein gefaßt werden können, daß möglichst viele in ihnen übereinstimmen. Denn die Entwicklung ist zu einer internationalen Aufgabe geworden. Sie kann als solche nicht gelöst werden, wenn in den Zielen von Entwicklung ganz unterschiedliche Vorstellungen vorherrschen. Tatsächlich läßt sich in den sozialen Philosophien verschiedener Herkunft, sei es die christliche Soziallehre oder der Marxismus, eine Grundübereinstimmung feststellen: als Ziel jeder Entwicklung sehen sie die Befriedigung der menschlichen Grundbedürfnisse. Als solche Grundbedürfnisse gelten Nahrung, Kleidung und Arbeit, wobei Arbeit unabdingbar scheint, um sich Nahrung und Kleidung erwerben zu können. Arbeit ist somit bereits ein Mittel, um Ziele zu verwirklichen, die für das Überleben des Menschen grundlegend sind. Immer, wenn wir diese Ziele formulieren, werden wir feststellen, daß sie auch als Mittel für andere Ziele dienen, die man ebenfalls als Entwicklung ansehen kann.

Nach Schätzungen verschiedener wissenschaftlicher Institute beläuft sich die Arbeitslosigkeit in der Welt gegenwärtig auf zehn Prozent. Weitere zwanzig Prozent Arbeitskräfte sind unterbeschäftigt. Fehlendes oder zu geringes Einkommen sind der entscheidende Grund für Armut, Unterernährung bzw. Fehlernährung. Ein Entwicklungsziel besteht also darin, den Menschen Arbeit zu beschaffen. Vielfach geht es darum, das in den Grundrechten vieler Verfassungen garantierte Recht auf Arbeit in der Praxis zu verwirklichen. Diese Arbeitsbeschaffung würde, wenn die Arbeit produktiv ist und einigermaßen gerecht entlohnt würde, zwei weitere Ziele von Entwicklung verwirklichen helfen. Sie würde beitragen zum wirtschaftlichen Wachstum, wozu freilich noch andere Voraussetzungen gehören, beispielsweise Investitionen, so daß das Bruttosozialprodukt des Landes* ansteigen würde. Das Prokopfeinkommen der Bevölkerung* ist der bisher übliche, aber wenig genaue Maßstab für den Entwicklungsstand eines Landes. Arbeitsbeschaffung würde aber auch beitragen zu einer gerechteren Verteilung der Einkommen im Lande, denn die größte soziale Ungerechtigkeit, die die ungerechte Entlohnung in ihren sozialen Folgen noch übertrifft, ist die Arbeitslosigkeit. Das Entwicklungsziel »weniger Ungleichheit« muß gerade in den Entwicklungsländern die sog. Marginalbevölkerung* der Slums, die keine Arbeit hat und außerhalb der Gesellschaft lebt, im Auge haben. Ergänzt wird diese Vorstellung vom vierten Entwicklungsziel, nämlich der Partizipation. Sie wurde allzu oft nur formal als politische Beteiligung bei Wahlen verstanden. Darum geht es hier aber nicht oder allenfalls in zweiter Linie. Partizipation meint hier die Beteiligung an den materiellen und kulturellen Gütern einer Gemeinschaft! Das schließt die Beteiligung an politischen Entscheidungen mit ein. Gedacht ist hier aber vor allem an die grundsätzlich durch das Gesellschaftssystem (und nicht nur rechtlich) bestehende Chance der Teilhabe an allen Gütern, sei es Ausbildung, Einkommen, Erholung, soziale Sicherheit usw.

Ein fünftes Entwicklungsziel schließlich muß in der nationalen Unabhängigkeit gesehen werden. Darunter verstehen wir nicht etwa, ob ein Land politisch unabhängig ist oder nicht. Ein politisch unabhängiges Land kann zugleich sehr abhängig sein. Vielmehr wird hier die wirtschaftliche Unabhängigkeit angesprochen, und zwar in dem Sinne, ob ein Land wirtschaftliche Entscheidungen entsprechend den Bedürfnissen seiner eigenen Bevölkerung treffen kann oder nicht. Viele ehemalige Kolonialgebiete, die inzwischen politisch unabhängig geworden sind, stehen heute in einem sog. neo-kolonialen Verhältnis zur ehemaligen Kolonialmacht oder sind derart mit der Weltwirtschaft verflochten, daß die jeweiligen Volkswirtschaften nach den Bedürfnissen der entwickelten Länder produzieren.

Veränderungen der wirtschaftlichen, gesellschaftlichen und politischen Verhältnisse in Richtung auf mehr Arbeitsplätze, weniger Armut (größeres Wachstum der Wirtschaft), weniger Ungleichheit, größere Mitbeteiligung und größere nationale Unabhängigkeit können wir somit als »Entwicklung« begreifen. Und um sie geht der Kampf in den Entwicklungsländern heute.

6. Das revolutionäre Programm

Die Parteien und Bewegungen der Volkseinheit verbanden sich, weil sie der Überzeugung waren, daß die Probleme Chiles sich lösen lassen. »Unser Land verfügt über große Reichtümer wie Kupfer und andere Mineralien, ein großes hydroelektrisches Potential, riesige Wälder, eine lange Meeresküste reich an Meerestieren, eine mehr als ausreichende Agrarfläche usw. Es verfügt außerdem über den Arbeits- und Fortschrittswillen der Chilenen, ihre technischen und handwerklichen Fähigkeiten.« »Woran hat es also gefehlt?« fragt die Volkseinheit und weiß eine klare Antwort: »Gescheitert ist in Chile ein System, das nicht den Erfordernissen unserer Zeit entspricht. Chile ist ein kapitalistisches Land, abhängig vom Imperialismus, beherrscht von Teilen des Bürgertums, das strukturgesetzlich an ausländisches Kapital gebunden ist und das die Grundprobleme des Landes nicht lösen kann, die sich ja genau von ihren Klassenprivilegien ableiten, auf die sie niemals freiwillig verzichten werden« (Auszüge aus dem Programm der Volkseinheit).

Es gilt also, dem Kapitalismus im Lande zu Leibe zu rücken, der ein abhängiger Kapitalismus sei. Die entscheidenden wirtschaftlichen Unternehmen seien in Händen des Auslands, vor allem nordamerikanischer Kapitalisten. Was und wieviel in Chile produziert wird, bestimme nicht Chile selbst, sondern bestimmten die ausländischen Unternehmer. Sie zögen darüber hinaus erhebliche Gewinne aus Chile ab, die viermal so hoch lägen wie die Summe ihrer Anlagen in Chile. Eine kleine inländische Schicht habe an diesem Verhältnis Anteil, profitiere mit und sei folglich an der Aufrechterhaltung des abhängigen Kapitalismus interessiert. Die herrschende Wirtschaftsordnung und ihre Verflechtung mit dem kapitalistischen Weltmarkt aber bedeuteten wirtschaftliche Stagnation, Inflation, allgemeine Armut und Unterbeschäftigung. Zum zentralen Ziel der Wirtschaftspolitik der Volkseinheit wurde deshalb erklärt, »die Macht des monopolistischen in- und ausländischen Kapitals und des Latifundiums zu brechen, um den Aufbau des Sozialismus zu beginnen«.

Allende sprach in seinen Wahlkampfreden immer wieder davon, daß es gelte, die 2. Unabhängigkeit für Chile zu gewinnen. Die 1. Unabhängigkeit, das war die politische Unabhängigkeit, die zu Beginn des 19. Jahrhunderts im Kampf gegen die Kolonialmacht Spanien errungen wurde. Die 2. Unabhängigkeit ist die wirtschaftliche Unabhängigkeit, die erst eigentliche politische Unabhängigkeit begründen kann. Sie müsse im Kampf gegen das in Chile arbeitende Auslandskapital, im Kampf um die Nationalisierung des Kupfers, im Kampf um die Verstaatlichung nationaler Unternehmen, im Kampf um die Verstaatlichung der Banken und im Kampf um die Agrarreform gewonnen werden. Das seien die entscheidenden Voraussetzungen für eine Überwindung der Abhängigkeit und damit auch der Unterentwicklung.

Sozialismus bedeutete demnach zunächst Verstaatlichung. Aber es sollten drei Bereiche der Wirtschaft geschaffen werden: ein sozialisierter, der durch seine vorrangige wirtschaftliche Bedeutung auch bestimmend werden sollte für die beiden anderen Bereiche; ein gemischter, also mit staatlicher Beteiligung organisierter, und ein privater Bereich. Der gesellschaftliche Bereich sollte nicht »aus bürokratischen und ineffizienten, sondern aus höchst produktiven Betrieben bestehen, die die Entwicklung des Landes anführen« werden, wie Allende vor dem chilenischen Kongreß ausführte. Das gesellschaftliche Eigentum werde gemeinsam von den im Betrieb Beschäftigten und Vertretern des Staates verwaltet werden. In dieser für die Vorstellung von Sozialismus wichtigen Frage entschied sich Allende zunächst gegen Verstaatlichung im Sinne der Übertragung von Eigentum direkt an den Staat, sondern für Vergesellschaftung und Mitverwaltung der Arbeiter. Um die Entwicklung des Landes sinnvoll planen zu können und um auch die nötigen finanziellen Mittel dafür zu haben, müßte die Ausbeutung des Landes durch den Imperialismus ein Ende haben. Auch das Bankwesen und der Außenhandel müßten unter staatliche Kontrolle kommen.

All diese revolutionären Maßnahmen sollten nach dem Buchstaben von Verfassung und Gesetz vonstatten gehen. Der Übergang vom Kapitalismus zum Sozialismus sollte friedlich und demokratisch verlaufen.

7. Konnte die Revolution gelingen? Ihre Voraussetzungen in Chile

Heute wissen wir, daß die sozialistische Revolution in Chile gescheitert ist. Viele meinen, daß gar nichts anderes zu erwarten war. Solche Ansichten sind vor allem nach dem Putsch vom 11. September weit verbreitet. Nachher ist man immer klüger und meint auch, die Zwangsläufigkeit der Entwicklung erkennen zu können. Man verneint, daß es auch anders hätte laufen, die Weichen anders hätten gestellt werden können. Die einfachere und gegenüber den gescheiterten Vorstellungen und Politikern besserwisserische Interpretation beherrscht das Feld.
Solche angeblichen Analysen sind in aller Regel dogmatisch und verengen die Vielfalt von Gründen, die zum Scheitern einer Politik beitragen, auf einen einzigen Grund. Für die linken Extremisten bestand von Anfang an die Todsünde Allendes darin, friedlich den Sozialismus einführen zu wollen. Ihr marxistisch-leninistischer Dogmatismus verwarf den zweiten Weg als konkrete Möglichkeit, zum Sozialismus überzugehen. Aus derselben politischen Ecke kommt auch die Ansicht, daß der Imperialismus der westlichen Industriestaaten, zumal der Vereinigten Staaten, im Verein mit der nationalen Oligarchie das Experiment zum Scheitern gebracht habe. Vor allem diese Interpretation hat auch in Kreisen Fuß gefaßt, die grundsätzlich an der Möglichkeit eines friedlichen Übergangs zum Sozialismus festhalten, die also die Verbindung von Demokratie und Sozialismus unverändert für möglich halten. Hatte das sozialistische Experiment in Chile tatsächlich keinen Handlungsspielraum? Hatten die USA und vor allem die nordamerikanischen Unternehmen den Ausgang des chilenischen Experiments vollkommen im Griff? Um diese äußerst wichtigen Fragen beantworten zu können, müssen wir uns zunächst mit den Voraussetzungen einer sozialistischen Revolution in Chile beschäftigen. Danach können wir auch die Frage differenzierter beantworten, warum Allende scheiterte.
Wir versetzen uns in das Jahr 1970, in den September. Was sprach für

den Versuch, Demokratie und Sozialismus erfolgreich verbinden zu können, nachdem Allende die Wahlen gewonnen hatte? Oder, wenn wir uns auch noch in Überlegungen der Parteien und Bewegungen der Volkseinheit hineindenken: was ermunterte die Volkseinheit dazu, ein solches einzigartiges Experiment zu beginnen? Welche Voraussetzungen sah sie selbst? Welche Bedingungen sah sie nicht? Wir beginnen mit den positiven Voraussetzungen. Sie waren zumindest im Vergleich zu anderen Ländern der Dritten Welt relativ günstig. Es versteht sich von selbst, daß sie in gar keiner Weise den Erfolg des Experiments garantierten.

a) Die sozialistischen Parteien

Eine erste positive Voraussetzung lag in der Stärke der sozialistischen Parteien und ihrer Entschlossenheit, in Chile eine sozialistische Revolution durchzuführen. Denn zunächst muß festgehalten werden, daß man, um eine sozialistische Gesellschaft zu errichten, nicht nur vom Sozialismus reden, sondern ihn auch wollen muß. Dies ist nicht ganz so selbstverständlich, wie vielleicht gemeint werden könnte. Zum einen deshalb nicht, weil die Erfahrungen in vielen Ländern gerade Lateinamerikas erbracht haben, daß sozialrevolutionäre Gruppen, je näher sie der politischen Macht kamen, ihren revolutionären Vorstellungen abgeschworen haben, teilweise als Preis dafür, daß sie die Macht teilen konnten, teilweise erst in der Regierung infolge des Widerstands der privilegierten Gruppen und des ihnen dienenden Militärs. Zum anderen, weil dogmatische Sozialismusvorstellungen vorherrschen, vor allem auch dogmatische Richtlinien für den Übergang zum Sozialismus, die die Verwirklichung des Sozialismus oder auch nur die dahingehende Chance ausschließen. Den Sozialismus wollen heißt demnach auch, in der Lage zu sein, den je nach Ländern verschiedenen richtigen Weg dazu einschlagen. Es heißt, die gesellschaftlichen Verhältnisse richtig einzuschätzen. Es heißt, eine erfolgversprechende Strategie zu entwickeln, die die Bedingungen für die Einführung des Sozialismus verbessert.
Anders als in der chilenischen Volksfront des Jahres 1938 führten nun die sozialistischen Parteien das Bündnis an. Die Arbeiterparteien besaßen die Vorrangstellung gegenüber den bürgerlichen Parteien. Mit Allende stellten sie aus ihren Reihen den Präsidenten. Das war eine Gewähr für eine tatsächliche sozialistische Politik, soweit die Verfassung sie zu führen zuließ. Freilich beinhaltete die streng marxistische Ausrichtung beider Arbeiterparteien Chiles eine Gefährdung für den plurali-

stisch-demokratischen* Weg, den das Programm der Volkseinheit verkündete. Dieser Widerspruch sollte sich dann auch später während der
Regierungszeit der Volkseinheit entfalten und zuspitzen.
Bereits die erste chilenische Arbeiterpartei war marxistischen Zu-
schnitts. Es war die Demokratische Partei, die 1887 gegründet wurde. Als
ihr Generalsekretär arbeitete zeitweilig Luis Emilio Recabarren, die Vaterfigur der chilenischen Arbeiterbewegung. Als die Demokraten im
Jahre 1911 mit den konservativen Parteien zusammenzuarbeiten begannen, führte Recabarren den linken Flügel ein Jahr später aus der Partei
heraus und gründete die Sozialistische Arbeiterpartei (POS). Sie arbeitete eng mit den Bergbau- und Industriearbeitergewerkschaften zusammen, die in den Arbeitskämpfen, in Streiks und politischen Demonstrationen eine erhebliche Schlagkraft entwickelten. Allerdings ging seinerzeit der Staat mit brutalen Mitteln gegen die Streikenden vor. Bei einem
Ausstand in Iquique vom 10. Juni 1890 gab es 50 Tote und über 500 Ver-
wundete. In derselben Stadt im Norden Chiles, dem Zentrum des Salpe-
terabbaus, kam es 17 Jahre später zu einem Massaker unter der streikenden Arbeiterschaft: mehr als 2000 Tote waren zu beklagen. Die Arbeiterbewegung nahm jedoch an Mitgliedern und Organisationen stetig zu
und erzwang soziale Reformen, noch ehe den Arbeitern legal das Recht
zugestanden wurde, sich gewerkschaftlich zu vereinen. Als dieses Gesetz 1924 erlassen wurde, schloß es die Landarbeiterschaft aus. Die herrschende Oligarchie verstand sich nur zur Aufgabe des Bodens, der ohnehin nicht mehr zu halten war. Aber diese Zugeständnisse und der langsame Übergang der politischen (nicht der wirtschaftlichen) Macht auf
die heranwachsenden Mittelschichten führten dazu, daß sich die sozialistische Bewegung in Chile in das bestehende politische System
einfügte.
Nachdem die Sozialistische Arbeiterpartei auf die russische Revolution
hin 1922 ihren Namen in Kommunistische Partei Chiles (Partido Comunista de Chile, PC) geändert und ihr Programm und ihre Organisation bol-
schewisiert* hatte, übernahm sie in den dreißiger Jahren die politische
Leitlinie des internationalen Kommunismus, mit den fortschrittlichen
bürgerlichen Parteien zusammenzuarbeiten. Wie weit die Kommunisten
in dieser Strategie zu gehen bereit waren, zeigte vor allem ihr Bündnis
mit den Liberalen unter dem radikalen* Präsidenten Gonzales Videla
1946, das die entgegengesetzten Pole der chilenischen Politik vereinte.
Die Erfahrung war bitter und lehrreich zugleich: In der Phase des Kalten
Krieges* verbot Gonzalez Videla im »Gesetz zur Verteidigung der Demokratie« die Kommunistische Partei. Nach der Wiederzulassung im Jahre
1957 beschränkten sich die Kommunisten auf Parteienbündnisse unter

den marxistischen Parteien. Erst 1970 öffneten sie sich erneut einer Allianz mit bürgerlichen Parteien, allerdings unter der Bedingung, daß der Präsidentschaftskandidat ein Vertreter der Arbeiterparteien sei.

Die Spielregeln der parlamentarischen Demokratie leugneten die Kommunisten auch nach ihrem Ausschluß aus der Politik, nach Verfolgung und Zwangsinternierung nicht. Im Gegensatz zu den chilenischen Sozialisten blieben sie die Befürworter und Verteidiger einer gewaltlosen Annäherung an die politische Macht und berücksichtigten darin auch die Interessen ihrer Anhängerschaft, des Bergbau- und Industrieproletariats, das sich höhere Löhne und bessere Sozialleistungen erkämpft hatte.

Die Sozialisten Chiles sind stets national ausgerichtet gewesen. Ihr Gegensatz zu den Kommunisten leitete sich vor allem aus dem Vorwurf her, sie seien allzu Moskau-hörig. Aber auch auf die chilenischen Sozialisten, die in den dreißiger Jahren parteipolitisch sehr zersplittert waren, gewannen andere Weltzentren des Kommunismus großen Einfluß, vor allem in jüngster Zeit. Mao Tse Tung und Fidel Castro wurden zu ihren politischen Leitfiguren. Nachdem sie schon von jeher die sozialdemokratische Entwicklung des Marxismus verdammt hatten, schlossen sie sich in den sechziger Jahren der politischen und strategischen Grundlinie des Castrismus* an, daß die politische Macht und folglich die sozialistische Revolution nur gewaltsam herbeigeführt werden könne. Von Wahlen hielten sie nicht mehr viel. Allende, ihre politische Führungskraft, ja einer der Gründer der heutigen Sozialistischen Partei Chiles (PS), geriet innerhalb der Partei in eine Minderheit. Auch wandten sie sich gegen jedwedes Bündnis mit linksbürgerlichen Parteien. Diese Politik führte in vielen Punkten zu einer Übereinstimmung mit der nationalen Befreiungsbewegung MIR, eine durchaus problematische Entwicklung, was die Chancen eines demokratischen Weges zum Sozialismus anbelangte.

Wie vielfach in der chilenischen Verfassungsgeschichte erzielten die politischen Parteien, die einem Präsidentschaftskandidaten zum Wahlsieg verholfen hatten, bei den nachfolgenden Parlamentswahlen erhebliche Stimmengewinne. So auch Kommunisten und Sozialisten bei den Wahlen von 1941. Die Sozialisten erreichten erst 30 Jahre später ihren damaligen Stimmenanteil von 19,2 Prozent wieder. Insgesamt haben die marxistischen Parteien kontinuierlich an Stimmen zugenommen und weisen heute eine feste Wählerschaft von zumindest einem Drittel der Wahlbevölkerung auf. Diese Basis konnte vor allem in Sektoren der unteren Mittelschicht und der Bauernschaft verbreitert werden, wobei die Möglichkeit offen schien, daß diese Wählerstimmen den Arbeiterparteien selbst und nicht der Volkseinheit, vermittelt durch die bürgerlichen Parteien, zufielen.

b) Die Verfassungstradition

Als zweite positive Voraussetzung nennen wir hier die chilenische Verfassungstradition, von der wir schon an anderer Stelle gesprochen haben. Kaum ein anderes Land in Lateinamerika hat so stabile politische Institutionen entwickelt; aber auch in Europa wird Chile in diesem Punkte nur von wenigen Ländern überragt. Seit 1833 kam die Andenrepublik mit nur zwei politischen Verfassungen aus. Während andernorts in Lateinamerika der Militärputsch zum normalen Mittel wurde, um Macht- und Regierungswechsel herbeizuführen, geschah dies in Chile mit ganz wenigen Ausnahmen über Wahlen, zu denen seit den fünfziger Jahren unseres Jahrhunderts allgemeines und gleiches Wahlrecht besteht. Von einer kurzen Periode nach dem zweiten Weltkrieg abgesehen, in der die Kommunistische Partei des Landes als Folge des sog. Kalten Krieges* zwischen den Westmächten und dem Ostblock unter Führung der Sowjetunion verboten war, haben alle politischen Parteien sich an den Wahlen beteiligen können. Das demokratische Miteinander aller politischer Gruppen blieb möglich, obwohl sich die sozialen Spannungen verschärften. Die Übereinkunft in die bestehende demokratische Ordnung und die ihr zugrundeliegenden demokratischen Prinzipien war so groß, daß auch ein erklärter Gegner der bürgerlich-demokratischen Verfassung, unter der die extremste soziale Ungerechtigkeit herrschte, mit einem revolutionären, Verfassung und Gesellschaft von Grund auf verändernden Programm an die Regierung gelangen konnte. Freilich war hier die Zusage ausschlaggebend, daß diese Revolution nur demokratisch verlaufen würde, d. h. nicht gegen den Willen der Mehrheit des Volkes, der sich bei Wahlen und Abstimmungen äußert.
Die Langlebigkeit der politischen Verfassungen in Chile zeigte darüber hinaus, daß sich die Verfassungen den gesellschaftlichen Veränderungen anzupassen wußten. Als die Verfassung von 1833 in Kraft trat, herrschte eine kleine Schicht von Großgrundbesitzern und Handelsleuten über eine ungebildete, bäuerliche Bevölkerung. Es gab keine Mittelschichten. Man kann sich das kaum vorstellen, aber Santiago hatte zu Beginn des 19. Jahrhunderts keinen Kleinhandel und fast kein Handwerk. Die Bedingungen für das aktive Wahlrecht zum Kongreß erfüllten im Jahre 1869 erst 2,3 Prozent der Bevölkerung. Trotz dieser Beschränkung des Wahlrechts wurden die Wahlergebnisse von den jeweiligen Re-

gierungen fabriziert, durch Druck auf die Wähler, Bestechung und Wahlschwindel. Es war teilweise lebensgefährlich, seine Stimme abzugeben. Schießereien waren an der Tagesordnung. Die Verfassung überlebte diese politische Wirklichkeit, in der die Opposition keinen Platz hatte, selbst die Opposition aus den Reihen der eigenen sozialen Schicht nicht, geschweige denn die Opposition der sich langsam bildenden Mittelschichten und der nachwachsenden Bergbau- und Industriearbeiterschaft.

Diese neuen sozialen Schichten konnten sich aber langfristig die gleichen politischen Rechte erkämpfen wie die alte Oligarchie. Eine in ihren formalen Spielregeln kaum veränderte Verfassung räumte ihnen das Wahlrecht ein und ließ auch den modernen Vielparteienparlamentarismus zu. 1925 waren 7,4, 1953 17,1 und 1969 schließlich 33,5 Prozent der Bevölkerung wahlberechtigt. Statt einer einzigen politischen Gruppe gab es in den angegebenen Jahren 4, 19 und zuletzt 6 Parteien im Parlament, die in etwa das ganze Spektrum sozialer Schichten und politischer Meinungsunterschiede widergab. Die politische Vorherrschaft war an die Mittelschichten übergegangen, nicht ohne Kämpfe, auch nicht ohne zeitweiliges Eingreifen des Militärs. Über 100 Tage hielt sich 1931 eine »Sozialistische Republik« in Chile. Doch letztlich wurde die traditionelle liberale Verfassung wiederhergestellt.

Sie hat dem großen gesellschaftlichen Wandel standgehalten, der sich über 150 Jahre in Chile vollzogen hat, auch wenn nicht gerade gesagt werden kann, daß sie notwendige soziale Veränderungen begünstigte. Das Recht auf Eigentum beispielsweise hat sie auch noch verteidigt, als sein Mißbrauch nicht mehr zu leugnen war und seine Ausspielung den sozialen Fortschritt hinderte. Dagegen hat sie aber in unserem Jahrhundert ein Klima politischer Freiheit zugelassen, das in kaum einem zweiten Land der Welt angetroffen werden konnte. Sie war der Boden für eine politische Kultur, die das friedliche Nebeneinander sehr unterschiedlicher politischer Grundüberzeugungen und Gesellschaftsvorstellungen ermöglichte.

So betonte denn auch Salvador Allende – auf das Problem angesprochen, innerhalb einer bürgerlich-demokratischen Verfassung eine sozialistische Politik zu verwirklichen –, daß die chilenische Verfassung flexibel sei. Sie sei zwar ein Ergebnis bürgerlicher politischer Vorstellungen, doch sei sie inhaltlich nicht auf die Herrschaft des Bürgertums festgelegt. Auch die Sozialisten könnten mit ihr regieren. Die bürgerliche Gesetzlichkeit werde in der Hand der Revolutionäre zu einer Waffe gegen die herrschenden Schichten.

Wir wollen hier hinzufügen, daß wir uns diese Interpretation Allendes nicht zu eigen machen, sondern meinen, daß in der freiheitlich-demokratischen Grundordnung Chiles eine wesentliche Voraussetzung für die Entwicklung eines demokratischen Sozialismus lag. Den politischen Pluralismus, freie Wahlen, die Gewaltenteilung usw. in Frage zu stellen, mußte auch das Ziel selbst der Volkseinheit fraglich werden lassen, einen demokratischen Sozialismus und keine Diktatur des Proletariats in Chile anzustreben.

c) Die »Revolution in Freiheit«

Eine dritte günstige Voraussetzung für einen friedlichen Weg zum Sozialismus lag in der christdemokratischen Sozialreform, der sog. »Revolution in Freiheit«. Sie war ideell zu Beginn der sechziger Jahre entstanden und begriff sich als Konkurrenzmodell zur kubanischen Revolution, die sich ab 1962 als sozialistische Revolution herausstellte. Die Christdemokraten Chiles, viel weiter links stehend als die CDU der Bundesrepublik oder die christliche Demokratie anderer europäischer Länder, wollten einen dritten Weg gehen. Sie verwarfen Kapitalismus und Kommunismus. Ihrer Vorstellung nach sollte die Gesellschaft sozial gerecht und freiheitlich sein. Im einzelnen fußte ihr Programm auf Prinzipien der christlichen Soziallehre, vor allem die Enzykliken* der katholischen Kirche, und auf der demokratischen, christlich-humanistischen Lehre des katholischen Sozialphilosophen Jacques Maritain. Es waren sozial engagierte Studenten durchaus vornehmer Familien der chilenischen Oberschicht, die zunächst im Rahmen der damaligen Konservativen Partei, nach 1938 in der selbständigen Falange-Partei, die Voraussetzungen für den Aufstieg der Christdemokraten zur heute größten Partei des Landes legten. Der Bruch mit der Mutterpartei war nicht mehr aufzuhalten, als die Falange bei den Präsidentschaftswahlen von 1938 nicht den konservativen Kandidaten, sondern den Bewerber der Volksfront unterstützte. Als im Jahre 1957 aus der Falange, die an Mitgliedern und Wählern klein geblieben war, an den Universitäten des Landes aber eine große Rolle spielte, die Christlich-Demokratische Partei hervorging, schrieb sie folgende Ziele in ihr Grundsatzprogramm: Anerkennung der Menschenrechte, der demokratischen Grundfreiheiten und des pluralistischen Charakters der modernen Gesellschaft; Wandel der sozialen und ökonomischen Strukturen mit dem Ziel des Aufbaus einer sozial gerechten Ordnung, Organisierung gesellschaftlicher Gruppen zwischen Staat und Volk, damit die Interessen der Bevölkerung besser ausgedrückt und in das staatliche Handeln eingehen können, Eingriffe und Kontrollen des Staates im politischen, gesellschaftlichen und vor allem wirtschaftlichen Bereich (Politik der Verstaatlichungen, Nationalisierungen und Umverteilungen), Überwindung der Vorherrschaft ausländischen Kapitals in Chile und eine Politik größerer Unabhängigkeit gegenüber den USA.

Einer der studentischen Führer der jungen politischen Gruppe, die Anfang der dreißiger Jahre zusammenfand, war Eduardo Frei Montalva. Er vereinte in sich nicht nur die Hoffnungen der Christdemokratie, sondern bald auch breiterer politischer Kreise, die Reformen für das rückständige Land als unbedingt notwendig erachteten. Der Glaube an ihn wuchs zu Beginn der sechziger Jahre, als die Präsidentschaft des konservativen Alessandri die sozialen Spannungen durch eine Politik, die vor allem den Privilegierten des Landes zugute kam, erhöhte. Bei den Präsidentschaftswahlen von 1964 erzielte Frei mit 56 Prozent der Stimmen den größten Wahlsieg in der Geschichte demokratischer Wahlen in Chile. Wähler aus allen Schichten hatten Frei gewählt; vor allem waren ihm die Stimmen weiter Teile der Mittelschichten des Landes zugefallen, die in dem einzig aussichtsreichen Gegenkandidaten, Salvador Allende, den die Kommunisten und Sozialisten aufgestellt hatten, eine Gefährdung der parlamentarischen Demokratie sahen. Im Wahlkampf hatte sich die antikommunistische Propaganda als sehr erfolgreich erwiesen. Begeistert hatte die Menge den Wahlsieg der chilenischen Fußballnationalmannschaft gegen die Sowjetunion (2 : 1) anläßlich der Fußballweltmeisterschaften von 1962 in ein Frei 2 : Allende 1 umgemünzt. Frei gewann auch erhebliche Stimmen in den unteren Schichten, besonders auf dem Lande und bei der Marginalbevölkerung*, um die sich die Christdemokraten viel eher zu kümmern begannen als die marxistischen Parteien.

Im Sog des Wahlsiegs von Frei erzielten die Christdemokraten bei den Parlamentswahlen von 1965 über 43 Prozent der abgegebenen gültigen Stimmen und 55,8 Prozent der Sitze im Abgeordnetenhaus. Die besondere Bestellungsweise des Senats, der zweiten Kammer des Kongresses, verhinderte aber, daß die DC auch hier eine Mehrheit der Mandate erreichte. Der Senat wird alle vier Jahre nur halb erneuert. Zwar bildeten die Christdemokraten zum ersten Mal in diesem Jahrhundert eine Einpartei-Regierung, doch ihr politisches Reformprogramm konnte im Senat blockiert werden. Dies geschah dann auch. Die Oppositionspolitik, insbesondere der politischen Rechten des Landes, ging soweit, daß der Senat Frei eine Reise in die USA untersagte. Aber auch die marxistische Linke leistete Obstruktion, obwohl sie teilweise zugeben mußte, daß Frei Maßnahmen ergriff, die dem Programm der sozialistischen und der kommunistischen Partei entsprachen. Während ihm dies die politische Rechte zum Vorwurf machte und Frei ihr meistgehaßter Mann wurde, weil er dem Kommunismus in Chile den Weg eröffne, kritisierte die marxistische Linke, daß Frei auf die Interessen der Oligarchie des Landes und vor allem des internationalen Kapitals und der USA noch zu viel Rücksicht nehme. Aus den eigenen Reihen, von den »Rebellen« und vom linken Parteiflügel, wurde Frei ebenfalls vorgeworfen, daß die »Revolution« in Freiheit zu langsam voranschreite und zu wenig tief greife.

Immerhin gelang es Frei, eine Reihe sozialrevolutionärer Maßnahmen auf dem Gesetzgebungs- oder Verhandlungswege durchzusetzen, die objektiv Allende den Weg eines friedlichen Übergangs zum Sozialismus in vielen Bereichen ebneten. So hatte Frei durch Verhandlungen mit den nordamerikanischen Gesellschaften das Kupfer zu 51 Prozent »chilenisiert«, das Produktionsvermögen dieses für die Finanzierung weiterer wirtschaftlicher und sozialer Reformen wichtigen Ausfuhrguts zu Ende des Jahres 1970 auf das Doppelte gesteigert, gegen den heftigen Widerstand der Rechten ein Gesetz zur Agrarreform durchgesetzt, das die Enteignung aller Ländereien über 80 Basishektar zuließ, die chilenische Zahlungsbilanz* positiv gestaltet (und 400 Millionen Dollar Devisenreserven angelegt) und schließlich eine Verfassungsreform durchgeführt. Sie gab dem Präsidenten mehr Mittel zur Lenkung der Wirtschaft in die Hand und schuf die Möglichkeit, einen Volksentscheid herbeizuführen, wenn zwischen dem (meist fortschrittlicheren) Präsidenten und dem traditionell konservativeren Kongreß keine Einigung zu erreichen wäre. Das Volk konnte nun zwischen den beiden Verfassungsorganen entscheiden, die Opposition des Parlaments gegen die Reformpolitik der Regierung überwunden werden. Verfassungsrechtlich war damit der bisherigen Blockadepolitik des Parlaments der Boden entzogen worden und der Nachfolger Freis in einer wesentlich günstigeren Position als er selbst, denn die Verfassungsreform sollte erst unter dem neuen Präsidenten Gültigkeit erlangen.

Die Christdemokraten führten auch eine politische Mobilisierung und Bewußtseinsbildung der marginalen* Bevölkerungsschichten herbei. Sie schufen damit die Voraussetzung für eine parteipolitische Durchdringung dieser Wählerschichten, indem sie einerseits den Bauern und Landarbeitern das gewerkschaftliche Vereinigungsrecht einräumten und andererseits Organisationen wie die Mütterzentren, Jugendverbände, Siedlerausschüsse usw. bildeten. Auf diese Weise konnten sowohl die bislang vernachlässigten Bevölkerungsgruppen politisch angesprochen als auch ihre Interessen besser in die Politik eingebracht werden. Nicht zuletzt deshalb ergab sich, daß sich die Christdemokraten während ihrer Regierungszeit politisch immer weiter nach links entwickelten. Ihr linker Flügel stand mit seiner Zielsetzung eines antikapitalistischen Entwicklungsweges bereits 1967 auf dem Parteitag in Peñaflor kurz davor, innerparteilich die Macht zu übernehmen. Dieser Wechsel vollzog sich dann bei der Herausbildung der christdemokratischen Bewerbung für die Präsidentschaftswahlen von 1970.

Darstellung III: Die Entwicklung der politischen Parteien in Chile nach Stimmanteilen bei den Wahlen zum Abgeordnetenhaus 1925–1969

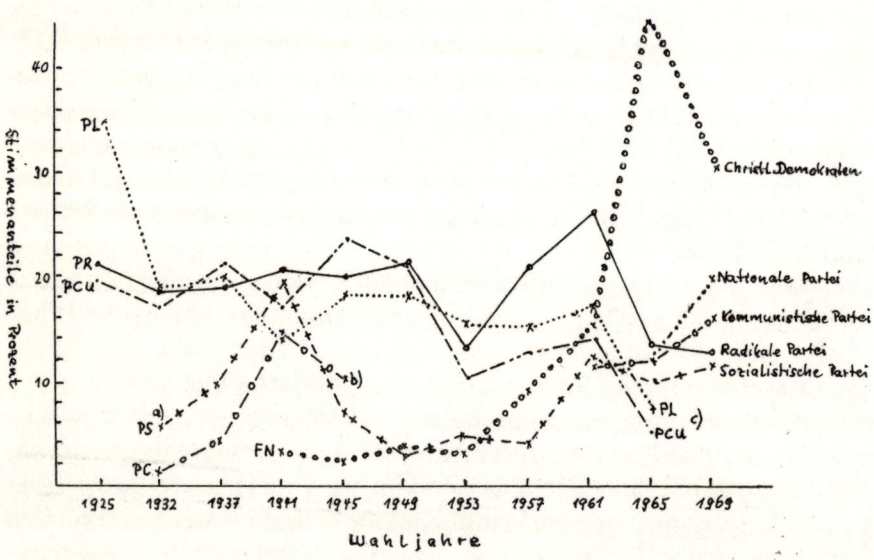

Anmerkung: a) Der Stimmanteil der PS schließt für die Wahlen von 1932 und 1941 die für weitere sozialistische Gruppen abgegebenen Stimmen mit ein. b) Die PC wurde durch das »Gesetz zur Verteidigung der Demokratie« vom 3. September 1948 verboten, im Jahre 1958 wieder zugelassen. c) PL (= Liberale) und PCU (= Konservative) vereinigten sich 1967 zur Nationalpartei.

d) Der Auftrag der Wählerschaft

Der christdemokratische Kandidat, Radomiro Tomic, hatte zunächst die Parole ausgegeben, daß eine Volkseinheit von Christdemokraten, Kommunisten und Sozialisten unter seiner Führung zu bilden sei. Hier zeigt sich, wie weit die politische Übereinstimmung des linken Flügels der DC mit den marxistischen Parteien ging. Als Kommunisten und Sozialisten ein solches Bündnis ablehnten und auch innerhalb der DC sich Tomic mit seinem Plan nicht durchsetzen konnte, traten die »Rebellen« aus der Partei aus und gründeten den MAPU, die Bewegung für die Volkseinheit, die später Bestandteil der Volkseinheit Allendes wurde. Der linke Flügel der DC blieb aber stark genug, um ein Programm für die Präsidentschaftswahlen verabschieden zu können, das in Worten und im Inhalt dem Programm der Volkseinheit sehr ähnelte. Nicht zu Unrecht hatte die politische Rechte im Wahlkampf ein Plakat mit den Köpfen von Tomic und Allende gezeigt und mit »es kommt auf dasselbe heraus« beschriftet. Freilich gilt zu bedenken, daß das Tomic-Programm unzweifelhaft demokratisch im Sinne westlicher Demokratievorstellungen war und sozialistische Veränderungen nur auf diesem Fundament plante. Da sich aber auch das Programm der Volkseinheit zum demokratischen Sozialismus und zur demokratisch herbeigeführten revolutionären Veränderung bekannte, lag ein hohes Maß an Übereinstimmung vor. Beide Programme forderten die vollständige Nationalisierung des Kupfers, die radikalere Durchführung der Agrarreform, die Verstaatlichung der Banken, die Einführung des Einkammersystems*. Im Wahlkampf selbst hatte Tomic den Kandidaten der Volkseinheit an revolutionärer Entschlossenheit weit übertroffen, wobei allerdings zu berücksichtigen ist, daß Allende sich klugerweise zurückhielt, um mögliche Wähler der Mittelschichten nicht zu verschrecken. Tomic hingegen verzichtete auf Wähler von rechts (anders als Frei 1964) oder solche Wähler der Mittelschichten, die die Einsicht in die Notwendigkeit drastischer Veränderungen nicht teilten.
Insgesamt ergaben die Wahlen von 1970 eine fast Zweidrittelmehrheit der Wählerschaft für die beiden Programme revolutionärer Veränderung. Christdemokraten und marxistische Parteien standen sich nicht mehr wie 1964 gegenüber, sondern konnten sich ergänzen. Allein notwendig war es, die Bedingungen auszuhandeln, unter denen sich auch in der Reformgesetzgebung eine Zweidrittelmehrheit ergeben würde. Wichtig schien demnach, eine breite Front aller anti-imperialistischen, sozialrevolutionären und demokratisch gesinnten politischen Kräfte zustandezubringen. Denn um entsprechend dem Programm der Volkseinheit, die Reformen demokratisch durchzuführen, voranschreiten zu kön-

nen, waren Mehrheiten erforderlich, entweder eine Mehrheit im Parlament oder eine solche in der Wählerschaft. Die Parteien und Bewegungen der Volkseinheit waren in der Minderheit, und es fragte sich von Anfang an, ob sie je in freien Wahlen eine Mehrheit werden würden. Von hier aus lag es nicht nur nahe, sondern es war ein dringendes Gebot, die soziale und parteipolitische Basis der revolutionären Politik zu verbreitern. Dies mußte natürlich zu politischen Differenzen mit den Extremisten des MIR und anderer linker Gruppen führen, die aber ohnehin zu erwarten waren, da diese niemals den friedlichen Weg zum Sozialismus, den Allende gehen wollte, billigten und für ihre eigenen Verhaltensweisen akzeptierten.

Aufgabe der fortschrittlichen Parteien war es also, dem Wählerauftrag zu entsprechen. Das Mandat für sozialrevolutionäre Veränderungen in Richtung auf einen demokratischen Sozialismus konnte nicht deutlicher sein. Hier lag die klarste positive Voraussetzung für den Erfolg des sozialistischen Experiments. Nicht ohne Bedeutung ist in diesem Zusammenhang das Verhalten der katholischen Kirche. Sie stand der Volkseinheit und ihrem Programm aufgeschlossen gegenüber, was bereits für den Wahlsieg Allendes ausschlaggebend gewesen sein dürfte. Große Teile der Priesterschaft waren nicht nur zu einer Mitarbeit bereit, sondern forderten auch für die Kirche Chiles schlechthin eine Kooperation mit den Marxisten.

e) Chiles Wirtschaftsverfassung vor 1970

Für sozialistische Länder ist die zentrale Rolle des Staates bei der Planung und Lenkung der Wirtschaft kennzeichnend. Nicht der freie Unternehmer und der Markt, also Angebot und Nachfrage, bestimmen oder regeln, was und wieviel produziert wird, sondern der Staat. Dabei setzt er für die zumeist staatseigenen Betriebe in den Wirtschafts- und Entwicklungsplänen, die meist über einen Zeitraum von fünf bis sieben Jahren gehen und in viele Einzelpläne untergliedert sind, die Produktionsziele fest. Dies geschieht nach den Maßstäben der politischen Führung des Landes, die in der Hand der nationalen kommunistischen Parteien liegt. Produziert wird nach den jeweils von ihnen bestimmten gesamtgesellschaftlichen Interessen, wobei freilich die Bedürfnisse der Bevölkerung berücksichtigt werden. Der Übergang zum Sozialismus beinhaltet im wirtschaftlichen Bereich zumindest zweierlei: die Überführung privater Unternehmen in staatliches Eigentum (Sozialisierung) und die Ablösung des Marktes durch den Plan. Beide Maßnahmen zielen auf die Kontrolle der Wirtschaft durch den Staat ab. Dieser Prozeß ist für viele Entwicklungsländer kennzeichnend, denn in ihnen hat sich ja vielfach gezeigt, daß die Marktwirtschaft nicht in der Lage ist, die Grundbedürfnisse der Menschen, Arbeit, Ernährung, Kleidung, Wohnung, zu befriedigen. Auch in Chile hatte der Staat immer mehr Aufgaben übernommen und sogar in einem Maße wie in keinem anderen Land Lateinamerikas.

Die Volksfrontregierung* von 1938 hatte mit der Gründung staatlicher Betriebe im Energie- und Dienstleistungsbereich begonnen. Sie schuf auch die staatliche Planungs- und Entwicklungsbehörde CORFO. In den folgenden Jahrzehnten übernahm der Staat weitere Aufgaben bei der Industrialisierung und vor allem bei der Finanzierung im Lande vorgenommener Investitionen*. Sein Anteil an der Gesamtheit der Investitionen betrug 1970 bereits 70 Prozent. So stellte eine chilenische Untersuchung fest: »Die Rolle des Staates ist eines der hervorstechendsten Merkmale der chilenischen Wirtschaft. Bereits im Jahre 1970 war Chile das Land in Lateinamerika (ausgenommen Kuba), in welchem der Staat die größte Beteiligung im wirtschaftlichen Bereich besaß ... Diese Macht (des Staates) ist ohne Zweifel ein entscheidender Faktor dafür, einen schrittweisen Übergang zum Sozialismus zu erklären ... Diese Merkmale sind sehr verschieden von denen in den heute sozialistischen Ländern vor Beginn des Revolutionsprozesses und sind einzig in Lateinamerika«. Die Volkseinheit konnte auf einen bereits hohen staatlichen Anteil an der gesamten Wirtschaftstätigkeit in Chile zurückgreifen und eine bereits traditionelle Linie des weiteren Ausbaus staatlicher (sozialisierter) Unternehmen und staatlicher Planung fortführen. Die Verfassungsreform von Frei begünstigte eine solche Politik noch.

f) Innere Widerstände und mögliche Störfaktoren

Den zahlreichen und bedeutenden günstigen Voraussetzungen für einen demokratischen Weg zum Sozialismus standen natürlich eine Reihe von negativen Faktoren und möglichen Widerständen gegenüber. Dafür, daß diese Faktoren eventuell das Experiment zum Scheitern bringen würden, legte das Modell eines demokratischen Weges zum Sozialismus selbst die entscheidende Voraussetzung. Demokratisch voranschreiten hieß ja, die Opposition gegen den Sozialismus, wie ihn die Volkseinheit verstand, zuzulassen, ihr nicht das Recht streitig zu machen, Chiles Weg zum Sozialismus zu verhindern. Die politische Machtfrage war offen, nicht zugunsten des Sozialismus bereits entschieden. So mußte von Anfang an einkalkuliert werden, daß mittels Wahlen die Volkseinheit würde wieder abgewählt werden können. Nur eine erfolgreiche sozialistische Politik konnte Chile auf den Weg zum Sozialismus führen.

Eine erfolgreiche sozialistische Politik zu führen, wurde durch das Modell des demokratischen Weges aber ebenfalls eingeschränkt. Schrittweise voranschreiten konnte bedeuten, der Opposition die besten Möglichkeiten zu bieten, die eigene Politik zu torpedieren. Die Volkseinheit würde ja nicht unter den herkömmlichen Bedingungen der Politik in den sozialistischen Ländern, in denen die Opposition ausgeschaltet ist, sondern unter freiheitlich-demokratischen Bedingungen antreten. Aber nicht nur die bewußte Opposition gefährdete den Erfolg. Schrittweise Maßnahmen der Enteignung mußten bei den noch nicht Enteigneten, ob sie überhaupt von der Sozialisierung betroffen würden oder nicht, eine Atmosphäre der Unsicherheit erzeugen und ein gesamtwirtschaftlich sinnvolles Verhalten in Frage stellen. Wer würde schon investieren oder neue Arbeitskräfte einstellen, wer würde nicht versuchen, möglichst viel festes Kapital in Geldkapital umzuwandeln, wenn eine Enteignung drohte? Diese psychologischen Faktoren mußten einen erfolgreichen sozialistischen Wandel in Frage stellen, wenn ihnen keine Beachtung von seiten der Volkseinheit geschenkt würde. Es gibt die Ansicht, daß man einen wirtschaftlich erfolgreichen Übergang zum Sozialismus nicht schrittweise, sondern nur von einem Tag auf den anderen durchführen kann.

Von einer eher passiven, von psychologischen Faktoren getragenen Haltung der politischen Rechten beim Versuch, in Chile den Sozialismus einzuführen, konnte aber nicht ausgegangen werden. Vielmehr war zu erwarten, daß die Minderheit der Privilegierten alles daransetzen würde, Chiles Entwicklung zum Sozialismus zu verhindern. Dazu besaßen sie ein Arsenal von Waffen, vor allem wirtschaftlicher Natur: Kapitalflucht ins Ausland, Begrenzung der Investitionen, Produktionsdrosselung, Hortung von Waren usw., sämtlich geeignet, zu einem ökonomischen Chaos beizutragen.

In dieser zu erwartenden Auseinandersetzung war für den Ablauf und den Ausgang des sozialistischen Experiments äußerst wichtig, wie sich die Mittelschichten verhalten würden. Auf ihre Bedeutung für jedwede Politik in Chile müssen wir hier besonders hinweisen, denn sie nehmen im Aufbau der chilenischen Gesellschaft einen breiten Raum ein. Untergliedern wir die chilenische Gesellschaft nach dem Einkommen – die Frage, ob die Erwerbstätigen lohnabhängig sind oder nicht, spielt für das politische Verhalten eine geringere Rolle –, so machen die Einkommensklassen, die man zur unteren Mittelschicht rechnen kann, etwa 34 Prozent der Bevölkerung aus. Zusammen mit der oberen Mittelschicht und der Oberschicht bildet sie eine Bevölkerungsmehrheit von etwa 53 Prozent. Hervorzuheben ist darüber hinaus, daß sich die Unterschicht sehr unterschiedlich entwickelt hat. Sie besteht fast zu gleichen Teilen aus lohnabhängigen Arbeitern und Arbeitern auf eigene Rechnung, wie die folgende Darstellung IV zeigt. Aus ihr wird auch sichtbar, daß Teile des Proletariats nach ihren Einkommen bis in die obere Mittelschicht hineinreichen. Die Folge davon ist, daß die Lohnarbeiterschaft in Chile infolge ihrer unterschiedlichen wirtschaftlichen und sozialen Lage im einzelnen kein einheitliches politisches Bewußtsein entwickelt. Noch stärker sind die Unterschiede innerhalb der unteren Schicht, wenn wir hier die marginierte* Bevölkerung ohne festes Einkommen mit berücksichtigen. Eine erfolgversprechende sozialistische Politik mußte die gesellschaftliche Verfassung Chiles berücksichtigen. Beispielsweise war nicht davon auszugehen, daß die Bergbau- und Industriearbeiter zur Avantgarde* der Revolution würden. Tastete man ihre privilegierte Situation unter der Arbeiterschaft an, so konnten sie sogar zu einem ernsten Hindernis des geplanten sozialen Wandels werden. Wir können hier an unsere frühere Ausführung erinnern, daß Sozialisten nicht in den Fehler verfallen dürfen, bestimmte Lehrmeinungen und Erfahrungen aus anderen Ländern auf fremde Länder dogmatisch zu übertragen, wenn sie wirklich den Sozialismus einführen wollen.

Darstellung IV: Einkommenssituation und Schichtenzugehörigkeit der Berufsgruppen in Chile (1968)

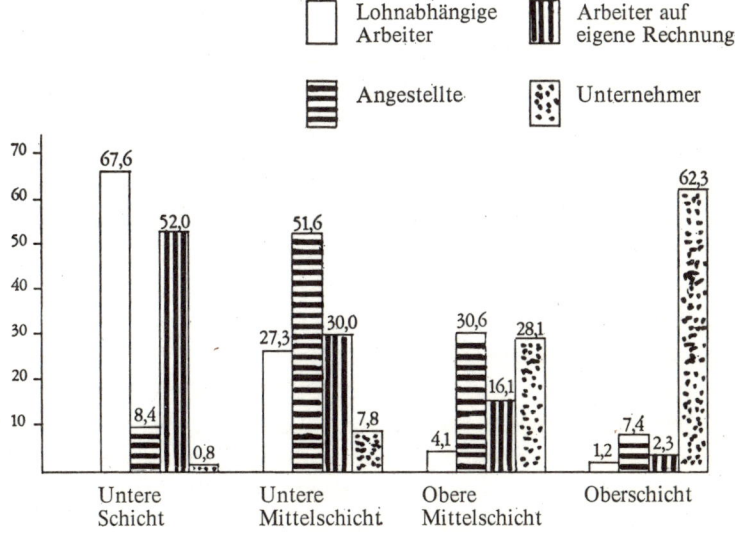

Dieser Satz trifft umso mehr zu, als ja bereits aufgrund der besonderen chilenischen Verhältnisse ein »zweiter Weg zum Sozialismus« erarbeitet worden war. Nun war es wichtig, in dieser eigenständigen, auf der eigenen historischen Erfahrung gegründeten Linie weiter fortzufahren und dabei vor allem die Bedeutung der Mittelschichten für die weitere Entwicklung der sozialistischen Politik nicht zu vergessen. Denn es war völlig offen, ob Allende die Mittelschichten würde gewinnen und bei der Stange halten können. Nichts war hier vorab entschieden. Allerdings war vorauszusehen, daß bestimmte Entwicklungen ein bestimmtes Verhalten der Mittelschichten nach sich ziehen würden. Unruhen, Gewalttätigkeiten, außergesetzliches Vorgehen, wirtschaftliche Engpässe: solche Vorkommnisse und Entwicklungen würden die Mittelschichten nicht nach links, sondern nach rechts treiben. Ein demokratischer Weg war ihnen versprochen worden. Und viele teilten die Meinung der führenden Wirtschaftsfachzeitschrift »Panorama Económico«, die Allende durchaus freundlich gesonnen war: »Der chilenische Weg zum Sozialismus wird demokratisch sein oder es gibt ihn nicht.«

Diese Überzeugung war auch noch in anderer Hinsicht berechtigt. Die Streitkräfte des Landes, deren Offiziere aus den Mittelschichten hervorgingen und ihre politischen Vorstellungen teilen, konnten gegebenenfalls einschreiten und Allende stürzen. Die Frage war, bis zu welchem Punkt sie der zivilen Gewalt gehorchen würden, wie es die Verfassung verlangt. Diese Verfassung legte ihnen aber auch auf, über die Einhaltung der politischen Grundordnung und ihrer Gesetze zu wachen. Da sich das Militär seit Jahrzehnten aus der chilenischen Politik herausgehalten hatte, war fast nichts über die politische Einstellung zum demokratischen Weg des Übergangs zum Sozialismus bekannt. Immerhin widerstanden sie allen Versuchen des In- und Auslandes, sie dahin zu bewegen, den Regierungsantritt Allendes zu verhindern. Darauf werden wir später noch zurückkommen.

Nichts spricht für die Annahme, daß die Streitkräfte des Landes gegen einen demokratischen Weg zu einem demokratischen Sozialismus geputscht hätten, sehr viel aber dafür, daß sie die möglichen Vorgänge, die die Mittelschichten nach rechts treiben würden, und eine solche Entwicklung der Mittelschichten selbst dazu bestimmen würden, dem sozialistischen Experiment ein Ende zu bereiten.

Die möglichen inneren Widerstände schienen, wenn nur dem im Programm der Volkseinheit vorgezeichneten Weg tatsächlich gefolgt würde, durchaus zu meistern. Die Bedingungen waren schwierig, aber die zu erwartenden Schwierigkeiten nicht unüberwindlich, zumal dann nicht, wenn die positiven Voraussetzungen größtenteils genutzt würden und sich vor allem eine einheitliche Führung des Revolutionsprozesses durchsetzen würde. Aber auch hier bestanden Zweifel angesichts der doch sehr unterschiedlichen politischen Gruppen innerhalb der Volkseinheit und der zu erwartenden Aktivität extremistischer Gruppen und Bewegungen auf der Linken.

g) Äußere Bedingungen

Zweifellos waren die internationalen oder äußeren Bedingungen für einen Erfolg der Volkseinheit weniger günstig als die internen. Die bereits dargelegte strukturelle Verflechtung der chilenischen Volkswirtschaft mit dem Weltwirtschaftssystem, das von den Industrienationen kontrolliert wird, mußte einer nach nationaler wirtschaftlicher Unabhängigkeit strebenden, anti-imperialistischen und die Interessen der USA bzw. nordamerikanischer Unternehmen frontal angreifenden Politik einen engen Aktionsrahmen setzen. Auch wenn eine Direktintervention der USA nach dem Muster der Dominikanischen Republik von 1965 oder drastische Blockademaßnahmen wie im Falle Kubas von vornherein ausgeschlossen wurden, so war doch zu erwarten, daß sie aus ideologischen, politischen und ökonomischen Motiven der Allende-Regierung erhebliche Schwierigkeiten bei der Verwirklichung ihres nationalistisch-revolutionären Programms machen würde. Daß auch internationale Organisationen wie die Weltbank* und die Interamerikanische Entwicklungsbank* sich möglicherweise unfreundlich verhalten würden, mußte ebenfalls befürchtet werden. Allerdings konnte dies alles keine Überraschung für die Wirtschaftsplaner der Volkseinheit sein, denn die marxistischen Parteien des Subkontinents hatten immer wieder – nicht zu Unrecht – die Unterwerfung der internationalen Kreditgeber unter die Interessen der nordamerikanischen Großkonzerne angeprangert. In ihrem Kampf gegen das ausländische Kapital der westlichen Industrienationen hoffte die UP auf die Solidarität der sozialistischen Länder.
Sicherer konnte Chile der Solidarität der lateinamerikanischen Länder sein, die ja erst jüngst, auf der Konferenz in Viña del Mar von 1969, ihre Übereinstimmung in vielen Fragen des Verhältnisses des Subkontinents zu den USA herausgestellt hatten. Allende gelangte durchaus in einem günstigen Moment an die Regierung. In Peru hatten zwei Jahre zuvor linke Militärs die Macht an sich gerissen, in Bolivien war der sozialrevolutionäre Juan Manuel Torres noch in Amt und Würden, in Argentinien bereitete Präsident Lanusse die Rückkehr Juan Perons vor. In Uruguay bo-

ten sich ein Jahr später Wahlen, bei denen sich eine Allianz von bürgerlichen und marxistischen Parteien, die sog. Breite Front, bewarb und Aussicht auf den Wahlsieg hatte. In den südlichen Ländern Lateinamerikas stand die politische Linke also hoch im Kurs. Aber nicht nur sie war bereit, Allende zu unterstützen. Auch die konservativ regierten Länder des Andenpaktes*, der 1969 geschlossen wurde, nahmen den Wahlsieg Allendes freundlich auf und bereiteten dem chilenischen Präsidenten später, als er Kolumbien und Ekuador besuchte, einen überaus herzlichen Empfang. Diese Atmosphäre war wichtig, beeinflußte aber nicht grundlegend das Verhältnis eines marxistisch regierten Chile zu den USA und den nordamerikanischen Konzernen.

Die genannten widrigen externen Bedingungen erforderten vor allem eine bedachte interne Politik, die die leichter manövrier- und gestaltbaren inländischen dynamischen Faktoren aktivierte. Geschah dies, war anzunehmen, daß Druck der USA oder Interventionsgelüste der US-Unternehmen die gegenteilige Wirkung erzeugen, nämlich eine verstärkte Solidarisierung des Volkes mit der Regierung zur Folge haben würden. Die Richtigkeit dieser Annahme wird belegt durch die Reaktion der Bevölkerung und der Christdemokraten auf den Versuch, Salvador Allendes Regierungsübernahme zu vereiteln. Aber damit greifen wir den Ereignissen voraus.

8. Allende – Mensch und Politiker

Salvador Allende Gossens entstammte einem bürgerlichen Elternhaus. Im Jahre 1908 geboren, wuchs er in der Hafenstadt Valparaiso auf und besuchte dort die Schule. Mit 18 Jahren ging er nach Santiago, um Medizin zu studieren. Während sein Vater und seine Verwandten der Radikalen Partei, der Partei der bürgerlichen Mittelschichten, anhingen, entwickelte sich Salvador Allende politisch von seiner sozialen Herkunft weg zum Anwalt der unteren Schichten des Volkes. Zwei Umstände scheinen hier besondere Bedeutung zu haben. Einmal die Freundschaft des Oberschülers zu einem sozialistischen Anarchisten*, der als Handwerker in Valparaiso lebte und mit dem heranwachsenden Salvador viel diskutierte und ihm viel Anregung zur Lektüre gab. Sodann das Studium der Medizin, das nicht allein beschränkt blieb auf medizinische Lehrschriften, Seminare und praktische Übungen, sondern die Schriften von Karl Marx und anderer mit einschloß und damit einen gesellschaftspolitischen Inhalt bekam. Er traf sich mit Kommilitonen des Nachts, um »Das Kapital«, Lenin und auch Trotzki zu lesen. Natürlich war Allende in der Studentenbewegung aktiv, die damals die Diktatur des Generals Carlos Ibañez del Campo bekämpfte. Als Studentenführer wurde er mehrmals verhaftet.

Nach Abschluß seines Medizinstudiums blieb Allende bei der Politik. In Ausübung seines erlernten Berufes – er ließ sich gern als Doktor oder Landarzt bezeichnen – hätte er die bestehenden Verhältnisse kaum verändern können. Die Politik verschaffte ihm bessere Möglichkeiten, um für die Verbesserung der Lebensbedingungen der unteren Schichten der Bevölkerung zu kämpfen, zumal nach seiner Ansicht die schlechten Gesundheitsverhältnisse, die hohe Kindersterblichkeit, die mangelnde oder fehlerhafte Ernährung der Bevölkerung, kurz die Rückständigkeit Chiles nur durch grundlegende wirtschaftliche und gesellschaftliche Reformen zu beheben waren.

In der sozialistischen Bewegung, die anfänglich sehr zersplittert war, spielte Allende sehr bald eine hervorgehobene Rolle. Er gründete mit politischen Freunden die Sozialistische Partei Chiles, die sich zur stärksten sozialistischen Partei entwickelte. Für sie errang er bei den Wahlen von 1937 sein erstes Abgeordnetenmandat. Ein Jahr später, im Alter von 30 Jahren, bekleidete Allende das Amt des Gesundheitsministers in der Volksfrontregierung* des Präsidenten Pedro Aguirre Cerda. Seither konnte man ihn aus der chilenischen Politik nicht mehr wegdenken; er selbst wurde zu einem typischen Produkt der chilenischen Politik. Nichts an ihm weist starke ausländische Züge auf. Selbst die politische Ideologie*, die in einem anderen geographischen und historisch-politischen Raum der Welt entwickelt und später in alle Länder der Erde übernommen wurde, zeigt bei ihm sehr einheimisch chilenische, wie Allende sagen würde: kreolische* Züge. Über 40 Jahre war Allende im tagtäglichen Geschäft der Politik, sei es als Abgeordneter, Senator, Präsident des Senats oder Präsidentschaftskandidat aktiv tätig. Er kannte wie kein anderer den chilenischen Parlamentarismus, er beherrschte die Schliche parlamentarischer und politischer Arbeit. Darin bewunderten ihn nicht nur seine politischen Freunde; bewundernswert war auch, wie er die Menschen anzusprechen verstand, vor allem die Leute auf dem Lande. Er sprach eine sehr einfache, bildhafte Sprache und strahlte als Mensch, der handelte, ein Gefühl der Wärme und Solidarität aus.

Dabei blieb er als Führer der politischen Linken des Landes nicht von empfindlichen Niederlagen verschont. Bevor Allende 1970 die Präsidentschaftswahlen gewann, hatte er sich schon dreimal um das Präsidentenamt beworben. Er war jedoch jedesmal gescheitert, dabei bei den Wahlen von 1958 nur deshalb unterlegen, weil sich in einem Wahlkreis ein sozialistischer Kandidat bewarb, dessen Stimmen ihn den Wahlsieg kosteten. Diese Niederlagen hat er mit sehr viel Humor getragen, eine Eigenschaft, die ihn auch in anderen Lebenslagen auszeichnete. Er konnte über sich den politischen Witz erzählen, daß dereinst auf seinem Grab die Inschrift stehen würde: Hier ruht der zukünftige Präsident Chiles. Ebenfalls vor 1970 antwortete er auf die Frage einer Journalistin, wie er sich die Wahlen im Jahre 3000 vorstelle: »Wahrscheinlich ohne meine Bewerbung.« Aber das, woran er manchmal selbst und vor allem viele seiner Anhänger und Parteifreunde nicht mehr glaubten, trat dann doch noch ein. Die Linke gewann die Präsidentschaftswahlen und Allende als ihr Kandidat wurde Präsident.

Dieses Ereignis läßt uns nun stärker nach den politischen Vorstellungen Allendes fragen. Es ist nicht einfach, hier eine klare Antwort zu geben. Das politische Denken Allendes war vielschichtig, bestand aus vielen Elementen, einige waren sehr vage, andere sehr widersprüchlich. Dies hat einen klaren Grund. Allende war kein Theoretiker. Régis Debray hat es im berühmten Interview Allende auf den Kopf hin zugesagt: »Ich weiß, daß Sie kein Theoretiker sind.« Er stellte aber dann doch in Allendes Handlungen und Reden eine solide theoretische Grundlage fest. In seiner Entgegnung erinnerte Allende an die frühe Marx-Lektüre der Studentenzeit und fügte hinzu: »Ich weiß sehr wohl, daß es keine revolutionäre Aktion ohne eine revolutionäre Theorie gibt, aber ich bin meinem Wesen nach ein Mensch, der gehandelt hat. Seit meiner Studentenzeit stehe ich auf der vordersten Barrikade, und daraus habe ich viel gelernt.«

Allende war ein Mensch der politischen Praxis, aus ihr hat er seine Erfahrungen gesammelt, oder – wie Debray es kommentierte, Allendes Schule ist die »Universität des Lebens« gewesen und weniger »die Universität der Bücher«. Daraus kann freilich nicht geschlossen werden, daß Allende den Marxismus-Leninismus nur unzulänglich gekannt habe. Er beherrschte seine grundlegenden Elemente und versuchte auch, sich von ihnen leiten zu lassen. Seine Erfahrungen als Politiker, als Kämpfer und Revolutionär, stufte er aber höher ein; sie waren ihm nützlicher, auf sie berief er sich in entscheidenden Momenten.

Die Wechselfälle des Lebens, seine soziale Herkunft und seine politische Überzeugung, die sozialen Kämpfe und die veränderten Situationen begründeten aber auch die Vielzahl von Widersprüchen, die Allende teilweise zu einer schillernden Persönlichkeit werden ließen. Allende war Freimaurer, gehörte also – hier den Traditionen seiner Familie folgend – einem bürgerlichen Zirkel an. Er war als Parlamentarier Repräsentant einer politischen Tradition Chiles, der bürgerlichen Demokratie, und zugleich war er der Führer der politischen Linken des Landes, die tiefgreifende, revolutionäre Veränderungen forderte. Er war Marxist, und doch glaubte er, daß Chile eine gänzlich andere Revolution als die marxistisch-leninistische, also nicht die des bewaffneten Klassenkampfes und der Errichtung der Diktatur des Proletariats, durchführen könne, um zum Sozialismus zu gelangen. In der Frage des friedlichen oder gewaltsamen Weges entschied er sich allerdings nicht prinzipiell, sondern je nach den besonderen Gegebenheiten eines Landes. Für Chile propagierte er die friedliche Revolution, und er versprach diesen gewaltlosen Weg, als er Präsident Chiles wurde. Aber nie leugnete er den anderen, gewaltsamen Weg, und wenn er sich gegen ihn aussprach, dann meist in schwacher Form oder eben nur in Worten.

Die Widersprüchlichkeit Allendes hat auch Régis Debray sehr klar zum Ausdruck gebracht, indem er den chilenischen Präsidenten im Vorwort zu seinem Interview wie folgt charakterisierte: »Doktor und Genosse«, Freimaurer und Marxist, Ex-Präsident des Senats der Republik und sozialistischer Kämpfer ohne Fassade, bürgerlicher Herkunft und revolutionärer Überzeugung, fest verwurzelt in der ländlichen Wirklichkeit des Landes (mehr als in der Wirklichkeit der Hauptstadt) und bedingungsloser Internationalist: Allende ist wirklich, wie er zu sagen beliebt, »Kreole«, »Chilene durch und durch«. Hier macht Debray auf eine wichtige Tatsache aufmerksam: »Wenn Allende nicht auf diese Weise von der chilenischen Geschichte durchtränkt gewesen wäre, mit all ihren Kontrasten, die manchmal nicht zusammenpassen, hätte er sicherlich nicht die relative Mehrheit der Wählerstimmen auf sich vereinen können . . .«

Die nach dem Wahlsieg vom 4. September so hervorgehobene Position Allendes darf uns nicht darüber hinwegtäuschen, daß Allende ein durchaus umstrittener Kandidat in seinem eigenen Lager war. Zunächst einmal gab es in seiner Partei einen starken Flügel, der es für sinnlos hielt, durch Wahlen zu versuchen, die Regierungsgewalt zu erlangen. Diese Gruppe, die durch Carlos Altamirano angeführt wurde, war auf dem Parteitag der Sozialisten in Chillán im Jahre 1968 in der Mehrheit gewesen. Sodann gab es in der Sozialistischen Partei einen zweiten Bewerber: Aniceto Rodriguez, wie Allende dem gemäßigten Flügel zuzurechnen. Als es zur Abstimmung über den Vorkandidaten der Sozialistischen Partei für die Gesprächsrunde der Parteien der Volkseinheit kam, aus der ein Kandidat der vereinten Linken hervorgehen sollte, setzte sich zwar Allende durch, aber den 14 Stimmen, die er erhielt, stand eine größere Zahl von Stimmenthaltungen gegenüber. Die Vorbehalte gegenüber Allende in seiner eigenen Partei, die weniger persönlich als politisch begründet waren, waren kein guter Beginn, kein gutes Zeichen für Allende. Er siegte gegenüber Aniceto Rodriguez, weil er größere Aussichten hatte, sich als Kandidat der vereinigten Linken durchzusetzen. Aber bis dahin war noch ein weiter Weg.

Sämtliche Parteien und Bewegungen der Volkseinheit hatten Vorkandidaten aufgestellt: die Kommunistische Partei den Nobelpreisträger für Literatur des Jahres 1971, Pablo Neruda, die Radikale Partei den Professor für Ökonomie Alberto Baltra, der MAPU den ehemaligen Mitarbeiter Eduardo Freis in der Agrarreform, Jacques Chonchol, die API ihren Parteiführer und früheren Minister unter Carlos Ibañez del Campo, Rafael Tarud. Diese Kandidaten mußte Allende aus dem Felde schlagen, um selbst die Führung der Volkseinheit übernehmen zu können. Beim über sechs Wochen andauernden Gerangel um die Einheitskandidatur hielt sich Allende zunächst taktisch klug zurück. Für ihn sprachen nicht nur gewichtige Argumente (er war der im Volke bekannteste aller Kandidaten), sondern bald auch die Kommunisten, die ihren Vorkandidaten fallen ließen und dabei auch den Rückzug aller weiteren Vorkandidaten bis auf die Bewerbung von Alberto Baltra erreichten. Die feste Entschlossenheit der marxistischen Parteien, eine Neuauflage der Volksfront* von 1938 zu verhindern, räumte dann auch den letzten Gegenkandidaten zu Allende aus dem Felde.

9. Die schwierigen 60 Tage

Mit der relativen Mehrheit, die Allende im ersten Wahlgang am 4. September 1970 erhielt, war er noch keineswegs zum Präsidenten gewählt. Die chilenische Verfassung fordert mehr als die Hälfte der abgegebenen gültigen Stimmen für die Wahl im ersten Wahlgang. Erreicht keiner der Kandidaten diese sogenannte absolute Mehrheit, so entscheidet der Kongreß die Wahl in einer Stichwahl zwischen den zwei stimmstärksten Kandidaten. Das waren Allende mit 36,6 Prozent und Jorge Alessandri mit 35,3 Prozent der Stimmen. Ausgeschieden war der christdemokratische Kandidat Radomiro Tomic, der zur großen Überraschung seiner Anhänger nur 28,1 Prozent der Stimmen erhalten hatte. Der chilenische Kongreß hatte also das letzte Wort bei der Präsidentschaftswahl zu sprechen; er mußte Allende mehrheitlich wählen, wenn der Kandidat der Volkseinheit Präsident werden wollte. Im Kongreß aber waren die Parteien und Bewegungen der vereinigten Linken in der Minderheit.

Die politische Rechte sah in diesen verfassungsrechtlichen Bestimmungen eine erste Möglichkeit, Allendes Wahlsieg doch noch zu verhindern. Sie bestürmte den greisen Alessandri, sich für dieses Mänöver zur Verfügung zu stellen, und versuchte, in die Christdemokratie hineinzuwirken, um Teile der Partei, die für den Ausgang der Abstimmung im Kongreß entscheidend war, für Alessandri zu gewinnen. Es war klar, daß die Christdemokraten nicht für eine zweite Präsidentschaft Alessandris stimmen würden. Im Wahlkampf hatten sich besonders Tomic und der Kandidat der politischen Rechten befehdet, und die Christdemokraten hatten das nur langsame Voranschreiten ihrer »Revolution in Freiheit« auf den Widerstand und Boykott der Rechten zurückgeführt. Die Parteijugend hatte den Wahlsieg Allendes als Niederlage Alessandris stürmisch gefeiert. Obwohl gemäßigte Politiker der DC Allende keineswegs wohlgesonnen waren, schreckten sie doch vor einer Wahl Alessandris zurück.

So kam die Rechte auf den Plan, Alessandri zu bestimmen, für die Wahl im Kongreß zu kandidieren und zu erklären, daß er gewillt sei, die Wahl durch den Kongreß anzunehmen; er sollte zugleich mitteilen, daß er nach seiner Wahl zum Präsidenten vom Amt zurücktreten werde, um eine Neuwahl zu ermöglichen. Die Rechte spekulierte darauf, daß dann Eduardo Frei wieder kandidieren könnte, den sie während seiner Regierung bitter bekämpft hatte, der ihnen aber jetzt angesichts der drohenden Präsidentschaft Allendes sehr angenehm war; sie ließ aber durchblicken, daß ihr jetzt selbst Tomic recht sei, wenn nur die Wahl Allendes verhindert werden könnte. So bestand das Angebot an die Christdemokraten praktisch darin, die Wahlen im Kongreß und die nachfolgenden Ereignisse so zu manipulieren, daß wieder ein Christdemokrat Präsident Chiles würde. Auf eine eigene Kandidatur der Rechten mochten und konnten sie nun keinen Anspruch mehr erheben. Alessandri ließ sich unter Druck seiner Berater auf diesen Plan ein und verkündete ihn öffentlich.

Daraufhin veranstalteten die Parteien und Bewegungen der Volkseinheit, unterstützt von der Einheitsgewerkschaft CUT*, eine erste Massenveranstaltung zur Verteidigung des Wahlsieges, die die Rechte und natürlich auch die von dieser umworbene Christdemokratie warnen sollte. Der berechtigte Zorn der Linken durfte dabei nicht zu Ausschreitungen führen, denn das hätte die Streitkräfte auf den Plan rufen können, was ja genau im Sinne der politischen Rechten war. So demonstrierte die Volkseinheit zugleich Kampfbereitschaft zur Verteidigung des Wahlsieges und bürgerliche Disziplin, wie sie in der Mahnung Allendes auf der Massenveranstaltung anklingen: ». . . ich bitte Sie, in Ihre Heime zurückzukehren in der freudigen Gewißheit, daß wir einen sauberen Sieg errungen haben. Und diese Nacht, wenn Sie auszuruhen suchen, denken Sie an die harte Zeit, die wir vor uns haben, wenn wir mehr Leidenschaft und mehr Liebe aufbringen müssen, um Chile Schritt für Schritt aufzubauen und mehr soziale Gerechtigkeit herbeizuführen . . .«

Tatsächlich gelang es der Nationalpartei, Verwirrung in die Reihen der Christdemokratie zu tragen, die so weit ging, die Einheit der Partei zu gefährden. Die vom linken Flügel der Partei beherrschte Parteiführung sprach sich für Allende aus. Aber nicht alle Christdemokraten stimmten mit der Linie der Parteiführung überein, die damals unter dem Senator Benjamín Prado stand. An der Basis, in den Ortsgruppen der Partei, zeigte sich Widerstand gegen eine Wahl Allendes im Kongreß. Hier stieß das Angebot der politischen Rechten auf Aufnahmebereitschaft. Um diese zunehmende Tendenz gegen Allende zu bannen und um eine allgemeine Grundlage für eine Wahl Allendes durch alle Christdemokraten zu schaffen, trat die DC-Parteiführung an Allende heran, er möge verschiedene Versicherungen abgeben. Sie betrafen sämtlich bestehende Prinzipien der Verfassung oder Verfassungswirklichkeit, die Allende noch einmal bestätigen sollte: freie Wahlen, bürgerliche Freiheiten (Rede-, Presse-, Versammlungs- und Vereinigungsfreiheit), Selbstverwaltung der Universitäten, Aufrechterhaltung eines freien Schulwesens (privater Schulen neben staatlichen Schulen) und freier unabhängiger Gewerkschaften, Respektierung der politischen Parteien als Ausdruck der Meinungsströmungen, in die die Wählerschaft geteilt ist, zusammengefaßt: die Aufrechterhaltung einer pluralistischen Gesellschaft im politischen, sozialen und kulturellen Bereich. Während der linke Flügel der Partei diese Bedingungen stellte, um ein Arrangement mit Allende zustandezubringen, verbanden sich beim rechten Flügel der Partei mit der Forderung dahingehende Überlegungen, in den Verhandlungen zwar guten Willen zu zeigen, sie aber letztlich scheitern zu lassen, um dann mit gutem Recht doch für Alessandri stimmen zu können.

Nun war es Allende, war es die Volkseinheit, die sich zu äußern hatte. Natürlich fiel es ihr nicht leicht, auf die Bedingungen der Christdemokraten einzugehen. Besonders die marxistischen Parteien sahen in dem bestehenden Verfassungsrecht bereits genug schwierige Bedingungen, um eine sozialistische Politik durchzusetzen. Nun sollten bürgerlich-demokratische Prinzipien noch einmal ausdrücklich und in breiterem Umfang in Form eines Verfassungsstatuts angenommen werden. Allende antwortete zunächst ausweichend, indem er betonte, daß im Programm der Volkseinheit die gewünschten Sicherheiten für einen demokratischen Ablauf des Revolutionsprozesses enthalten seien und es keiner neuerlichen Erklärung bedürfe. Postwendend antworteten die Christdemokraten, zeigten sich unzufrieden mit der Ansicht Allendes und machten ihm klar, daß die Unterstützung der DC für ihn im Kongreß ernsthaft in Frage stünde. Denn inzwischen hatten die Allende-Gegner in den Reihen der Christdemokratie weiter an Boden gewonnen.

Dies ging vor allem auf den Wirtschaftsbericht zur wirtschaftlichen Entwicklung Chiles nach dem 4. September zurück, der die Folgen des Wirtschaftsboykotts der politischen Rechten aufzeigte. Boykott und Panikmache lag die Hoffnung zugrunde, ein wirtschaftliches Chaos binnen kurzem erzeugen zu können, um die Regierung Frei und das Militär unter Druck zu setzen. Sie sollten den Regierungsantritt Allendes verhindern. Nach dem Alessandri-Manöver war es der zweite Versuch, auf die Christdemokraten einzuwirken und die Partei der Mittelschichten zur politischen Kehrtwendung zu veranlassen, der auch bei den einfachen Parteimitgliedern seine Wirkung nicht verfehlte.

Angesichts des Drucks der Rechten und des Drängens der christdemokratischen Parteiführung erklärte sich Allende schließlich zur Aufnahme der von der DC geforderten Garantien in die Verfassung bereit. Mit diesem Ergebnis des Briefwechsels zwischen DC und Allende gingen Benjamín Prado und der linke Parteiflügel am nächsten Tag in die parteiinterne Auseinandersetzung auf dem Parteitag vom 4. Oktober 1970. Die Delegierten, die aus dem ganzen Land zusammenkamen, konnten sich am Kiosk vor dem Parteihaus die Morgenzeitungen kaufen, in denen eine Stellungnahme des Gewerkschaftsflügels der Partei zu lesen war, die auf »gegen Allende« lautete. Hier, auf dem Parteitag der DC, mußte sich entscheiden, ob Allende die nötigen Stimmen erhielt, um im Kongreß zum Präsidenten Chiles gewählt werden zu können. Heftige Debatten entbrannten. Zunächst schien der rechte Flügel den Sieg davonzutragen, obwohl Prado in einer blendenden Rede für Allende gesprochen hatte. Er fragte die Delegierten, was das denn wohl für ein Demokratieverständnis sei, das der marxistischen Linken nur die Rolle des ewigen Verlierers im Kampf um die Wählergunst zubillige. Schließlich strebe sie laut ihrem Basisprogramm den Sozialismus mit demokratischen und verfassungskonformen Mitteln an. Würde man ihnen jetzt den Wahlsieg rauben, so sei man selbst dafür verantwortlich, daß die marxistische Linke den Boden des Gesetzes verlasse und ihre Ziele gewaltsam anstrebe. Er verband diese Argumentation mit dem Hinweis darauf, daß die organisierten Massen der Volkseinheit zur Verteidigung des Wahlsieges bereit stünden, und mit heftigen Angriffen gegen die politische Rechte. Dann aber kamen Delegierte aus den Provinzen zu Wort, die die Sorgen der einfachen Parteimitglieder zu Gehör brachten, die Befürchtungen, die gegenüber einer Regierung Allende bestanden. Aber bald war allen klar, daß es trotz dieser subjektiv und objektiv begründeten Furcht vor einer marxistischen Regierung keine wirkliche Alternative für die DC mehr gab. Als am nächsten Tag die Debatte fortgesetzt wurde, hatte die Einsicht in die Notwendigkeit gesiegt. In einer Kampfabstimmung unter verschiedenen Parteitagsresolutionen siegte schließlich diejenige, die Allende am weitesten entgegenkam. Damit war sichergestellt, daß Allende die Stichwahl gegen Alessandri würde gewinnen können. Die Parteiführung erhielt den Auftrag, mit Allende in Verhandlungen bezüglich eines Verfassungsstatuts einzutreten. Im Kongreß hatte die politische Rechte damit ausgespielt, zumal nach dem DC-Parteibeschluß Alessandri vom Plan einer eigenen Präsidentschaft abrückte und die Nationalpartei aufforderte, im Kongreß nicht für ihn zu stimmen. Aber mit der nun endgültig feststehenden politischen Niederlage wollte sich die Rechte und wollten sich auch einflußreiche ausländische Interessen in Chile nicht abfinden.

Zwei Tage vor der Wahl Allendes durch den Kongreß wurde die chilenische Öffentlichkeit durch ein Ereignis überrascht, das größte Angst und Besorgnis bei Allende auslöste. Man versuchte, den Oberbefehlshaber der chilenischen Streitkräfte, Gereral René Schneider, auf offener Straße zu entführen. Auf dem Wege zu seinem Büro wurde Schneiders Wagen angehalten und der General zum Aussteigen aufgefordert. Als Schneider Gegenwehr leistete und seine Pistole zog, wurde er durch mehrere Schüsse schwer verletzt. Er starb 48 Stunden später, nachdem die Wahlentscheidung durch den Kongreß bereits gefallen war. Der noch amtierende und der designierte Präsident, Frei und Allende, gaben ihm das letzte Geleit. Das Attentat bewies, daß Gruppen existierten, die zum Äußersten entschlossen waren, um die Regierungsübernahme durch Allende zu verhindern. Die polizeilichen Nachforschungen ergaben, daß hinter der rechtsextremen Aktion der General (i.R.) Roberto Viaux Marambio stand, der ein Jahr zuvor eine Art Militärstreik anzettelte, der unter dem Namen »Tacnazo« bekannt wurde.

Der Tod von General Schneider vereitelte allerdings die Pläne der Verschwörer. Sie hatten den General entführen wollen, um damit Druck auf die Regierung und auf die Streitkräfte mit dem Ziel auszuüben, einen Staatsstreich hervorzurufen. Der Raub verwandelte sich in ein Attentat, das erste politische Attentat in Chile seit 1837, als Diego Portales, der das Fundament des politischen Systems Chiles im 19. Jahrhundert legte, ermordet wurde. Die öffentliche Meinung verurteilte das Geschehen. So kam es, daß das Attentat auf Schneider die Regierungsübernahme durch Allende endgültig absicherte, da die Öffentlichkeit in ihr die beste Garantie für die Fortsetzung der politischen Tradition des Landes sah.

Nicht erst seit diesem Attentat begann Allende um seine Sicherheit und um sein Leben zu fürchten. Er hatte schon vorher das Anerbieten des MIR akzeptiert, ihm ein Sicherheitskommando zur Verfügung zu stellen. So entstand die berühmte GAP als Allendes persönliche Sicherheitsgarde. Der Name GAP ging auf Allende selbst zurück, der auf die Frage von Journalisten, was das für Leute seien, mit denen er sich umgebe, antwortete, dies sei eine Gruppe persönlicher Freunde (Grupo de Amigos Personales). Sie ist ihm stets eng zur Seite gestanden und hat ihm sicherlich treue Dienste geleistet. Andererseits wurde die Existenz dieser waffentragenden Gruppe zum Gegenstand heftiger öffentlicher Kritik, da die Verfassung neben den Streikräften und der Polizei keine andere waffentragende Gruppe kennt oder zuläßt.

Wie sehr auch internationale Kreise in jenen Tagen ihre Fäden spannen, um die Regierungsübernahme Allendes zu verhindern, geht aus den Dokumenten der ITT* hervor, die der nordamerikanische Journalist Jack Anderson veröffentlichte. Der nordamerikanische Konzern, Eigentümer des chilenischen Telefonnetzes, der amerikanische Geheimdienst CIA und die nordamerikanische Botschaft in Santiago versuchten, Verbindungen zu einflußreichen Chilenen zu knüpfen, um ihre Kapitalinteressen in Chile zu wahren. Wenn auch die ITT keine wirklich wichtigen Gruppen Chiles für ihre Pläne gewann und chilenische Politiker und Militärs beschimpfte, so zeigten die Dokumente doch, mit welchen Mitteln die ausländischen Großunternehmen in die Innenpolitik der Entwicklungsländer hineinzuregieren versuchen. Allende hat bei Bekanntwerden der ITT-Pläne im Jahre 1972 die Affäre zur Verstaatlichung der chilenischen Telefongesellschaft genutzt. Aber auch ohne diesen konkreten Beweis war der Volkseinheit klar, daß sie gegen die ständigen Machenschaften und Interventionsversuche der ausländischen Firmen und der CIA ihre Revolution würden unternehmen müssen.

10. Die Revolution beginnt

Die ersten Schritte einer Regierung sind immer höchst interessant. Sie geben Aufschluß über das Neue einer Politik, über die Unterschiede zur Vorregierung, über die grundlegenden Ziele und die Art und Weise, wie die Regierung diese Ziele erreichen will. In demokratischen Ländern ist es vielfach Brauch, einer neuen Regierung eine Frist von 100 Tagen oder drei Monaten zu geben, in der sie ihre Chance erhalten soll, ihre neuen Vorstellungen zu entfalten und in die Politik umzusetzen. Dann erst setzt die Kritik der Opposition ein, die eine wichtige Aufgabe darstellt. Sie zwingt die Regierung dazu, ihre Politik zu überprüfen, vor der öffentlichen Meinung die eingeschlagene Politik mit den besseren Argumenten zu verteidigen oder die Bedenken der Opposition, wenn sie begründet sind, ernst zu nehmen und die eigenen Maßnahmen zu verändern.
Allende begann seine Regierung mit großem Schwung. Er entsprach damit den Hoffnungen, die das Programm der Volkseinheit bei seinen Anhängern erweckt hatte. Der wichtigste Satz der Selbstdarstellung der Regierung war in den ersten Regierungsmonaten: Die Volkseinheit hält ihr Wort. In wenigen Wochen knüpfte die Allende-Regierung diplomatische Beziehungen zu Kuba, der Deutschen Demokratischen Republik, der Volksrepublik China, Nordkorea und Nord-Vietnam an. Im Kongreß brachte sie ein Gesetz ein, das vorsah, die Löhne und Gehälter jährlich jeweils zu hundert Prozent der Entwicklung der Preise, dem Lebenshaltungsindex*, anzugleichen. Sie setzte sofort das Programm in die Tat um, jedem chilenischen Kind täglich ein halbes Liter Milch zu geben. Die Behörden der Agrarreform wurden angewiesen, die Enteignung der Latifundien schneller durchzuführen. Ein Gesetzesvorschlag zur völligen Enteignung der noch zu 49 Prozent in ausländischem Besitz befindlichen Kupferminen wurde dem Parlament vorgelegt. Man könnte in der Aufzählung fortfahren. Wichtig ist, festzustellen, daß die Regierung tatkräftig ans Werk ging und das Land tatsächlich in einen schnelleren Rhythmus der Veränderung gebracht wurde. Allende führte ein Klima neuer Politik ein, einer Politik der mutigen Auseinandersetzung mit den

Problemen der Unterentwicklung, der sozialen und wirtschaftlichen Rückständigkeit und der Herausforderung gegenüber den gesellschaftlichen und politischen Kräften, die die bisherige Ordnung der Dinge verteidigte, weil sie ihnen nutzte.

Der Elan, mit dem die Regierung Allende zu Werke ging, hatte vor allem seinen Grund darin, den nach radikaleren Lösungen rufenden Flügel seiner eigenen Anhängerschaft zufriedenzustellen. Ihm mußte gezeigt werden, daß die Regierung eines sozialistischen Programms manövrierfähig war, daß sie Spielraum für rasche Änderungen hatte, daß sie in der Lage war, sich innerhalb der bürgerlich-demokratischen Verfassung zu bewegen und diese für die Reformen zu nutzen. Denn der demokratische Weg zum Sozialismus durfte nicht bedeuten, die Reformen hinauszuzögern. Seine Anerkennung war fundamental damit verbunden, daß dieser Weg sich im Sinne einer Sozialisierung, im Sinn einer Durchführung des UP-Programms, als gangbar erwies.

Die Politik der UP mußte aber auch die Zurückhaltung der Wirtschaft und des Handels brechen. Sie mußte die Produktion ankurbeln, die brachliegenden Kapazitäten in der Industrie möglichst rasch verwerten und ebenso auch die Arbeitskraft des chilenischen Volkes, die infolge der hohen Arbeitslosigkeit von etwa 8 Prozent und einer etwa gleich hohen Unterbeschäftigung nicht voll genutzt wurde. Dies konnte nur gelingen, wenn die Regierung elanvoll und entschlossen handelte, wenn sie das Land mit sich riß auf einen neuen Weg des Aufschwungs, nachdem besonders im Jahre 1970 die Wirtschaftstätigkeit erlahmt und in den 60 Tagen der Ungewißheit weiter zurückgegangen war.

11. Das Ende des Latifundiums

Eine der wichtigsten Reformen, die die Allende-Regierung durchführen wollte, war eine radikale Landreform. Die Forderung als solche war nicht neu. Sie hat nicht nur in Chile, sondern auch in anderen Ländern Lateinamerikas seit Jahrzehnten in den Programmen der sozial fortschrittlichen Parteien gestanden. Bis auf wenige Länder (Mexiko 1911, Bolivien 1952) blieb in der Praxis alles beim alten und die Agrarreform nur Papier. Entweder war der Widerstand der Landoligarchie*, die Kirche und Militär an ihrer Seite hatte, zu stark, oder die fortschrittlichen Parteien verloren, wenn sie in der Regierung waren, infolge ihrer Verbindung mit den bisher herrschenden gesellschaftlichen Schichten das Interesse an einer Reform zugunsten der armen ländlichen Bevölkerung. Die große Masse der Landbevölkerung blieb ohne Land und in Abhängigkeit vom Großgrundbesitzer. Trotz des Niedergangs der Landwirtschaft insgesamt als Wirtschaftszweig hielt der Einfluß der Landaristokraten auf die chilenische Politik an, da die Großgrundbesitzer vielfach eine direkte Verbindung zum aufstrebenden Industriebürgertum herstellten. Die Regierung Frei war schon drei Jahre im Amt, als sie schließlich ihr Agrarreformgesetz parlamentarisch durchsetzen konnte. Dieses Gesetz ermöglichte die Enteignung aller Großbesitzungen bis auf eine Landreserve von 80 Basishektar guten Bodens. Dort, wo die Böden schlechterer Qualität waren, konnte sich die Hektarzahl der Landreserve erheblich erhöhen.
Die Frei-Regierung wandte das Gesetz jedoch nicht von einem auf den anderen Tag an. Vielmehr enteignete die dafür zuständige Behörde CORA nur so viele Ländereien, wie sie übernehmen konnte, d. h. in Genossenschaften zu überführen und mit Krediten für Saatgut, Viehzucht, Maschinenerweiterung, Vermarktung der Produkte, kurz, verschiedenen Hilfsleistungen zu versorgen in der Lage war. Das hatte den Vorteil, daß trotz aller Kritik an der Reform, die von rechts und links geübt wurde, der Wandel der Besitzverhältnisse nicht zu einem Produktionsnachlaß führte und die Versorgung der Bevölkerung mit landwirtschaftlichen Gütern aus der eigenen Agrarwirtschaft nicht abbrach. Das nur schritt-

Die Campesinos sind zum Kampf gegen die Großgrundbesitzer entschlossen — hier mit der chilenischen Fahne in der Hand.

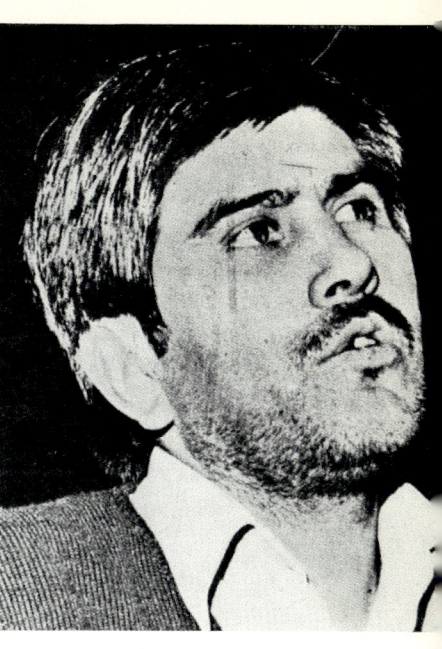

Victor Toro, einer der Anführer der revolutionären Bewegung auf dem Lande

Besetzung eines forstwirtschaftlichen Betriebs durch eine Gruppe von Landarbeitern im waldreichen Süden Chiles.

Seite 70
Landnahme zur Aussiedlung. Es beginnt mit wenigen Latten und einer Fahne Chiles. Vielfach wartet bereits eine vielköpfige Familie auf den Bau der Notunterkunft, die dann zu einer Dauerbehausung in Armut und Elend wird.

Seite 71
Das Plakat, das die Nationalisierung des Kupfers verkündet: „Chile wird erwachsen. Jetzt ist das Kupfer chilenisch".

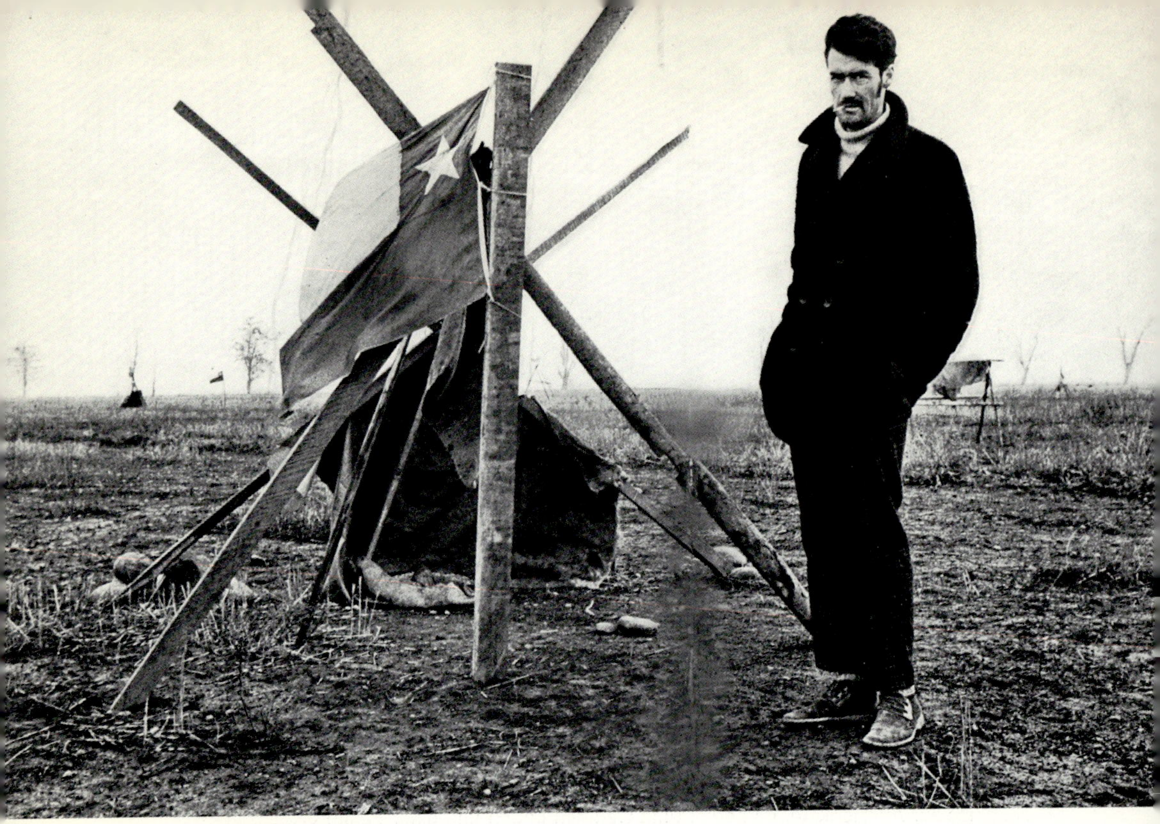
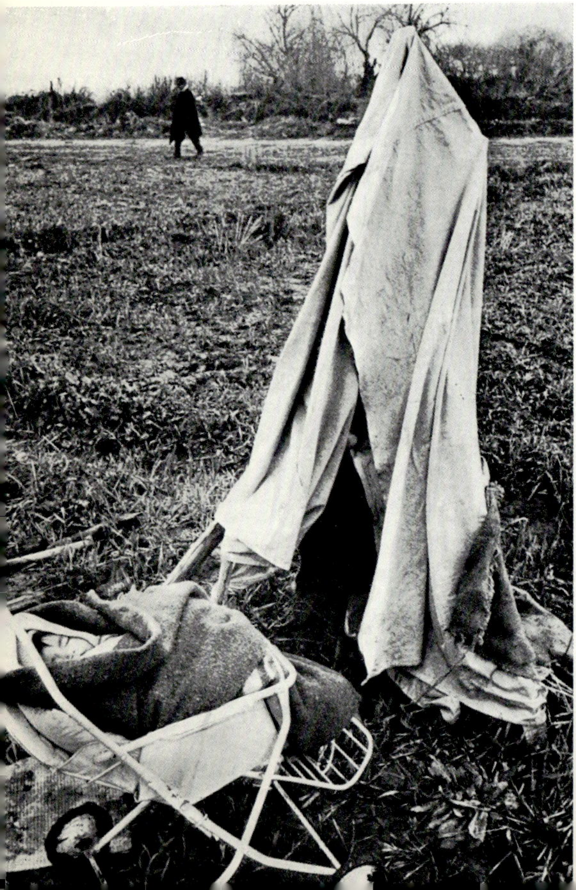
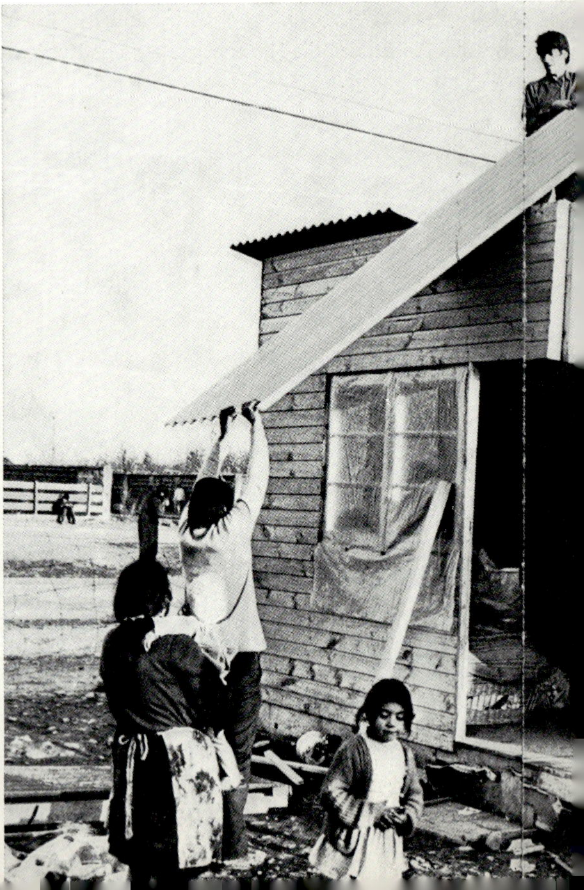

Demonstrationen in den Straßen. Kampfbereitschaft von Anhängern der Regierung und der Opposition (oben). Solidarität mit der Regierung. Kundgebung von Allende-Anhängern mit Chile-Fahnen und Spruchbändern (unten).

weise Vorgehen gab der Opposition aber alle Gelegenheit, die Reform zu sabotieren und vor immer neue Schwierigkeiten zu stellen. Die von der politischen Rechten verteidigten Großgrundbesitzer wehrten sich teilweise mit Waffengewalt gegen die Enteignung. Ein höherer Angestellter der CORA kam dabei 1970 ums Leben.

Die Regierung der Volkseinheit wollte den Prozeß der Reform erheblich beschleunigen. Sie vertraute dabei nicht nur auf die gesetzliche Durchführung, sondern auch auf die direkten Aktionen der landlosen Bauern, die die Latifundien einfach besetzten. Das ging nicht ohne Kämpfe ab. Die zunächst eingeschüchterten Latifundisten organisierten sich dort, wo die Landumverteilung noch nicht stattgefunden hatte, zu Bünden, die den Bauern entgegentraten und ihren Besitz verteidigten. Andere Großgrundbesitzer erkannten sehr bald, daß sie der doppelgleisigen, über gesetzliche Enteignung und direkte Landnahme voranschreitenden Agrarrevolution nichts entgegenzustellen hatten, und suchten ihr Heil im Verkauf des beweglichen Guts. Sie schlachteten das Vieh ab, veräußerten ihre Landmaschinen und versuchten, ihre chilenische Währung auf dem Schwarzmarkt in nordamerikanische Dollars umzutauschen. Vielfach verließen sie Chile, um in anderen Ländern ihr Geld anzulegen. Ein Großgrundbesitzer beispielsweise aus der Gegend von Temuco, in der in den ersten Monaten der Allende-Regierung wahre Enteignungsschlachten tobten, setzte sich mit 20.000 US-Dollar nach Argentinien ab und legte sein Geld dort in einem Tourismusbetrieb an. Er nahm dabei in Kauf, daß er sein Hab und Gut weit unter Wert verkaufte und auch die Escudos zu einem schlechten Kurs gegen US-Dollars eintauschte. Hauptsache, er hatte genug Geld, um andernorts wieder neu anzufangen. Dabei wurde der chilenischen Landwirtschaft, denkt man an die Schlachtung von Zuchtvieh (die allerdings auch durch die Unkenntnis der neuen Landbesitzer vorkam) oder die Unterbrechung von Düngung und Schädlingsbekämpfung, schwerer Schaden zugefügt.

Aber die Reform schritt unaufhaltsam voran. Allende enteignete innerhalb seiner ersten beiden Regierungsjahre weitaus mehr landwirtschaftliche Güter als die Administration Frei in sechs Jahren. Das Ende des Latifundiums auf der Basis privaten Besitzes war gekommen.

Die an den Besitzwandel geknüpften volkswirtschaftlichen Erwartungen der Regierung erfüllten sich jedoch nicht. Die landwirtschaftliche Produktion zeigte nach einer vorübergehenden Steigerung von 5,8 Prozent für das Landwirtschaftsjahr 1970/71 alsbald sinkende Tendenzen, die die Volkseinheit allzu ausschließlich auf die offensichtliche Obstruktionspolitik der Landbesitzer zurückführte. Ebenso entscheidend war, daß die ursprünglich vorgesehene technische Beratung und Verbesse-

Tabelle 2:
Anzahl der enteigneten Güter 1965–1973

	Anzahl der enteigneten Güter	Enteignete Gesamtfläche (in Tsd. ha)	Bewässerbares Land (in Tsd. ha)	Anzahl der begünstigten Familien
1965 bis 31. 11. 1970	1 408	3 564,6	290,6	20 996
insgesamt bis 31. 5. 1973	5 483	9 780,3	699,3	56 159

rung der Kredite für die Betriebe aus personellen und finanziellen Gründen mit der Geschwindigkeit des Enteignungsprozesses nicht Schritt halten konnte. Die Agrarreformbehörde konnte die erforderlichen landwirtschaftlichen Experten, Ausbildungskurse, Maschinen, Saatgut, Dünger usw. nicht bereitstellen, die für das wirtschaftliche Gelingen der Agrarreform notwendig gewesen wären. Wichtig ist in diesem Zusammenhang auch, daß von den bis zum 31. Mai 1973 enteigneten 5.483 Gütern nahezu 2.500 Güter noch nicht in eine neue Organisationsform überführt werden konnten. Zwangsläufig verloren die Maßnahmen so den Charakter einer wirklichen Reform im Sinne entwicklungspolitischer Ziele.

Die zunehmend erkennbare Tendenz der Regierung, Teile des reformierten Bereichs nicht in Genossenschaften, sondern in Form von Staatsbetrieben zu organisieren, stieß auf großen Widerstand der Landarbeitergewerkschaften. Sie waren unter der Frei-Regierung gebildet worden, die den Landarbeitern das Recht verschafft hatte, sich gewerkschaftlich zu vereinen. Zwei der drei Landarbeitergewerkschaften standen der Opposition nahe und forderten die Organisationsformen, die das Gesetz vorsah: die Genossenschaft auf der Grundlage des gemeinsamen Besitzes des Bodens durch die Genossenschaftsmitglieder oder den individuellen Besitz. Darüber hinaus sorgten auch die illegalen Landbesetzungen, gegen die sich die Regierung vor allem auf Druck der Kommunistischen Partei erst im Laufe des Jahres 1971 aussprach, die aber in einigen Landstrichen des Südens, vom MIR organisiert, weiter anhielten, für ein Klima der Unsicherheit, das für die Produktion höchst nachteilig war. Auch die Betriebe, die wegen ihrer geringen Größe nicht in den Anwendungsbereich des Agrargesetzes fielen, mußten befürchten, besetzt und nachher enteignet zu werden. Da sämtliche Parteien und Bewegungen der Volkseinheit unterschiedliche Vorstellungen von der zukünftigen Struktur der Landwirtschaft hatten und dort durchzusetzen versuchten, wo sie die Macht dazu hatten, herrschte vollkommene Ungewißheit über die wirklichen Ziele der Volkseinheit. Starke Kräfte innerhalb der Regierung, vor allem der Agrarausschuß der Sozialistischen Partei, forderten nicht selten die Zwangskollektivierung* sämtlicher Landwirtschaftsbetriebe. Es war klar, daß unter diesen Bedingungen das Produktionsproblem nicht zu lösen war. Die Regierung schuf sich unnötig viele Gegner, wie die Kommunisten bald hervorzuheben begannen; zudem wurde die gesamtwirtschaftliche Entwicklung in einem Maße belastet, daß ernste Probleme zu erwarten waren. Würden die Wähler die Schwierigkeiten der Regierung oder der Opposition anlasten? Würde die Allende-Regierung eine Mehrheit der Wählerschaft erhalten können, wenn sich das Agrarproblem hinsichtlich der Produktion und folglich der Versorgung der Bevölkerung mit Nahrungsmitteln zuspitzte?

Die Produktionsrückgänge in der Landwirtschaft machten eine Steigerung der Nahrungsmitteleinfuhren erforderlich, um die Versorgung der Bevölkerung aufrechterhalten zu können. Da es ein wesentliches Ziel der Allende-Regierung war, den Konsum der armen Bevölkerung zu steigern, war der Bedarf an Lebensmitteln noch größer als vorher. Die Nahrungsmittelimporte ihrerseits mußten die Zahlungsbilanz* Chiles belasten. Sie stiegen von 1970 auf 1973 um etwa das Dreifache. Während sich die Einfuhren von Nahrungsmitteln im Jahre 1970 noch auf 178 Millionen US-Dollar beliefen, lag der Wert für 1973 bei fast 600 Millionen US-Dollar. Fünfzig Prozent dessen, was Chile exportierte, mußte für Nahrungsmittel ausgegeben werden. Damit erhöhte sich die Abhängigkeit Chiles vom Ausland in zweierlei Hinsicht. Einmal war das Land in zunehmendem Maße auf das Ausland angewiesen, wollte es die Versorgung seiner Bevölkerung auch nur einigermaßen sicherstellen. Und zum anderen konnten die umfangreichen Nahrungsmittelimporte auf Grund der schlechten Devisensituation* des Landes nur über eine Erhöhung der Verschuldung gegenüber dem Ausland bezahlt werden.

Allende bleibt das Verdienst, mit dem Latifundium gebrochen zu haben. Das Latifundium war ja nicht nur eine Besitzform von Land, und zwar eine sehr ungerechte. Mit ihm war auch die Abhängigkeit der Landarbeiter und Bauern vom Großgrundbesitzer verbunden, der sie über Jahrhunderte in Unwissenheit, Armut und Trägheit hielt. Mit der Agrarreform ist nicht nur Land neu verteilt, sondern auch der Mensch befreit worden, der es bearbeitet. Unter der Allende-Regierung hat er sich vielfach sein

Recht erkämpfen können. Indem dem Landarbeiter nichts in den Schoß gelegt wurde, hat er auch ein politisches Bewußtsein entwickeln können, das niemals so wach war wie heute. Freilich hat es sich dann und wann auch gegen die Volkseinheit gewandt. Vor allem der Drang nach privatem Landbesitz stand im Widerspruch zur Volkseinheit, die sich zwar über die Organisationsform der Landwirtschaft nicht schlüssig war, aber eines nicht wollte: den Kleinbesitz an Boden.

12. Das Kupfer ist chilenisch

»Zum Schutze der Bodenschätze hat jeder Staat das Recht, wirkungsvolle Kontrolle über sie und ihre Ausbeutung auszuüben und zu diesem Zweck diejenigen Mittel anzuwenden, die seiner eigenen Situation angemessen sind, einschließlich des Rechts der Verstaatlichung oder der Übertragung des Besitzrechtes an seine eigenen Staatsbürger, wobei dieses Recht ein Ausdruck der uneingeschränkten und beständigen Souveränität des Staates ist.
Kein Staat darf wirtschaftlichem, politischem oder irgendeinem anders gearteten Zwang ausgesetzt werden, um ihn an der freien und uneingeschränkten Ausübung dieses unveräußerlichen Rechts zu hindern.«
(Erklärung der Sondervollversammlung der Vereinten Nationen zu Fragen der Rohstoffversorgung [Weltrohstoffkonfernz] vom Mai 1974)

Chile ist reich an Wäldern, reich an Seen, aber sein größter Reichtum ist die Wüste. Von ihren Bodenschätzen hat das Land in der Vergangenheit gelebt und lebt es noch heute zu einem guten Teil. In der Vollwüste der nördlichen Provinzen des Landes, die erst im Krieg von 1879–1884 gewonnen wurden, befinden sich die reichen Salpetervorkommen. Am Salpeter verdiente Chile vor dem ersten Weltkrieg viel Geld. Es war die Zeit der wirtschaftlichen Blüte des Landes, in der kein Chilene Steuern auf Einkommen und Besitz zahlte. Die Oberschicht bereiste Europa, die Söhne dieser reichen Leute studierten dort; in Paris, London und Berlin kaufte man den Luxus jener Zeit und holte ihn nach Chile. Davon zeugen heute noch die Einrichtungen vieler Wohnungen, auch der Mittelschichten, in denen man die Kunst- und Gebrauchsgegenstände des ausgehenden 19. Jahrhunderts finden kann, die in Europa hohen antiquarischen Wert haben, da sie kaum noch aufzutreiben sind: Porzellane, Bestecke, Silberwaren, Bilder, Teppiche, einzelne Möbelstücke usw. Das Salpeter bestimmte das wirtschaftliche, kulturelle und politische Leben Chiles. An einem heute vergessenen Platz, der Stadt Iquique, gastierte im 19. Jahrhundert die Pariser Oper. Hier fanden aber auch die großen Streiks der jungen Arbeiterbewegung statt. Santa Maria de Iquique, die Schule, in der 1907 über 2000 Arbeiter niedergemetzelt wurden, ist unauslöschbar eingeprägt in die Erinnerung eines jeden chilenischen Arbeiters.

Durch die Erfindung des künstlich herstellbaren Stickstoffs im sog. Haber-Bosch-Verfahren verlor das Chilesalpeter seine Bedeutung. Mit dem Weltmarktpreis für Salpeter, den Chile vorher wegen seiner Monopolstellung* hatte diktieren können, sanken die Einnahmen Chiles aus den Salpeterausfuhren und langfristig auch die Produktion. Chile mußte sich nach einem neuen Ausfuhrprodukt umsehen, welches das Salpeter ersetzen konnte. Die Wüste half aus. Hier, in den Provinzen Antofagasta und Atacama, und in den nur sehr schwer zugänglichen Hochtälern der Anden befinden sich nach einer Schätzung etwa 30 bis 40 Prozent der Gesamtweltvorkommen an Kupfer.

Als die Spanier unter Diego Almagro im Jahre 1535 nach Chile vordrangen, suchten sie ausschließlich nach Gold und Silber. An Kupfer waren sie nicht interessiert, und sie stießen auch nicht auf die Abbaustätten der Indios. Diese hatten bereits vor der Eroberung einige Lager mit dem höchsten Kupfergehalt ausgebeutet. In Chuquicamata beispielsweise lassen Stollen und Steinwerkzeuge darauf schließen, daß im Untertagebergbau Kupfer gewonnen wurde, das in kaltem Zustand zu Kochgeräten und Schmuck verarbeitet wurde. Der Abbau von Kupfer hat also in Chile eine lange Tradition. Doch bis zum Ende des 19. Jahrhunderts blieb er auf technisch sehr niedrigem Stand. Dies mußte sich ändern, wenn die großen Lagerstätten, deren Metallgehalt mit durchschnittlich 1,2 Prozent relativ niedrig ist, rentabel abgebaut werden sollten. Diese Großanlagen zu errichten, bedurfte es viel Kapitals, das Chile selbst nicht aufbringen konnte.

Der systematische Abbau des roten Metalls begann mit Investitionen nordamerikanischer Firmen zur Anlage großer Förderbetriebe. Im Norden des Landes entstand mit Chuquicamata die größte Kupfermine der Welt, in der im Tagebau Kupfer gefördert wird. Die Grube, die 1915 das erste Erz lieferte, erreicht eine Tiefe von 350 Metern und einen Durchmesser von zwei Kilometern. Über zwei Dutzend Terrassen mit Stufenhöhen zwischen 10 und 35 Metern führen in die Tiefe. Täglich werden ihr 200.000 Tonnen Gestein entnommen. Um diese riesigen Felsmassen bewegen zu können, sind 30 Diesellokomotiven mit 800 Kippwagen auf 200 km Schienen unterwegs. Hinzu kommt noch eine Flotte von 70-Tonnen-Autoschüttern. Nur ein Teil des bewegten Gesteins ist Fördergut, etwa 45 Prozent Abraumgestein. Das erzhaltige Gestein wird gemahlen, gelöst und auf elektrolytischem und chemischem Weg in (geringerwertiges) Blister oder (höherwertiges) Elektrolytkupfer verarbeitet. Darstellung V zeigt, wie Kupfer hergestellt wird, und zwar am Beispiel der Kupfermine El Teniente, der größten unterirdischen Kupfermine der Welt.

Neben dem Großabbau wurde die traditionelle Betriebsform des kleinen

Darstellung V: So stellt man Kupfer her

Das folgende Schema zeigt das Verfahren, wie Kupfer gewonnen wird. Es beginnt links mit dem unterirdischen Abbau in El Teniente. Das Gestein wird abtransportiert, zuerst trocken, dann unter Zusatz von Wasser gemahlen. Nach zwei Schwimmverfahren liegt ein Konzentrat von 33,0 % K.-gehalt vor, das über eine 7 km lange Seilbahn zur Kupferschmelze (rechts oben) gebracht wird. Im Flammofen trennen sich Schlacke und Kupfer; in den Raffinationsöfen wird Blister (99,43 % K.-gehalt) und nach einer zweiten Reinigung durch Feuer (oder Elektrolyse) Feinkupfer (99,92 % K.-gehalt, Elektrolytk.) gewonnen und in Barren gegossen.

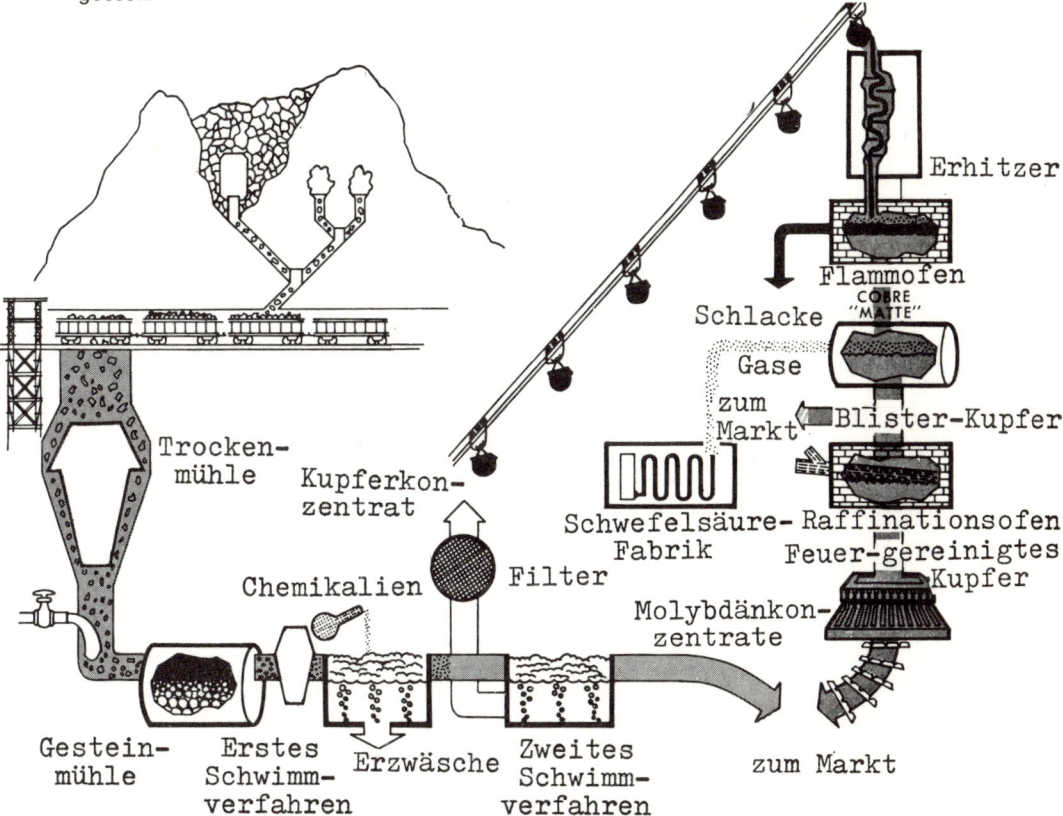

Kupferbergbaus beibehalten, der Lagerstätten geringen Umfangs mit relativ hohem Metallgehalt ausbeutet. Seine wirtschaftliche Bedeutung liegt vor allem in der Arbeit und im Einkommen, zu denen er den sogenannten Piquineros, den kleinen Bergbauarbeitern, verhilft. Viele kleine Siedlungen an der Küste und im Landesinnern der nördlichen Provinzen leben vom kleinen Kupferbergbau: Erzaufkäufer, Eigentümer von Lastwagen, Einzelhändler und Besitzer von Wirtshäusern und Kneipen. Die soziale Situation der Erzsucher und ihrer Familien ist oft denkbar schlecht. Sie können über Wochen und Monate in den Bergen und von ihren Familien getrennt sein, ohne sie regelmäßig und ausreichend zu versorgen. Die Arbeit ist hart, besonders unter den klimatischen Bedingungen der Wüste. Der Alkohol ist oft die einzige Zuflucht, welche die Piquineros sehen.

Die gesamtwirtschaftliche Bedeutung des Kupferabbaus in Chile fußt auf dem Großen und Mittleren Bergbau, dessen Aufbau zu einer erheblichen Steigerung der Kupferproduktion führte: Gefördert wurden

1869	=	45.000 metrische Tonnen*	1959	=	542.000 metrische Tonnen
1910	=	53.000 metrische Tonnen	1962	=	593.000 metrische Tonnen
1918	=	106.000 metrische Tonnen	1968	=	658.000 metrische Tonnen
1937	=	413.000 metrische Tonnen			

Damit löste das Kupfer das niedergehende Salpeter in der Vorrangstellung ab. Bereits im Jahre 1944 betrug der Anteil des Kupfers am chilenischen Export 54,8 Prozent. Er erhöhte sich bis zum Jahre 1969 auf 79,1 Prozent. Chiles Volkswirtschaft wurde immer stärker vom Rohstoff Kupfer abhängig, dessen Preis auf dem Weltmarkt schwankte und nicht von Chile bestimmt werden konnte. Sank der Kupferpreis etwa um ein Dollarcent pro Pfund Kupfer, so bedeutete das bei einer Jahresproduktion von 450.000 metrischen Tonnen einen Einnahmeverlust von über sechs Millionen Dollar. Da ein großer Teil des Staatshaushalts durch die Deviseneinkünfte* aus der Ausfuhr des Kupfers bestritten wurde, war Chiles Wirtschaft äußerst anfällig.

Natürlich hatten sich mit dem Auftreten der nordamerikanischen Firmen die Besitzverhältnisse im Erzbergbau radikal geändert. Waren noch 1876 etwa 90 Prozent der Kupferproduktion in chilenischen Händen, so belief sich dieser Anteil 1918 nur mehr auf ganze vier Prozent. Der Anteil der US-Firmen hatte sich hingegen auf 87 Prozent erhöht. Zwar zahlten die nordamerikanischen Gesellschaften Abgaben und Zölle auf die Ausfuhr von Kupfer, aber sie machten in Chile hervorragende Geschäfte. Eine Gesellschaft, die Anaconda, hatte in Chile nur 16 Prozent ihres Kapitals angelegt, das sie im Ausland investierte. Sie erzielte hier aber über 80 Prozent ihrer Gewinne, die sie insgesamt im Ausland machte. Angesichts dieser Riesengewinne erhöhten die chilenischen Regierungen die Gewinnbesteuerung. Um ihre Deviserlöse zu erhöhen, drängten sie auch auf einen weiteren Ausbau der Produktion. Doch trotz der Rieseneinnahmen waren die nordamerikanischen Firmen zu keiner Neuinvestition bereit. Sie zogen die Gewinne aus Chile ab, statt durch Reinvestition* zur Entwicklung des Landes beizutragen. Die Überführung der Betriebe in staatliches Eigentum, die Nationalisierung, schien langfristig die einzige Lösung, um die Ausbeutung Chiles durch die US-Firmen zu beenden und die in der Kupferindustrie erzielten riesigen Überschüsse für die eigene nationale Entwicklung einsetzen zu können.

Die Regierung Frei versuchte auf dem Verhandlungswege, mit den US-Firmen ins reine zu kommen und zugleich die Produktionsanlagen zu erweitern. Man wollte mit 51 Prozent der Aktienanteile der Unternehmen die Kontrolle über den Großen Kupferbergbau in nationale Hände legen, aber auch die Nordamerikaner ermuntern, beim Ausbau der Förderanlagen mitzuhelfen, da ihnen weiterhin noch erhebliche Gewinne zufließen würden. Aber die US-Unternehmen sperrten sich, vor allem die Kennecott-Gesellschaft. Mit ihr kam erst 1969 eine Vereinbarung zustande. Doch ging die Frei-Regierung mit Rücksichtnahme darauf, daß die USA den Kupferabsatzmarkt mitbestimmten, über die Ersatzteile der reparaturanfälligen Maschinen verfügten und auch in den internationalen Institutionen die Kredite an Chile kontrollierten, für Chile ungünstige Vereinbarungen ein. Dies vor allem, weil die Nordamerikaner die in sie gesetzten Hoffnungen hinsichtlich einer Kooperation mit Chile nicht erfüllten. An der Ausweitung der Förderanlagen (insbesondere Aufbau der Minen Andina und Exótica) beteiligten sich die US-Unternehmen mit keinem Dollar. So wurde die Forderung der vollständigen Nationalisierung des Kupfers immer lauter. Auch in Reihen der Christdemokraten rückte man von der erreichten unbefriedigenden Lösung der 51 Prozent »Chilenisierung« ab.

Am 15. Juli 1971 verabschiedete das chilenische Parlament einstimmig das von der Volkseinheit eingebrachte Gesetz zur Verfassungsänderung und zur Nationalisierung der großen Kupferminen. Alle Bodenschätze und Naturressourcen des Landes wurden unter die »absolute, ausschließliche, unveräußerliche und unverjährbare« Verfügungsgewalt des Staates gestellt. Die Regierung erklärte sich bereit, die von der Enteignung betroffenen Gesellschaften zu entschädigen. Die Höhe der Entschädigungszahlungen sollte vom Buchwert der Aktivvermögen* der enteigneten Unternehmen abhängen. Davon sollten die sogenannten exzessiven Gewinne, die nach 1955 erzielt wurden, abgezogen werden. Darunter waren die Gewinne zu verstehen, die über der Durchschnittsrentabilität des in den Mutterländern eingesetzten Kapitals lagen. Der von der Regierung unabhängige Oberste Rechnungshof Chiles wurde damit beauftragt, die Entschädigungssumme festzusetzen. Er errechnete, daß die US-Unternehmen dem chilenischen Staat eine Summe von ungefähr 400 Millionen US-Dollar schuldeten.

Damit war der Konflikt mit den US-Gesellschaften gegeben, die eine Entschädigungszahlung forderten und ihren ganzen Einfluß geltend machten, Chile dazu zu zwingen. Chile seinerseits konnte gar nicht anders, als auf seinem Recht bestehen, denn die Verfassungsreform war rechtlich einwandfrei zustandegekommen und die Regelung der Entschädigungsfrage in die Verfassung aufgenommen worden. Die Volkseinheit sah sich nun dem Boykott der US-Gesellschaften ausgesetzt, der vielfältige Formen annahm, teilweise direkt nachzuweisen ist, teilweise nur vermutet werden kann. So stoppte die Ersatzteillieferung für die hochtechnologischen Maschinen US-amerikanischer Herkunft; so versuchten US-Firmen, das chilenische Kupfer, das nach Europa ausgeliefert wurde, beschlagnahmen zu lassen. Damit sollten mögliche Käufer chilenischen Kupfers verunsichert werden. Der Kupferpreis sank empfindlich nach Antritt der Regierung Allende und erholte sich erst, als zu Jahresbeginn 1973 die Rohstoffpreise allgemein anzusteigen begannen. Schließlich übten die US-Gesellschaften Druck auf die US-Regierung und die internationalen Kreditgeber aus, so daß Chile große Schwierigkeiten hatte, ausreichende internationale Kapitalhilfe zu erhalten, als es diese erbat. Die UP-Regierung unternahm vielfache Versuche, das Verhältnis zu den USA wieder zu bereinigen. Aber es schien so, als wollten die USA den Konflikt gar nicht lösen. Zwar verhandelte man, aber es wurden keine Fortschritte erzielt. Der offen gehaltene Konflikt diente den USA als Alibi dafür, in den bilateralen und multilateralen Verhandlungen mit Chile eine harte Haltung zu zeigen. Dies wirkte sich auch auf die Verhandlungen in Paris aus, die der Aufschiebung von Zahlungsverpflichtungen Chiles an seine Gläubigerländer galten.

Aber nicht nur wegen der Verletzbarkeit der chilenischen Volkswirtschaft von außen stellte die vollständige Nationalisierung des Kupfers ein schwieriges Unterfangen dar. Sie war auch eine große Herausforderung des Landes in technologischer, organisatorischer und unternehmerischer Anpassung. Fraglich ist, ob dies von der Volkseinheit richtig begriffen wurde. Vielfach stößt man auf die Meinung, Entwicklungsländer brauchten ihre Rohstoffe nur zu nationalisieren und dann seien sie unabhängig. Weit gefehlt! Dann beginnen erst die Anstrengungen.

Die für 1971 angestrebte Produktion von einer Million Tonnen Kupfer wurde nicht erreicht. Die leichte Zunahme der gesamten Produktion in den Jahren 1971 und 1972 resultierte im wesentlichen daraus, daß die neuen Kupferminen Andina und Exótica ihre Produktion aufnahmen und den Produktionsrückgang in den alten Kupferminen des großen Bergbaus voll ausgleichen konnten, in denen die Produktion auf den Stand von 1961 abfiel. Zudem nahm die Qualität des Kupfers ab, es wurde weniger Elektrolytkupfer und mehr Blisterkupfer als vordem produziert. Blister ist aber niederwertiger. Parallel dazu traten Arbeitskonflikte auf, stellten sich administrative und technische Mängel ein, und es erhöhten sich durch eine Steigerung der Beschäftigungszahl die Betriebskosten erheblich, die in der Mine El Teniente teilweise zu Verlusten führten. All dies veränderte sehr bald die wirtschaftliche Bedeutung des Kupferbergbaus. Allende betonte, daß die Nationalisierung des Kupfers vorläufig nicht den geplanten Entwicklungsbeitrag leisten könne. Vielmehr gehe es zunächst darum, das chilenische Kupfer zu verteidigen. Da in Verbindung mit den gesunkenen Weltmarktpreisen für Kupfer die Ausfuhrerlöse zurückgingen, mußte dies höchst nachteilige Folgen für die chilenische Wirtschaftsentwicklung insgesamt und besonders für die Zahlungsbilanz haben. Chile nahm weniger Devisen ein, benötigte aber aufgrund des gestiegenen inländischen Warenkonsums mehr Importe und folglich mehr internationale Zahlungsmittel.

13. Dekret 502, oder wie enteignet man Unternehmen?

Für die Agrarreform bestand eine gesetzliche Grundlage. Allende konnte sie nutzen und das Land der Herrschaft der Großgrundbesitzer entreißen. In der Frage der Nationalisierung des Kupfers bestand weitgehende Übereinstimmung nschen den politischen Gruppen des Landes. Die entsprechende Verfassungsänderung wurde schließlich einstimmig im Kongreß angenommen. Wie aber sollte bei der Verstaatlichung der Großunternehmen und der Banken verfahren werden? Weder bestand eine politische Übereinstimmung im Parlament. Die Volkseinheit war hier ja in der Minderheit, und die Christdemokraten hatten etwas andere Vorstellungen von der Verstaatlichung, die auch sie für eine Reihe von Betrieben forderten. Noch gab es ein Gesetz, auf dessen Grundlage hätte enteignet werden können. Hier schien sich eine erste Hürde für die Allende-Regierung zu ergeben, die nur schwer zu überspringen war. Aber gerade an dieser Frage mußte sich erweisen, welche Vorstellung von Sozialismus Allende und der Volkseinheit eigen war, und vor allem, was sie denn unter demokratischem Sozialismus verstanden. Demokratisch vorgehen mußte nämlich hier bedeuten, sich eine Mehrheit des Parlaments für eine Verstaatlichung der Großunternehmen und Banken zu beschaffen, oder, wenn sich keine Einigung zwischen den Christdemokraten und den Parteien der Volkseinheit ergeben würde, dann hieß demokratisch vorgehen, die Streitfrage dem Volke in einem Volksentscheid vorzulegen, so daß die Wählerschaft das letzte Wort sprechen konnte.
Bereits nach vier Wochen Amtszeit enteignete die Allende-Regierung mit der Textilfabrik Bellavista-Tomé den ersten Industriebetrieb. Andere folgten in kurzen Abständen. Die Sozialisierungspolitik wurde einschneidend und radikal durchgeführt. Insgesamt waren im September 1973 mehr als 500 Unternehmungen verstaatlicht oder unter staatliche Kontrolle gebracht (interveniert).
Der Verstaatlichungsvorgang lief nach der sogenannten Strategie Vus-

kovic, des ersten Wirtschaftsministers unter Allende, ab: In der Unternehmung wurde ein Arbeitskonflikt vom Zaun gebrochen, der in einen illegalen Streik mündete, wobei diese Streiks oftmals von außen angezettelt wurden. Besorgt um die Produktion und die Versorgung des Marktes, erklärte die Regierung, daß eine Normalisierung der Verhältnisse dringlich und im öffentlichen Interesse gelegen sei und intervenierte mit dem Verweis auf das Dekret 502.

Dieses Dekret wurde zum Schlüssel der Sozialisierungspolitik im Industriebereich. Es stammte aus der sehr kurzlebigen ersten sozialistischen Republik von 1931, die eine Reihe von Gesetzesdekreten erlassen hatte, die später nicht widerrufen und einfach in Vergessenheit geraten waren. Ein findiger Jurist der Allende-Regierung entdeckte sie wieder, unter ihnen das Dekret 502, das Latifundien, Industrieunternehmen, Handel und jene Betriebe, die Produkte erster Notwendigkeit herstellen, zu Unternehmen öffentlichen Interesses erklärte. Solche Unternehmen konnten unter Umständen, etwa bei Gefährdung der Produktion, enteignet werden.

Die Eigentümer der Unternehmungen und die politische Opposition, die eine klare gesetzliche Grundlage verlangten, waren gegen die staatlichen Enteignungsmaßnahmen weitgehend machtlos. Allein die Verstaatlichung einer marktbeherrschenden Papierfabrik konnte von der Opposition verhindert werden. Sie argumentierte, daß die Pressefreiheit ernsthaft gefährdet sei, wenn die Papierzuteilung ganz in staatliche Hände falle. Die Regierung bot zwar doppelten Aktienwert, jedoch nur etwa zehn Prozent der Aktienbesitzer verkauften, die meisten allerdings an eine von der Opposition eingerichtete Aufkaufstelle. Um dem Treiben der Regierung Einhalt zu gebieten, brachte die christdemokratische Partei ein Verstaatlichungsgesetz im Kongreß ein, das genau bestimmte, welche Betriebe verstaatlicht werden könnten. Es grenzte auch die Wirtschaftsbereiche in einen staatlichen, einen privaten und einen gemischten (staatlich-privaten) ab. Außerdem forderte es in jedem Falle die Zustimmung des Kongresses. Dieses Gesetz zur Verfassungsreform wurde am 19. Februar 1972 vom Kongreß verabschiedet. Allende unterzeichnete das Gesetz jedoch nicht. Damit war ein Verfassungskonflikt zwischen Parlament und Präsident geboren, der bis zum Ende der Allende-Regierung nicht beigelegt werden konnte.

Die teilweise spontan eingeleiteten Verstaatlichungen mittels Arbeitskonflikt und Besetzung hatten den Nachteil, daß völlig willkürlich und ohne Plan der staatliche Bereich der Wirtschaft aufgebaut wurde. Niemand wußte klare Vorstellungen zu entwickeln. Botschafter der verschiedenen Länder, deren Firmen von der Verstaatlichung bedroht oder bereits besetzt waren, sprachen immer wieder im Außenministerium vor. Zunächst meldeten sie ihre Bedenken an gegen eine eventuell entschädigungslose Enteignung. Später war ihnen einfach nur noch daran gelegen, endlich zu erfahren, was aus den Firmen werde, welchem Wirtschaftsbereich sie zugehören würden. Würde es der staatliche sein, der gemischte oder der private? Sie wollten nur einfach wissen, was los war. Aber keiner konnte ihnen Antwort geben. Im Außenministerium hatte man Verständnis für die Anfragen, aber man war machtlos, ja, Außenminister Clodomiro Almeyda war verzweifelt. Aus dem Wirtschaftsministerium war immer nur zu hören, man möge ausweichende Antworten geben. Die zwischenstaatlichen Beziehungen wurden unnötig belastet, weil die Planung im Wirtschaftsministerium völlig in Unordnung war. Sicherlich, die Planungslosigkeit führte dazu, daß wesentlich mehr Unternehmen verstaatlicht wurden, als vorher in Aussicht genommen war. Dabei gerieten aber auch Betriebe in den staatlichen Bereich, die unrentabel waren. Die Unsicherheit bestimmte die noch in privatem Besitz verbliebenen Firmen, wenig zu investieren. Das mußte sich langfristig auf die Produktion auswirken. Wenn man unter »Sozialismus« vor allem »Verstaatlichung« begriff, war die Politik der Volkseinheit verständlich. Doch diese Politik mußte die chilenische Volkswirtschaft erheblich belasten. Die verstaatlichten Unternehmen sollten den Entwicklungsprozeß anführen. So stand es im Programm der Volkseinheit. Doch in der Praxis arbeiteten sie mit Verlusten und mußten durch staatliche Hilfen am Leben erhalten bleiben. Damit geriet der Staatshaushalt aus dem Gleichgewicht, was sich ab 1972 in einschneidender Weise zeigen sollte.

14. Allendes neuer Wahlerfolg oder der Anfang vom Ende

Nach sechs Monaten Allende-Regierung ergab sich bei den Kommunalwahlen vom 4. April 1971 eine erste Gelegenheit, festzustellen, wie die Wähler auf die begonnene Revolution reagierten. Diese Wahlen hatte die Regierung von Anfang an im Auge gehabt, als sie ihre Politik begann. Es war eine Chance, die sich Allende bot. Das Land hatte unzweifelhaft einen Aufschwung genommen, der sich nun gleich in Wählerstimmen ausdrücken und Allende in den Augen aller Welt von dem immer wieder betonten Makel befreien konnte, nur die Regierung einer Minderheit des Volkes darzustellen, die gegen den Willen einer Mehrheit von Chilenen den Sozialismus einführen wollte. Die Wahlen waren eine Gelegenheit, seine soziale Basis zu verbreitern und eventuell selbst Mehrheit zu werden. Zwar wurden die Mehrheitsverhältnisse im Parlament nicht direkt vom Ausgang der Wahlen betroffen. Aber ein Wahlsieg Allendes konnte vielleicht der Ausgangspunkt sein für einen Volksentscheid über ein Gesetz, in welchem Präsident und Kongreß nicht übereinstimmten. Damit hätte die Opposition im Kongreß durch direkten Entscheid der Wählerschaft überwunden werden können. Die volle Konsequenz wäre ein Volksentscheid über die Verfassung und die von ihr errichteten Organe selbst gewesen. Die Wahlen vom April 1971 bildeten demnach einen Test darauf, ob das bürgerlich-demokratische Institutionensystem durch demokratische Willensäußerung der Bevölkerung würde abgeschafft und damit sämtliche institutionalen Barrieren für die Durchsetzung einer sozialistischen Politik würden überwunden werden können. Die Bedeutung der Wahlen ging also weit über ihre eigentliche Aufgabe hinaus, die Gemeindevertretungen neu zu bestellen, die in Chile alle vier Jahre neu gewählt werden.
Erbittert wurde der Wahlkampf geführt. Nie zuvor war die Ausgangsposition der Linksparteien so günstig. Viele neue Presseorgane, einige aufgekaufte Radiostationen, die Übernahme des staatlichen Fernsehkanals

glichen die bisherige Vorherrschaft der Rechten in den Kommunikationsmedien annähernd aus. Dazu konnte die Regierung selbst durch den Verwaltungsapparat die Parteien der Volkseinheit unterstützen. Zwar protestierten die Oppositionsparteien dagegen, aber auch sie hatten früher diese Möglichkeit voll ausgeschöpft. Allende wurde vorgeworfen, als Präsident in den Wahlkampf einzugreifen und so das Mißverständnis geweckt, dies sei nicht zulässig. Die Opposition konnte aber nicht verhindern, daß die Wahlen zu Allende-Wahlen wurden. Seine Person gab den Ausschlag für den beachtlichen Stimmenerfolg der Volkseinheit. Hinzu kamen die relative Geschlossenheit, die das Regierungsbündnis jetzt noch zeigte, und die offen ausgetragenen Gegensätze unter den Oppositionsparteien. Nationale und Christdemokraten stritten darum, wer die Opposition anführe. Hier war für die Volkseinheit sehr wichtig, ob sich die gemäßigte Opposition der Christdemokraten gegenüber der bedingungslosen Opposition der Nationalen durchsetzen würde.

Die Volkseinheit siegte bei den Kommunalwahlen. Rechnet man die Stimmen der Sozialistischen Volksunion mit hinzu, so erzielte das Regierungsbündnis 50,8 Prozent der abgegebenen gültigen Stimmen, also die absolute Mehrheit. Allende war kein Minderheitspräsident mehr. »Wir haben aufgehört, eine Regierung zu sein, die nur ein Drittel der Bevölkerung repräsentiert«, kommentierte Allende den Wahlausgang. Gegenüber 1970 hatten die Volkseinheitsparteien 14,5 Prozentpunkte hinzugewonnen. »Niemals zuvor in der chilenischen Geschichte erhielt die Volksbewegung einen Stimmenzuwachs, wie wir ihn erhielten.« Aber an diesem Wahlsieg sollte Allende nicht die Freude haben, die man zunächst an ihm sah und die man hätte vermuten dürfen. Denn seine Partei, die Sozialisten, hatten ja gegenüber 1969 ihren Stimmenanteil verdoppelt, und dies ging wesentlich auf das Konto von Allende. Der Präsident hatte seiner Partei die vielen neuen Wähler zugetragen und die Sozialisten zur nun stärksten Partei der Volkseinheit werden lassen. Auf der anderen Seite aber war die Radikale Partei stark abgefallen. Sie erreichte nur ganze 8,2 Prozent. Damit wurde das bisherige Gleichgewicht der drei großen Parteien der Volkseinheit, der Kommunisten, Sozialisten und Radikalen, empfindlich gestört. Die Sozialisten waren plötzlich fast dreimal so stark wie die Radikalen, die noch nie in der chilenischen Geschichte bei allgemeinen Wahlen mehr Stimmen als diese erhalten hatten. Dies beunruhigte die Radikale Partei derart, daß sie nun erste Abstriche an den Verfassungsplänen Allendes und der Volkseinheit zu machen begann. Ein Referendum über die Verfassung, über die Einführung einer Volkskammer und die mögliche Neuwahl der Volksvertretung, lag angesichts des Stimmenrückgangs der Radikalen nun nicht mehr in ihrem Interesse. Sie mußten befürchten, weiter an Stimmen und damit auch an Sitzen im Parlament zu verlieren.

Andererseits war der Wahlerfolg der Volkseinheit nicht so groß wie erwartet, zumindest wie erhofft wurde, ausgefallen, um die Pläne institutioneller Reformen verwirklichen zu können. Der Abstand zu den Oppositionsparteien war zu gering, als daß Allende ein so weittragendes Projekt wie die grundlegende Veränderung des Institutionensystems hätte bedenkenlos in Angriff nehmen können. Es mußte vielmehr befürchtet werden, daß die Volkseinheit ein Referendum verlieren würde. Allende erhielt also durch die Kommunalwahlen nicht den erwünschten Handlungsspielraum nach innen. Er hoffte, daß sich später ein günstigerer Moment ergeben würde, wenn vor allem die Umstrukturierung der Wirtschaft fortgeführt und der Opposition die wirtschaftliche Basis für ihre Politik genommen sei. Es war aber fraglich, ob sich ein Hinauszögern der Verfassungsreform auszahlen würde, ob nicht mit den Kommunalwahlen der beste Moment verspielt würde. Und würde nicht ein Verschieben der Verfassungsfrage die Reformpolitik in anderen Bereichen hemmen, deren Erfolg verspielen?

Tatsächlich hat sich die Kommunalwahl vom April 1971 als der Höhepunkt in der politischen Konjunktur der Volkseinheit herausgestellt. Es war das beste Wahlergebnis, was die Volkseinheit erzielte. Konnte Allende dies ahnen? Fidel Castro hat in der Verschiebung des Volksentscheids einen der größten Fehler Allendes gesehen. Nach seiner Meinung hätte Allende innerhalb der ersten sechs Monate seiner Regierung versuchen müssen, die Verfassung zu ändern und den Widerstand der Opposition auf diesem Wege zu brechen. Im September 1972 war ihm klar, daß der Zeitpunkt für einen Volksentscheid verpaßt worden war, da bei mangelnder Versorgung der Bevölkerung, bei Lebensmittelknappheit, schwarzen Märkten und hoher Inflation, worauf wir noch zu sprechen kommen werden, nicht mehr davon ausgegangen werden konnte, daß Allende ein Referendum zu seinen Gunsten entscheiden könne. Gegenüber Freunden äußerte er zu diesem frühen Zeitpunkt, daß das sozialistische Experiment in Chile in einem Militärputsch enden würde, da die wirtschaftliche Situation für die Mittelschichten des Landes auf die Dauer unerträglich sei und damit auch für die Militärs, die Leute der Mittelschichten seien. Er verbarg seine herbe Enttäuschung über das, was er bereits jetzt ein »Scheitern der Volkseinheit« nannte, nicht.

Als Allende im November 1971 den Gesetzentwurf zur Verfassungsreform im Kongreß einbrachte, tat er dies ohne Hoffnung darauf, eine Ablehnung durch den Kongreß durch einen Volksentscheid überwinden zu können. Die Oppositionsmehrheit im Parlament änderte den Entwurf derart, daß Allende kein Interesse mehr an einer Verabschiedung hatte und das Projekt fallen ließ. Inzwischen hatte die Opposition auch in der Wählerschaft wieder besser Fuß gefaßt.

15. Die Opposition holt auf: Selbstkritik in der Linken

Aus dem Wahlergebnis vom April 1971 und aus der Verschärfung der innenpolitischen Auseinandersetzung — am 8. Juni wurde der frühere Innenminister der Regierung Frei, Edmundo Pérez Zújovic, ermordet — zogen die Oppositionsparteien den Schluß, sich bei folgenden Nachwahlen zum Kongreß zu verbünden und nur einen Kandidaten aufzustellen. Auf diese Weise gewannen die Oppositionsparteien die Nachwahl zum Abgeordnetenhaus in der Provinz Valparaiso. Aber der linke Flügel der Christdemokraten lehnte eine Bündnispolitik mit der politischen Rechten ab. Als er die Parteiführung ultimativ aufforderte, keine Wahlübereinkünfte mehr mit der Nationalpartei zu schließen, Parteipräsidium und Parteirat diese Festlegung aber ablehnten, trat eine Gruppe Abgeordneter um Luis Maira und ein Teil der Parteijugend um Luis Badilla aus der Partei aus. Zu ihnen gehörte auch Bosco Parra, einer der führenden Parteitheoretiker. Sie wollten an dieser jetzt stattfindenden Revolution mitarbeiten und sie nicht durch Bündnisse mit der politischen Rechten, mit der sie nichts gemein hatten, abblocken. So gründeten sie die Izquierda Cristiana (IC), die Christliche Linke, der sich ein Teil der früher führenden MAPU-Mitglieder anschlossen, unter ihnen der Landwirtschaftsminister Allendes, Jaques Chonchol. Im MAPU war damit der Weg frei für eine marxistische Orientierung, die die neue Führung unter Rodrigo Ambrosio befürwortete. Eine ähnliche Entwicklung vollzog sich in der Radikalen Partei. Anselmo Sule und Hugo Miranda brachten die historische Partei programmatisch auf einen marxistischen Kurs und nahmen dabei eine Spaltung der Radikalen in Kauf, die Allende keineswegs recht und seiner Regierung kaum förderlich war. Alberto Baltra, einer der Vorkandidaten für die Führung der Volkseinheit, und Luis Bossay, früherer Präsidentschaftskandidat der Radikalen, schieden mit anderen Parlamentariern aus der Partei aus und bildeten die Radikale Linke. Diese neue Gruppe blieb zunächst noch in der Volkseinheit. Doch als die Gegensätze sich verschärften, vor allem die zur Radikalen Partei, trat sie aus dem Regierungslager aus. Das hatte zur Folge, daß Teile der bürgerlichen Mittelschichten, die bislang noch Allende nahegestanden hatten, in die Opposition überschwenkten.

So hatte es viele Veränderungen im Parteiensystem gegeben. Während die Stärke von Regierung und Opposition im Kongreß trotz der Mandatswechsel etwa gleich blieb, schien in der Wählerschaft die Opposition besser abzuschneiden. Dies bestätigten dann auch die Nachwahlen zum Kongreß vom Januar 1972, als die Parteien der Volkseinheit deutliche Stimmeneinbußen erlitten.

Diese Niederlagen beunruhigten die Volkseinheit. Vor allem die kommunistische Partei fürchtete um die Mehrheit, die Voraussetzung einer demokratisch verlaufenden Revolution war. Diese Sorge läßt klar erkennen, daß die Kommunisten unverändert am friedlichen Weg zum Sozialismus festhielten. Hauptfehler in der Strategie der Volkseinheit war ihrer Meinung nach, Christdemokratie und Nationale zu einem Bündnis geführt zu haben: »Wir haben in gewisser Weise unsere richtige Politik aufgegeben, unseren Hauptgegner zu vereinzeln und Verbündete zu gewinnen oder gewisse gesellschaftliche Kräfte zu neutralisieren, um den Hauptgegner zu schlagen. Der Sieg, der uns gestattete, eine Volksregierung zu bilden, war möglich aufgrund des Erfolges dieser Politik.«

Allende hatte die Wahlen von 1970 gewinnen können, weil sich die Stimmen derjenigen, die nicht Allende wählen wollten, auf zwei Kandidaten aufspalteten. Die Kommunisten beklagten, daß der »Dialog« – ein Schlagwort der chilenischen Politik, das noch große Bedeutung erhalten sollte – mit den Christdemokraten vernachlässigt wurde. Diese Kritik muß weniger als Selbstkritik verstanden werden als vielmehr an die Adresse der Sozialisten gerichtet, die nicht zwischen Christdemokraten und Nationalen zu unterscheiden bereit waren. Sie wollten keine Übereinkünfte mit bürgerlichen Parteien. Jetzt zeigten sich wachsende Schwierigkeiten innerhalb und außerhalb der Volkseinheit, eine einheitliche Strategie und Führung zu finden. Hieß nicht, den Dialog mit den Christdemokraten auszuschlagen, auf die Bedingung einer demokratischen Mehrheit für die Einführung des Sozialismus zu verzichten?

Um in diesen Fragen eine Einigung zu erzielen und um sich Rechenschaft über Fortschritte und Probleme der Revolution zu geben, fanden im Februar und Juni 1972 zwei Arbeitstreffen der führenden Politiker der Parteien der Volkseinheit statt: die Tagungen von El Arrayán und Lo Curro. Die grundsätzlichen Meinungsverschiedenheiten konnten jedoch nicht ausgeräumt werden. An Selbstkritik hat es nicht gefehlt. Es wurde erkannt, wie nachteilig sich die Gegensätze zwischen den verschiedenen

Parteien des Regierungsbündnisses in der Praxis für die Revolution auswirkten, beispielsweise im Agrarbereich, wo hinsichtlich der zukünftigen Agrarordnung jede politische Gruppe ihre eigenen Zielvorstellungen zu verwirklichen suchte. Doch in Lo Curro stellte man fest, daß die guten Absichten von El Arrayán nicht befolgt worden waren. Der Gegensatz in der politischen Strategie hatte sich sogar noch verschärft, zumal der MIR, der die Gegenstrategie anführte, nicht zur Volkseinheit gehörte und sich an die Beschlüsse von El Arrayán nicht gebunden fühlte.

16. Der MIR und die Auseinandersetzungen in der Linken

In der Geschichte der chilenischen Linken hat es immer kleine Gruppen gegeben, die mit der Politik der großen marxistischen Parteien, den Kommunisten und den Sozialisten, nicht einverstanden waren. Aber keine dieser Gruppen hat ein solches politisches Gewicht entwickeln und den Gang der politischen Geschichte Chiles derart beeinflussen können wie der MIR, die Bewegung der revolutionären Linken.

Der MIR wurde im Jahre 1961 gegründet, als sich sieben kleinere Gruppen zusammenschlossen und im August ihren ersten Kongreß abhielten. Die Mehrzahl seiner Mitglieder waren Theoretiker und Intellektuelle, die mit der politischen Führung der sogenannten traditionellen Linken nicht (mehr) einverstanden waren. Die führenden Leute des MIR gehörten unterschiedlichen Generationen an, hatten unterschiedliche politische Erfahrungen hinter sich. Sechs Jahre lang führte die Organisation eine sehr unsichere Existenz. Es gab erhebliche Meinungsverschiedenheiten über die taktische Linie, eine Folge des Generationenkonflikts. Die jüngeren Mitglieder des MIR forderten, sofort mit der »via armada«, dem bewaffneten Weg, zu beginnen, während die ältere Generation, die die Führung des MIR innehatte, vorzog, mit der Bildung von Kadern anzufangen und der traditionellen Linken ihren Einfluß in den Massen streitig zu machen. Die bewaffnete Aktion sollte auf den Zeitpunkt verschoben werden, »wenn die Bedingungen dazu reif seien«.

Auf seinem Kongreß im Jahre 1967 kam es im MIR zu entscheidenden Veränderungen. Aus den internen Auseinandersetzungen gingen die Jungen siegreich hervor. Sie gewannen die Führung des MIR. Sehr bald zog sich die ältere Generation aus der Bewegung zurück. Wenige Monate später begann der MIR bewaffnete Aktionen. Der bewaffnete Kampf nahm die Form der Stadtguerilla* an und beschränkte sich zunächst auf Banküberfälle und Unternehmenseinbrüche. Ziel war die sogenannte

Enteignung bürgerlichen Besitzes. Das geraubte Geld diente dazu, die Revolution zu finanzieren.

Als der MIR seine ersten Überfälle begann, nannte der damalige Inneminister der Regierung Frei die Mitglieder des MIR »verrückte Feuerwehrleute«. Aber weniger der Trieb, mit Waffen zu spielen, als politische Ziele, beflügelten die Leute des MIR. Anfang 1969 hatte der MIR bereits sechs Banken ausgeraubt (654 Millionen damalige Escudos), die er ausgeben wollte, »um die Verteidigung der Interessen der Arbeiter und Bauern durch Organisation und Bewaffnung vorzubereiten«. Die Polizeiaktionen gegen den MIR hatten wenig Erfolg.

Die wichtigste politische Auswirkung der revolutionären Aktionen des MIR bestand damals darin, die Strategie der großen marxistischen Parteien auf die Probe zu stellen. Sie bereiteten einen neuen Kampf mit dem Stimmzettel vor. Die vom MIR geäußerten Zweifel an dieser Strategie drangen tief in die sozialistische Partei ein. Im März 1969 sagte einer der Führer des MIR, Miguel Enriquez: »Wir glauben nicht an den Weg, über Wahlen die Macht zu ergreifen. Die Arbeiter und Bauern haben jahrelang gewählt, haben Dutzende von Abgeordneten, Senatoren und Präsidenten der Republik gewählt, und sie sind jedesmal ärmer und ausgebeuteter. Die Kandidatur der sogenannten Linken vereint Leute, die das ›Gesetz zur Verteidigung der Demokratie‹ begünstigt haben und andere technokratische und bürgerliche Elemente.«

Obwohl der MIR diese Position aufrechterhielt, stellte er seine Angriffe gegen die Kandidatur von Salvador Allende ein, nachdem dieser am 23. Januar 1970 zum Einheitskandidaten der Linken bestimmt worden war. Dagegen wurden die Aktionen gegen die Regierung Frei fortgesetzt, so daß Allende im Wahlkampf gezwungen war, sich vom MIR abzugrenzen und ihn vielfach zu verurteilen. In diesem Jahr vermochte der MIR vor allem, seine Kader besser zu organisieren. Auch diejenigen Organisationen, die teilweise einen anderen Namen annahmen (FER = Front der Revolutionären Studenten, FTR = Front Revolutionärer Arbeiter, MCR = Revolutionäre Bauernbewegung), hingen alle vom Zentralkomitee des MIR ab.

Damit bereitete der MIR das später sehr erfolgreiche und folgenschwere Eindringen in die Massen der Bauern, der Siedler und auch der Industriearbeiter vor.

Der Wahlsieg Allendes überraschte den MIR vollkommen, wie er auch andere Teile der Linken überraschte. Der MIR übernahm eine sehr bewegliche Taktik. Er stellte sich sofort an die Seite Allendes, um nach dem Wahlsieg vom 4. September auch die Regierungsübernahme am 3. November zu erreichen. Er stellte Allende seinen Geheimdienst zur Verfügung und bot ihm eine Gruppe von Leuten an, die als Leibwache dienen sollten. Allende nahm beides an und bediente sich intensiv beider Dienste. Andererseits beschloß der MIR, »wachsam« zu bleiben. Von Anfang an mißtraute er der verschiedenartigen parteipolitischen Zusammensetzung des Bündnisses, das Allende unterstützte. Sie würde eine wirkliche revolutionäre Politik erschweren oder gar unmöglich machen. Als nachteilig empfanden die Linksextremen auch, daß Allende versprochen hatte, das bestehende politische System in seinen Grundzügen zu achten. Nach der Überzeugung des MIR würde das bürgerliche System Allende lahmlegen oder dazu zwingen, eine andere, direktere und weniger legalistische* Strategie zu wählen, die schnell zur Diktatur des Proletariats führen müsse. Diese Strategie verfolgte der MIR von außerhalb der Volkseinheit. Niemals dachte er daran, in das Regierungsbündnis einzutreten. All sein Tun aber war darauf gerichtet, die Politik der Volkseinheit und den Ablauf der Revolution in höchstem Maße mitzubestimmen.

Als im Juni 1971 der Exminister Edmundo Pérez Zújovic ermordet wurde, war die allgemeine Meinung des Landes die, daß der MIR für das Attentat verantwortlich sei. Doch der MIR distanzierte sich in einer öffentlichen Erklärung von der Tat. Es war der Augenblick in der Geschichte der Beziehungen zwischen der Volkseinheit und dem MIR, in welchem der MIR am weitesten sich in die Strategie des »friedlichen Weges zum Sozialismus« eingefügt zu haben schien. Doch hatte der MIR seine mit diesem Weg nicht übereinstimmenden Überlegungen und Maßnahmen keineswegs eingestellt. Vielmehr suchte er die Diskussion und die Auseinandersetzung innerhalb der Linken, um seine Strategie durchzusetzen, und, solange dies nicht gelang, fortlaufend die Voraussetzungen für eine Annahme der MIR-Strategie zu verbessern. Dabei forderte der MIR auch Allende persönlich heraus. Bei vielen Gelegenheiten prallten die unterschiedlichen Vorstellungen von der Revolution, die Chile durchlebte, ihres Gehaltes und ihres Ablaufs, aufeinander. Zu der ersten öffentlichen Konfrontation zwischen dem Präsidenten und den Linksextremen kam es bei einer Veranstaltung in der Universität von Concepción Ende Mai 1971, als Allende und Nelson Gutierrez, einer der Führer des MIR und Präsident der Vereinigung der Studenten von Concepción, sich gegenübertraten.

Gutierrez: »Die Besonderheit der Situation schafft die Voraussetzung, um revolutionäre gesellschaftliche Kräfte zu entwickeln, die in der Lage sind, den Übergang zum Sozialismus durchzuführen, ein Übergang, der Klassencharakter hat und der streng den Gesetzen des Klassenkampfes folgt. All dies berechtigt uns nicht dazu, von der Möglichkeit eines Übergangs zum Sozialismus auf der Basis eines Mehrparteiensystems, eines pluralistischen und bürgerlich-demokratischen Übergangs, zu sprechen. Das würde die Existenz einer Gesellschaft ohne Klassen voraussetzen. Der Weg zum Sozialismus führt über die äußerste Zuspitzung der Auseinandersetzung zwischen der Allianz der Arbeiter und Bauern und der gegenwärtig herrschenden Schichten, über deren Niederlage, die Einrichtung der Diktatur des Proletariats, die Verwirklichung der proletarischen Demokratie, die Demokratie für die große Mehrheit des Volkes ist und Diktatur für eine Minderheit.«

Allende: »Ich möchte nicht, daß jemand diese Regierung unterstützt, der nicht die taktische Grundlinie und den Weg teilt, den wir gehen wollen« . . . »Ich habe hier nichts weniger als einige Zitate Lenins, die das Gedächtnis einiger Leute auffrischen können. Ich beginne mit der elementarsten, und zischen Sie nicht, denn Sie pfeifen nicht mich aus, sondern Lenin. Er sagt: ›Der revolutionäre Extremismus ist Verrat am Sozialismus . . .‹ Sie pfeifen Lenin aus, nicht mich. Lenin sagt beispielsweise: ›Unser Sieg ist sicher, und wir haben neun von zehn Möglichkeiten ihn zu erringen, ohne daß Blut vergossen wird.‹ Und er fügt hinzu, daß es von der Reaktion der in ihren Interessen verletzten Sektoren der Bevölkerung abhänge, um die Gewalt aus dem Spiel zu lassen.«

Gutierrez: »Die Ergreifung der politischen Macht durch revolutionäre gesellschaftliche Kräfte, die Allianz der Arbeiter und Bauern, ist nur möglich als Folge der äußersten Zuspitzung des Klassenkampfes, das heißt der bewaffneten Auseinandersetzung.«

Allende: ». . . die Rechte unserer politischen Gegner werden geschützt, solange sie sich an die bestehenden Gesetze halten . . . wir haben ein ruhiges Gewissen, denn wir führen eine Revolution ohne soziale Kosten durch. Es gibt nicht einen politischen Gefangenen! Ich wiederhole es mit größter Befriedigung. Es gibt nicht einen unserer Gegner, der verfolgt wird, was für kein anderes Land der Welt zutrifft, für kein anderes Land der Welt!«

Gutierrez: ». . . wir können sagen, daß Chile die Anfänge eines Prozesses erlebt, der in eine Revolution münden kann. Wir sind in einer Situation, die – wie Sie in Ihrer Botschaft an den Kongreß ausgeführt haben, Genosse Präsident – sehr ähnlich der Rußlands im Jahre 1917 ist, aber wir sind noch sehr weit vom Oktober entfernt. Die Massen beginnen, in der Geschichte eine Rolle zu spielen und mit entschiedenen Schritten auf die Eroberung der Macht zuzugehen. Seit dem 4. September wurden Fortschritte gemacht, aber jetzt kann man nur noch weiter voranschreiten in Form der Zunahme des gesellschaftlichen Konflikts und der politischen Beteiligung der Massen im Prozeß, die einzige Form, um die gegenwärtigen Kräfteverhältnisse zu brechen.«

Allende: »Niemals habe ich die Notwendigkeit der aktiven Beteiligung anderer revolutionärer Kräfte, die nicht in der Volkseinheit sind, an der Revolution verneint. Aber niemals habe ich geduldet und werde ich dulden, daß andere Kräfte die politische Leitung der Volkseinheit und der Regierung übernehmen.«

Gutierrez: »Unser Kampf ist letztendlich der Kampf des Menschen, der um die Wiedergewinnung der verlorengegangenen Humanität kämpft. Es ist der Kampf Che Guevaras, des größten Vorbilds der heutigen Jugend.«

Allende: »Die Revolution, die wir machen wollen, eine Revolution ohne soziale Kosten und entsprechend unserer Geschichte, ist sehr verschieden von der heldenhaften und dramatischen Revolution Kubas, die ich genau kenne, denn ich bin mehr als zehnmal auf Kuba gewesen und weil ich mit allem Recht sagen kann, daß ich ein Freund des Che gewesen bin und daß ich ein Freund Fidel Castros bin, was nicht bedeutet, daß die Wirklichkeit Chiles und Kubas nicht unterschiedlich sei: Kuba kämpfte gestern gegen die brutale Diktatur Batistas, Chile kämpft nicht gegen eine Diktatur, sondern kämpft gegen ein Gesellschaftssystem. Dort eine Revolution, die die Macht mit Waffengewalt erlangte, hier eine Revolution, die wir innerhalb der Gesetze vollziehen werden entsprechend der Übereinkunft mit dem Volk.«

Der MIR wollte, wie aus diesem Dialog klar hervorgeht und durch viele andere Erklärungen der Gruppe oder ihrer Führer nachgewiesen werden kann, in Chile eine Revolution nach den Gesetzen des wissenschaftlichen Sozialismus durchführen. Aus der klassenkämpferischen Auseinandersetzung sollte die Diktatur des Proletariats hervorgehen als notwendige Voraussetzung für den Aufbau des Sozialismus. Als Vorbilder einer Revolution dienten ihm die sowjetische und die kubanische Revolution. Einen eigenen chilenischen Weg zum Sozialismus, wie Allende ihn zu begründen und zu verteidigen suchte, lehnte er ab. Die Studenten des MIR pfiffen Allende aus, als er seine Vorstellung von der Revolution mit Lenin-Zitaten zu belegen suchte.

Der Herausforderung der Volkseinheit und ihres Programms in der Theorie und in der Strategie stand die Herausforderung durch konkrete Maßnahmen des MIR nicht nach. Der MIR schuf mit Hilfe seiner Kader bei der Agrarreform auf dem Lande, bei der Verstaatlichungspolitik in den Unternehmen usw., Tatsachen, mit denen sich die Regierung auseinanderzusetzen hatte. Vor allem die Kommunistische Partei hob hervor, daß die Aktivitäten des MIR der Volkseinheit schadeten. Zwischen diesen beiden Gruppen entwickelte sich bald ein heftiger Kampf, der in Concepción teilweise bewaffnet ausgetragen wurde.

Als einer der Führer des MIR, Luciano Cruz, im August 1971 plötzlich starb, enthüllte der neue Generalsekretär der Bewegung, Miguel Enriquez, in seiner Trauerrede auf dem Friedhof, daß Cruz versuchte, die Streitkräfte zu infiltrieren. Angesichts der Forderungen der Opposition, die bekanntgewordenen Absichten von Cruz zu untersuchen, sahen sich die Kommunistische und die Sozialistische Partei gezwungen, sich eindeutig vom MIR zu distanzieren. Doch die Kritik Allendes und seiner gemäßigten Anhänger konnten den MIR nicht von seiner Strategie abbringen. Der MIR war allenfalls bereit, auf sehr aufsehenerregende Verlautbarungen und Maßnahmen für eine beschränkte Zeit zu verzichten. Die gleiche Wirkung hatte auch der Besuch Fidel Castros in Chile, der im November/Dezember 1971 stattfand. Castro kam Allende im Kampf gegen die politische Strategie zu Hilfe, deren geistiger Führer er in Lateinamerika selbst war. Doch der MIR respektierte einen Burgfrieden nur so lange, wie Castro im Lande war. Es war die letzte Pause, die er im Kampf gegen die »reformistische« Führung der chilenischen Revolution einlegte. Je mehr sich die politische Auseinandersetzung mit der Opposition zuspitzte, desto größer wurde die Rolle, die der MIR spielte. Zum einen lag der Zuspitzung des innenpolitischen Konflikts die spontanrevolutionäre Aktivität des MIR zugrunde. Zum anderen wurden die Kampfformen immer mehr vom MIR bestimmt. Dies verminderte fortlaufend die Chancen, die der demokratische Weg zum Sozialismus besaß.
Diese nachteiligen Folgen für den demokratischen Übergang zum Sozialismus hatten die MIR-Aktionen nicht nur im politischen, sondern auch im wirtschaftlichen Bereich, der wiederum für die gesamtpolitische Entwicklung Chiles hervorragende Bedeutung erlangte.

17. Chiles Wirtschaft – wohin?

Im ersten Wirtschaftsjahr konnte die Regierung der Volkseinheit – oberflächlich betrachtet – durchaus zufrieden sein mit den erzielten Ergebnissen ihrer Wirtschaftspolitik. Die Wirtschaft war wieder in Gang gekommen, was sich in der erheblichen Steigerung des Bruttosozialprodukts* für das Jahr 1971 zeigte. Es wuchs um 8,5 Prozent, einen Wert, den Chiles Wirtschaft noch nie erreicht hatte. Noch stärker war die Industrieproduktion gestiegen (um 13,3 Prozent), aber auch die Landwirtschaft blieb im positiven Bereich. Weiteres hervorragendes Ergebnis war, daß die Löhne der Arbeiter erheblich (um mindestens 35 Prozent) erhöht wurden und zugleich eine erste Umverteilung der Einkommen stattfand. Schließlich wurde die Arbeitslosigkeit von etwa 8 Prozent auf unter 4 Prozent gesenkt und auch die Inflation wurde auf eine Marke (22,1 Prozent) gedrückt, die weit unter den Raten der Vorjahre lag. Damit und durch strikte Preiskontrollen wurde gewährleistet, daß die galoppierende Geldentwertung die höheren Einkommen nicht sogleich wieder auffraß.

Beunruhigen mußte allerdings schon jetzt, daß durch die gestiegene Kaufkraft der Massen eine erhebliche Nachfrage nach Gütern entstanden war, der die einheimische Produktion nicht immer gerecht werden konnte. Entweder mußten Waren, vor allem Lebensmittel, verstärkt eingeführt werden, was die Devisenlage Chiles belastete, oder es entstanden Versorgungsmängel, die nicht leicht zu beheben waren. Sodann wurde wenig investiert, die Produktionsmittel entweder nicht ausgeweitet oder nicht auf einem Stand gehalten, der eine gleiche Stückzahlproduktion gewährleistete. Das mußte Produktionsprobleme in naher Zukunft heraufbeschwören. Dies traf auch für den landwirtschaftlichen Bereich zu. Hier verringerten sich die verwandten Düngemittel, das Saatgut, Insektenvernichtungsmittel usw., so daß davon und durch den Boykott der bereits enteigneten oder noch zu enteignenden Großgrundbesitzer sehr bald Produktionseinbußen zu erwarten waren.

So wurden auch bald kritische Stimmen laut, die schlimme wirtschaftliche und entwicklungspolitische Folgen der eingeschlagenen Politik ankündigten. Nachträglich muß erstaunen, wie unbedacht die Allende-Regierung in den drei für eine erfolgversprechende Entwicklungsstrategie entscheidenden Bereichen vorging: bei den Investitionen, bei der Agrarproduktion und bei den Devisen oder der internationalen Zahlungsfähigkeit. Wenn nicht investiert wurde, vor allem nicht im Ausrüstungsgüterbereich*, so war weder die Produktion noch die Produktivität* langfristig zu heben; tat man nicht alles, um ein Absinken der Agrarproduktion zu verhindern, so mußten Importe dafür sorgen, daß das Volk genug zu essen hatte, zumal die Löhne und damit die Kaufkraft im Lande ja gestiegen war; waren Importe notwendig, so mußten dafür Devisen durch erhöhte Exporte eingenommen werden, Exporte aus der Industrie- oder Rohstoffproduktion, die aber 1971 stagnierten. Der höhere Anteil der Lebensmittel an den Einfuhren engte zugleich den Import von Ausrüstungsgütern und Ersatzteilen ein, so daß davon wieder Produktion und Produktivität betroffen sein mußten. Wir sehen, wie eng die drei Bereiche zusammenhängen. Summieren sie sich negativ, so ist es ausgeschlossen, daß sich ein Land entwickelt, auch wenn kurzfristig ein Wirtschaftswachstum erzielt werden kann. Es geht dann zu Lasten des Wachstums von morgen.

Aber zunächst wurden die Wirtschaftler der Volkseinheit und die Anhänger der Regierung durch die großen Wachstumsraten geblendet. Wirtschaftsminister Vuskovic erklärte dies so: »Die materiellen Grundlagen für die Produktionssteigerung sind vorhanden; es gab und es gibt nicht ausgenutzte Kapazitäten, Ausrüstungen und nicht beschäftigte Arbeitskräfte. Genau das ist die Irrationalität des kapitalistischen Systems. Vorher gab es gleichermaßen nicht ausgenutzte Kapazitäten und nicht beschäftigte Arbeitskräfte, aber was fehlte? Sehr einfach: Es fehlte Kaufkraft. Eben dieses letzte Element wurde von der Unidad Popular eingeführt.« Als bereits zu Beginn des Jahres 1971 einige chilenische Ökonomen auf die Gefahren der durch die Ausweitung der Geldmenge erzeugten künstlichen Nachfragesteigerungen hinwiesen, die in ihrem Umfang die Produktionssteigerungen bei weitem übertrafen, wurden sie von Vuskovic belehrt: »Jene, die eine zügellose Inflation voraussagen, verstehen nichts von dem, was augenblicklich geschieht. Es gibt neue Faktoren, die bewirken, daß nicht nur die finanziellen Größen den Wirtschaftsablauf bestimmen . . ., denn in dem Maße, in dem die institutionellen Hindernisse ausgeräumt werden, die gewöhnlich die chilenische Wirtschaft gebremst haben, öffnen sich neue Expansionsmöglichkeiten.« Man rechnete also damit, daß die Verstaatlichungspolitik Wirtschaft und Produktion ankurbeln würden.

Das Jahr 1971 wurde zum Jahr des Konsums erklärt, dem das Jahr der

Akkumulation* folgen sollte. Tatsächlich waren jedoch bereits 1971 Tendenzen erkenntlich, die diese beabsichtigte Entwicklung in Frage stellten. Die Investitionen* waren nach offiziellen Angaben um 7,7 Prozent gesunken. Neue Produktionskapazitäten waren nicht geschaffen worden; der Staat hatte vornehmlich durch Aufkauf bereits bestehender Produktionsanlagen »investiert«. Anzeichen für Engpässe bei Konsum- und Investitionsgütern* bei anwachsendem Kaufkraftüberhang ließen weitere Engpässe und ein Ansteigen der Inflation erwarten. Die Devisenreserven waren aufgebraucht und es drohten Einfuhrbeschränkungen vor allem in dem für das Wachstum ausschlaggebenden Investitionsgüterbereich*, da die herbeigeführten Konsumsteigerungen aus politischen Gründen, wollte man nicht an Wählerschaft verlieren, kaum voll rückgängig gemacht werden konnten.

Die krisenhafte Entwicklung der chilenischen Wirtschaft wurde von der Volkseinheit erst zur Kenntnis genommen, als sich ihre festen Anzeichen nicht mehr leugnen ließen. In seiner Wirtschaftsanalyse vom 24. Juli 1972 bestätigte Allende, daß sich »in den letzten Monaten Widersprüche und Ungleichgewichte zeigten, die die Größe des Wachstums erheblich einschränken«. Die Allende-Regierung leugnete dabei den Widerspruch, der darin lag, die im ersten Regierungsjahr geleistete Arbeit als sehr positiv zu qualifizieren und für die Zukunft eine Reihe schwieriger Probleme anzukündigen, die fast sämtlich Folgen der eingeschlagenen Wirtschaftspolitik waren.

Der einfache Bürger bekam die ökonomische Krise vor allem in den zunehmenden Versorgungsschwierigkeiten und in extrem hohen Inflationsraten zu spüren. Erste Versorungsengpässe traten bereits im Laufe des Jahres 1971 auf, vor allem in Bereichen, in denen die stark erhöhte Nachfrage auf wenig steigerungsfähige Angebote traf. Ab 1972 jedoch traten in nahezu allen Wirtschaftsbereichen und in zunehmendem Maße Schwierigkeiten auf. Fehlende Rohstoffe senkten die Produktionsziffern bei Textilien, Haushaltsgeräten, Schuhen etc. Besonders kritisch wurde die Versorgungslage im Bereich der Grundnahrungsmittel. Einige Produkte, wie z. B. Butter, Speiseöl und Margarine, verschwanden zeitweise gänzlich vom Markt. Fleisch, Zucker, Mehl, Reis, Tee und Brot (!) konnte man zu offiziellen Preisen nur nach langem Schlangestehen erhalten. Nicht selten bildeten sich vor den Einzelhandelsgeschäften der Randbezirke Santiagos lange Käuferschlangen bereits an den Vorabenden oder in den frühen Morgenstunden der Tage, für die das Eintreffen eines bestimmten Produktes angekündigt war.

Die schwarzen Märkte blühten. Knappe Güter wurden zu einem Vielfachen ihres offiziellen Preises gehandelt, erschwinglich nur für einen kleinen Teil der Bevölkerung. Die Regierung machte das Bürgertum für den Schwarzmarkt verantwortlich. Die Ursachen lagen jedoch anderswo, wenn auch nicht bestritten werden kann, daß die rechte Opposition die Lage zu verschärfen interessiert war, weil sie politischen Gewinn aus ihr ziehen konnte. Eine wichtige Ursache war die Preispolitik der Regierung. Die Firmen, auch die verstaatlichten, sahen sich oft gezwungen, Teile ihrer Produktion direkt auf dem schwarzen Markt zu verkaufen, um wenigstens einen Teil ihrer Produktionskosten decken zu können, da die Preise des offiziellen Marktes durch die Regierung festgelegt und unrealistisch niedrig waren. Oft nutzten auch verschiedene politische Parteien der Volkseinheit ihre in den verstaatlichten Betrieben erlangten Machtpositionen zu Geschäften auf dem Schwarzmarkt aus, um ihre Parteikassen zu füllen. Förderlich für den Schwarzhandel waren auch die Naturallohnzahlungen der Staatsunternehmen; die Arbeiter erhielten also einen Teil ihres Lohnes in produzierten Gütern. Das war insofern sinnvoll, als durch die inzwischen wieder hohe Inflationsrate das reale Einkommen der Arbeiter ständig sank, dies aber durch die Auszahlung in Naturalien verhindert werden konnte. Damit wurde jedoch die Versorgung der offiziellen Märkte weiter eingeschränkt. Denn die Arbeiter verkauften ihre »Reallöhne« selbstverständlich zu dem auf den Schwarzmarkt erzielbaren Höchstpreisen. Autoreifen zum Beispiel, die zu offiziellen Preisen nur nach langem Anstehen und dann nur stück- oder paarweise erhältlich waren, wurden unmittelbar vor den Fabriktoren der Gummifabrik General Insa von den Arbeitern zum vier- bis fünffachen des offiziellen Preises angeboten, ohne daß die für die Preiskontrollen zuständige Behörde eingegriffen hätte.

Die binnenwirtschaftliche Entwicklung zeigte alsbald Auswirkungen auf die Außenwirtschaft. Die Steigerung der Nachfrage im Inland, die auf den höheren Löhnen und Gehältern beruhte und durch die inländische Produktion nur zu einem geringen Teil befriedigt werden konnte, führte zu einem Einfuhrsog und zu einer verstärkten Nachfrage nach Devisen* für Importgüter. Gefördert wurde dieser Vorgang noch durch eine unrealistische Wechselkurspolitik. Man fror den Escudo-Außenwert ein, so daß es durch die inländische Inflation zu einer völligen Überbewertung des Escudo gegenüber dem Dollar kam. Für wenige Escudos bekam man relativ viel Dollardevisen, das heißt internationale Kaufkraft, so daß die chilenische Wirtschaft gerne importierte. Andererseits wurde die inländische Produktion, die für den Export arbeitete, schwer benachteiligt. Ihre im Exportgeschäft verdienten Devisen mußten die Exporteure zu einem künstlich niedrig gehaltenen Wechselkurs umtauschen, so daß die einheimische Wirtschaft an den Ausfuhren kaum verdiente und weniger

Tabelle 3:
Daten zur Wirtschaftsentwicklung Chiles 1969–1973

	1969	1970	1971	1972	1973
Wachstumsraten jeweils gegenüber dem Vorjahr (in Prozent)					
Bruttoinlandprodukt (PIP)	3,0	3,1	8,5	–1,8	–5,7
Industrieproduktion	3,6	0,8	19,4	2,5	–7,1
Kupferproduktion	4,0	unv.	5,8	0,4	
Agrarproduktion	2,5	3,5	5,6	–8,0	–
Inflation	30,7	34,9	22,1	180,3	600,0
Andere Größen					
Kupferpreis					
auf dem Weltmarkt[1]	66,6	64,2	49,3	48,5	
Arbeitslosigkeit[2]	6,1	7,2	3,9	3,8	
Handelsbilanz[3]	+212,4	+327,5	–110,0	–500,0	–436,0
Haushalt[2]			–34,4	–40,9	–52,8
Auslandsverschuldung[3]		2632,0	2696,6	3124,9	3454,7

Anmerkungen: 1) in Cent Dollar, 2) in Prozent, 3) in Millionen US Dollar

ausführte, wodurch der Außenhandel Chiles sich noch negativer gestaltete.
Es würde zu weit führen, hier die sich aus der Wirtschaftspolitik der Volkseinheit ergebenden Probleme im einzelnen darzustellen, wie wichtig es auch für eine genaue Beurteilung der Frage ist, weshalb die Volkseinheit wirtschaftlich nicht zurecht kam. Unerwähnt bleiben kann nicht, daß hinsichtlich der Kapitalhilfe Allende weder im Westen noch im Osten die gewünschten Kredite erhielt. Zunächst hatte Chile aus eigener Kraft wirtschaften wollen. Aber die verschiedenen revolutionären Maßnahmen im Kupferbereich, bei der Landreform und im Industriesektor hatten sämtlich eine Folge: Druck auf den Außenhandel und die chilenische Zahlungsbilanz*. So wurde von Monat zu Monat eine Steigerung der Kapitalhilfe notwendig, zu der das westliche Ausland sich angesichts der Nationalisierungen ausländischen Eigentums in Chile nur sehr zögernd und in für die chilenische Situation nur unzureichendem Maße bereit fand. Die Staaten des sozialistischen Lagers, vor allem die Sowjetunion, gaben Kredite nur zu sehr ungünstigen Bedingungen, so daß Allende nur einen Teil von ihnen tatsächlich abrief. Bis Oktober 1972 hatte sich die wirtschaftliche Situation Chiles bereits so zugespitzt, daß Allende von der Notwendigkeit sprach, »eine Politik der Kriegswirtschaft« führen zu müssen.

18. Das »Bürgertum« streikt: Militärs in der Regierung

Die wirtschaftlichen Schwierigkeiten, der Verfassungskonflikt zwischen Allende und der Parlamentsmehrheit, die illegalen Besetzungen von Land und Industrien usw., förderten den politischen Radikalismus von rechts und links. Nach dem MIR begannen sich auch die bürgerlichen Mittelschichten von Santiago zu bewaffnen. Dem ging der Protest der Frauen des »barrio alto« gegen die Versorgungsengpässe voraus, der in den sogenannten »Märschen der leeren Töpfe« zu mächtigen Demonstrationen der oberen Mittelschichten gegen die Allende-Regierung wurde. Die Opposition gegen Allende verhärtete sich, ihre Kampfformen wurden aggressiver. Die gemäßigten Teile der Opposition konnten vielfach – ebenso wie die Regierung – nur auf den Unmut ihrer Basis reagieren, immer weniger aber selbst bestimmen, wie das Verhältnis zwischen Regierung und Opposition sich entwickelte. Am 9. Oktober traten die Fuhrunternehmer in den Streik. Sie sahen durch einen Plan des Wirtschaftsministeriums, den Transport zu verstaatlichen, ihre Existenzgrundlage bedroht. 47000 Lastwagen wurden bestreikt. Allende versuchte, die Streikenden einzuschüchtern, doch sie wichen nicht. Nur 2000 Wagen konnte die Regierung wieder in Bewegung setzen. Als sich die Versorgung mit Nahrungsmitteln aus dem Süden in Santiago schnell verschlechterte, schloß sich der Einzelhandel, der schon lange wegen der Preiskontrollen und anderer Lenkungsmaßnahmen der Regierung gegen die Regierungspolitik opponierte, dem Streik an. Die Einzelhändler schlossen ihre Geschäfte. Nur einige wenige Lebensmittelgeschäfte und die Supermärkte blieben geöffnet. Hier hielten Militärs Wache, ließen die Käufer, die bald riesige Schlangen vor den Geschäften bildeten, nur langsam und einzeln in die Märkte eintreten. Das Brot wurde rationiert. Pro Person wurde nur ein halbes Kilo abgegeben. Die Preise kletterten in die Höhe. Die Preiskontrollen der Regierung brachen zusammen. Alle Bemühungen, die Einzelhandelsgeschäfte wieder zu öffnen, scheiterten. Auch das Benzin wurde rationiert, so daß es nicht mehr möglich war, mit Privatautos in den Süden zu fahren und Lebensmittel heranzuschleppen. Die Tankstellen gaben nur Benzin für eine Summe von 20 bis 30 Escudos je nach Größe des Wagens ab. Insgesamt hatten nur zehn Tankstellen geöffnet, an denen sich lange Autoschlangen bildeten. Die Regierung wehrte sich, verstaatlichte Unternehmen, die sich dem Streik anschlossen, und nach und nach rief sie über schließlich 21 Provinzen den Ausnahmezustand aus. Doch es waren immer mehr die Extremisten, die die Konfrontation zuspitzten. Die Rechte hoffte, mittels des Generalstreiks Allende zu stürzen. Tatsächlich schien die Regierung das Heft nicht mehr in der Hand zu haben, und nur das Militär hielt die innere Ordnung und auch eine notdürftige Versorgung der Bevölkerung durch den Einsatz von Militärfahrzeugen aufrecht. Die extreme Linke hoffte den Streik des »Bürgertums« zum Sieg über das Bürgertum weiterzuführen. Sie organisierte den Widerstand in den Betrieben, feuerte Leute, die sich der Streikbewegung anschlossen, aus den Firmen. Der Bürgerkrieg zeichnete sich ab. Doch die gemäßigten Kräfte in Regierung und Opposition wollten ihn verhindern. Noch waren sie stark genug, ihrer Einsicht gemäß zu handeln und sich gegenüber denjenigen, die radikale Lösungen forderten, durchzusetzen. Der Preis, den die Opposition forderte, war der Eintritt der Streitkräfte in die Regierung. Dazu waren Allende und die gemäßigten Kräfte innerhalb der Volkseinheit bereit. Auf diese Weise wurde ein Streik, der zu einem politischen Streik geworden war und über 20 Tage gedauert hatte, beigelegt.

Was waren nun die Überlegungen der Opposition, als sie auf der Regierungsbeteiligung der Militärs bestanden? Offensichtlich wollte sie Sicherheit darin haben, daß die Verfassungsmäßigkeit gewahrt würde, die sie vor allem durch die Aktionen der Linksextremisten gefährdet sah. Sie befürchtete, daß bis zu den Wahlen zum Kongreß im März 1973 Entwicklungen Platz greifen könnten, die keine demokratische Entscheidung der Wählerschaft mehr zuließen. Der Revolutionsprozeß sollte in legale Bahnen zurückgeführt werden. Um einen gewissen Ausgleich herbeizuführen, nahm Allende neben drei Militärs, unter ihnen der Oberbefehlshaber der Streitkräfte, General Carlos Prats Gonzales als Innenminister, auch den Präsidenten der Einheitsgewerkschaft CUT, Luis Figueroa, in sein Kabinett auf. Eine Koalition aus Volkseinheitsparteien, CUT und Streitkräften regierte nun Chile.

Die Militärs verstanden ihre Regierungsbeteiligung hauptsächlich als eine Maßnahme, um Chile vor dem Bürgerkrieg zu bewahren. Diesen wiederum betrachteten sie unter militärischen Gesichtspunkten als eine Bedrohung der nationalen Sicherheit. Daß sie sich der Volkseinheit zur Verfügung stellten, wollten die Militärs nicht politisch verstanden wissen. Es war das Land, was sie rief. Sie versuchten denn auch, ihre Regierungstätigkeit als etwas Unpolitisches hinzustellen. Aber die öffentliche Meinung war hier sehr kritisch. Sie beobachtete die Militärs in der Regierung hinsichtlich des politischen Aussagewertes ihrer Maßnahmen. Entscheidungen politischen Inhalts ließen sich auch gar nicht vermeiden. Insgesamt läßt sich wohl feststellen, daß die Militärs auf dem Boden des Programms der Volkseinheit mitzuarbeiten versuchten. Das konnte dem demokratischen Weg zum Sozialismus nur dienlich sein. Tatsächlich gelang es Carlos Prats als Minister, der für den inneren Frieden im Lande verantwortlich war, den Extremismus zurückzudrängen. Illegalitäten wurden nicht geduldet. Prats handelte dabei in Erwartung der Entscheidung vom März 1973. Er garantierte die Abhaltung demokratischer Wahlen.

Die Gefahr in der Regierungsbeteiligung der Militärs wurde dort, wo die Maßnahme kritisiert wurde, darin gesehen, daß nun die Revolution abgeblockt würde. Vor allem die Sozialistische Partei hat deshalb den Eintritt der Militärs in das Kabinett scharf kritisiert. Der MIR teilte diese Kritik an Allende. Auch er war nicht gerade glücklich über diese Maßnahme. Weit folgenreicher war allerdings, daß die Regierungsbeteiligung in den Streitkräften die Bereitschaft zu politischen Beratungen entscheidend verstärkte. Politik war zu einer Aufgabe der Streitkräfte geworden, die nicht automatisch nach der gleichen Entscheidungsstruktur ablief wie militärische Maßnahmen. Die Institution Militär begann, innere politische Strukturen zu entwickeln. Das mußte langfristig negative Folgen haben, für die Institution selbst wie auch für Chile. Denn eine politisierende Armee bedeutete, daß die zivile Politik an Selbständigkeit einbüßte. Im konkreten Falle der Volkseinheit, die eine sozialistische Politik durchführen wollte, bedeutete dies auch, daß die Streitkräfte sich ihrer sozialen Herkunft bewußt wurden, die Interessen der Mittelschichten auszudrücken begannen und langfristig in Opposition zur Regierung gerieten.

19. Wahlen, die nichts entscheiden, oder doch?

Nach dem Oktoberstreik, nach dem Eintritt der Militärs in die Regierung, starrten alle politischen Parteien und gesellschaftlichen Kräfte auf ein Datum: den 4. März 1973. Dann nämlich sollte der Kongreß neu gewählt werden: das Abgeordnetenhaus ganz und die Hälfte des Senats. Bei diesen Wahlen mußte die Entscheidung zwischen den nun bereits unversöhnlich scheinenden politischen Gegnern fallen. Die Wahlen mußten zeigen, welches politische Lager die Mehrheit im Lande besitzt. Es war die erste allgemeine Wahl nach den Kommunalwahlen vom 4. April 1971, bei denen die Volkseinheit so gut abgeschnitten hatte. Würde die Volkseinheit einen auch nur ähnlichen Erfolg erringen können? Oder würden die Oppositionsparteien ihre bisherige Mehrheit im Kongreß aufrechterhalten oder sogar noch ausbauen können? Wenn das letztere zutraf, dann mußte Allende befürchten, vom Kongreß abgesetzt zu werden. Erreichten die Oppositionsparteien eine Zweidrittelmehrheit der Sitze in beiden Häusern des Parlaments, so konnte das Abgeordnetenhaus Allende anklagen und der Senat darüber entscheiden. Diese Absicht kündigten die Nationalpartei und einige Politiker der Christdemokraten für den Fall an, daß ihnen ein so großer Wahlsieg gelingen würde.
Eduardo Frei, der Expräsident, kandidierte für den Senat. Würde seine Bewerbung den Ausschlag geben für die Opposition? Für ihn bedeuteten die Wahlen zudem einen Test auf seine Beliebtheit und die Möglichkeit, 1976 erneut die Präsidentschaft in Chile anzustreben, wenn nach der Verfassung Neuwahlen zum höchsten Staatsamt stattzufinden hatten. Frei warnte vor allzu übertriebenen Hoffnungen. Ihm genügte, wenn man die Volkseinheit besiegen würde. In der Tat war es gänzlich unwahrscheinlich, daß die Opposition eine Zweidrittelmehrheit im Senat würde gewinnen können, da diese Kammer ja nur zur Hälfte neu bestellt wurde und die Volkseinheit hier bereits eine stattliche Anzahl von Sitzen innehatte. Trotzdem verkündeten die Nationalen ihr Wahlziel, Allende zu

stürzen. Das lag in der Konsequenz ihrer Politik, mit allen Mitteln Allende aus dem Amt zu vertreiben. Nachdem dies durch den Oktoberstreik nicht gelungen war, die Streitkräfte sich zu einem Putsch (noch) nicht bereitfanden, wurde erneut der Stimmzettel in den Mittelpunkt der Politik der Nationalen gestellt, ohne daß das direkte Ziel sich änderte. Ob es bei den Wahlen erreichbar schien, wurde nicht gefragt. Die Wahlen waren ohnehin für die Nationalen nur eine Etappe eines Kampfes, der erst gewonnen war, wenn die Regierung gestürzt war, koste es, was es wolle.

Allende hatte schon Mitte des Jahres 1971, als die Möglichkeit für ein Verfassungsreferendum verspielt wurde, die Aufmerksamkeit der Parteien der Volkseinheit auf die Parlamentswahlen von 1973 hingelenkt. Es sollte versucht werden, die parlamentarische Mehrheit zu gewinnen, um die institutionellen Barrieren gegen die sozialistische Politik abzubauen. Von diesem Wahlziel war natürlich zu Jahresbeginn 1973 keine Rede mehr, obwohl zur demokratischen und legalen Durchsetzung des Sozialismus nach wie vor diese Notwendigkeit bestand. Aber die dramatische innen- und wirtschaftspolitische Lage mußte die Volkseinheit (im Vergleich zu April 1971) Stimmen kosten. Ein Wahlsieg in dem Sinne, daß die Opposition an Stimmen überflügelt würde, war völlig unwahrscheinlich. Deshalb bemühte sich Allende, die Bedeutung der Wahlen herunterzuspielen. Sie seien kein Volksentscheid über die Regierung, allenfalls über die destruktive Politik des Parlaments. Gehofft werden konnte, daß die Parteien der Volkseinheit das parlamentarische Kräfteverhältnis zwischen Regierung und Opposition aufrechterhalten konnten, das hieß: etwa 44,0 Prozent der Stimmen zu erhalten. Das schien das Maximalziel, was politisch durchaus günstig hätte verkauft werden können, zumal Allende sehr geschickt das Minimalziel als Wahlziel der Volkseinheit propagierte: zu verhindern, daß die Opposition Zweidrittel der Wählerstimmen erreicht und ihn absetzen kann. Jeder Prozentpunkt mehr schlug dann positiv zu Buche, ja konnte im Vergleich zu Allendes Stimmenzahl von 1970, als er in der Wahlauseinandersetzung mit zwei weiteren Kandidaten 36,0 Prozent der Stimmen erhielt, als Stimmengewinn ausgegeben werden. Durch den psychologisch sehr geschickten Umgang mit den Daten versuchte sich die Volkseinheit, an der drohenden Wahlniederlage vorbeizumogeln. Und dies gelang ihr voll und ganz. Die Volkseinheit erreichte ihr Maximalziel, nämlich zusammen mit der Sozialistischen Volksunion etwa 45,0 Prozent der Wählerstimmen. Die Opposition war weit davon entfernt, eine Zweidrittelmehrheit der Stimmen auf sich zu vereinen. Sie büßte sogar im Kongreß noch einige Mandate ein. So schien die Volkseinheit die Wahlen gewonnen zu haben. Allende verstand es, sowohl national als auch international das Bild einer siegreichen Volkseinheit im Kampf gegen die Opposition zu verbreiten.

Sicherlich hatte die Regierung einen Achtungserfolg erzielt. Es ist gar nicht zu bestreiten, daß sie in einer ihr wenig günstigen Situation beachtlich gut abgeschnitten hat. Auch zeigte sich, daß erneut die Parteien der Arbeiterklasse innerhalb der Volkseinheit an Stimmen zunahmen. Erneut verloren die Radikalen, die nun praktisch zur Bedeutungslosigkeit herabsanken. Das zeugte einerseits von der Zunahme des revolutionären Bewußtseins der Anhängerschaft der Volkseinheit, was auch in anderen Aktionen auf dem Lande und in den Betrieben zum Ausdruck kam, andererseits auch – weniger verheißungsvoll für die Regierung – davon, daß die Wähler der Mittelschichten, die bislang die Radikalen gewählt hatten, endgültig zur Opposition übergeschwenkt waren. Darstellung VI verdeutlicht die Entwicklung der großen Parteien Chiles in den Jahren von 1969 bis 1973. Es fällt auf, daß Christdemokraten und Nationale nach ihren Stimmeneinbußen 1971 wieder ansteigende Tendenz zeigen, wohingegen sämtliche Parteien der Volkseinheit ein umgekehrtes Strukturbild zeigen und den Sonderfall der Radikalen Partei. Sozialisten und Kommu-

Darstellung VI: Stimmentwicklung der fünf größten chilenischen Parteien 1969–1973

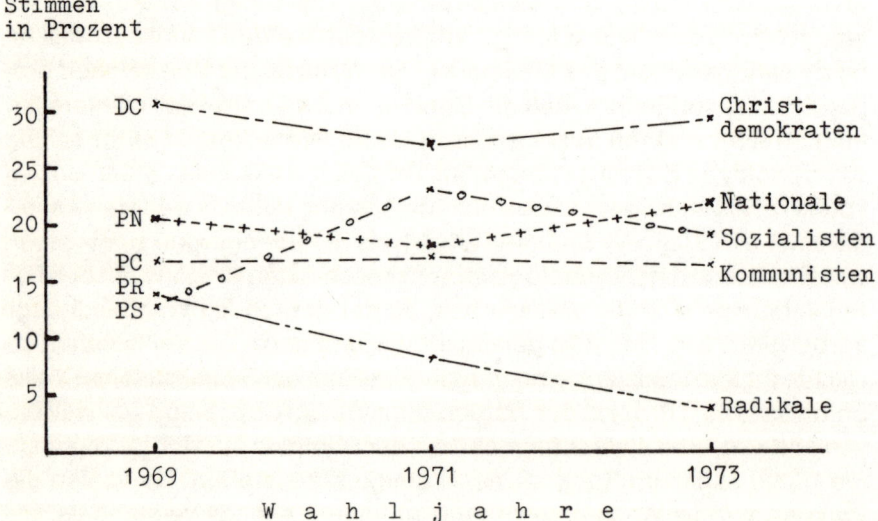

nisten haben die Spitze ihrer Kurve, gleich Wählergunst, 1971 und fallen 1973 wieder ab. Am markantesten freilich ist der Niedergang der Radikalen. Sie erreichen 1973 nur mehr 3,6 Prozent der Stimmen und sinken zu einer Splitterpartei herab. Auffallend ist auch, daß innerhalb der Volkseinheit die Kräfteverhältnisse viel stärker schwanken als innerhalb der Oppositionsparteien.

Siegte die Volkseinheit aber wirklich? Sie siegte doch nur, weil sie ihr Wahlziel vermindert hatte. Half ihr das nun politisch weiter? Alles blieb beim alten! Die Regierung verfügte über keine Mehrheit im Parlament und war damit in einer Reihe von Gesetzesvorhaben blockiert. Schlimmer noch! Nun würde es bis zu den nächsten Präsidentenwahlen keine Parlamentswahlen mehr geben, die gegenwärtigen Mehrheitsverhältnisse würden also bis zum Ende der Mandatszeit Allendes vorherrschen. Durch Wahlen waren die politischen Kräfteverhältnisse nicht mehr zu verändern, weder zugunsten der Regierung noch zugunsten der Opposition. Der Weg, mittels Wahlen die grundlegenden Entscheidungen herbeizuführen, war an ein Ende gelangt. Das war die Voraussetzung zur Stärkung jener Kräfte in den sich inzwischen bürgerkriegsähnlich bekämpfenden politischen Lagern, die gewaltsame und endgültige Auseinandersetzung zu beschleunigen. Für die gemäßigten Politiker in beiden Lagern bedeutete das Wahlergebnis eine Schwächung ihrer jeweiligen Position. Allende konnte von Tag zu Tag die Linksextremisten weniger binden, die in Altamirano, dem Generalsekretär der Sozialistischen Partei, den Mann hatten, der ihre Strategie im Rahmen der Volkseinheit am entschiedensten vertrat. Für ihn war nach den Wahlen vom 4. März 1973 klar, daß »der leninistische Sozialismus nur eine Bahn kannte und kennt, die nichts gemein hat mit freien, geheimen und auf frei zugänglicher Information beruhenden Wahlen. Dieses dumme Geschwätz gehört in die Archive«. Da Wahlen nicht mehr taugen, muß sich die Revolution einen anderen Weg suchen, den klassischen, den der gewaltsamen Machtergreifung und der Diktatur des Proletariats.

Unter umgekehrten politischen Vorzeichen war die Schlußfolgerung, die im rechten Lager aus dem Wahlergebnis gezogen wurde, vollkommen gleich. Mit den Parlamentswahlen hatte es nicht gereicht, Allende zu stürzen. Nun half nur noch der Putsch, auf den mit allen Mitteln, durch wirtschaftlichen Boykott, Streiks, militärische Aktionen, allgemeines Chaos hingearbeitet werden mußte. Auf diese Weise würde die Putscherwartung der Bevölkerung wie auch die Putschbereitschaft der Militärs zunehmen. Die Parlamentswahlen vom 4. März 1973 entschieden nicht den Konflikt, aber sie entschieden, daß er wahrscheinlich gewaltsam gelöst würde. Seither trieb alles auf eine nicht mehr friedliche und nicht mehr demokratische Lösung zu. Gesiegt hatte letztlich die politische Unvernunft.

Wie beachtlich auch das Wahlergebnis war, das die Parteien der Volkseinheit erzielten, wenn man die schwierige innen- und wirtschaftspolitische Situation bedenkt, so lag auch in der Fehlinterpretation des Wahlausgangs von seiten der Regierung eine große Gefahr. Auf keinen Fall konnte die psychologisch geschickte Interpretation zur Grundlage der Politik der Volkseinheit gemacht werden. Genau das geschah. Luis Corvalán schrieb im SIGLO vom 29. März 1973: »Der große Wahlsieg vom 4. März schafft neue und bessere politische Bedingungen für die Erfüllung des Regierungsprogramms und für die Überwindung der Schwierigkeiten, die auf dem Wege der chilenischen Revolution aufgetreten sind.« Auch Allende meinte, daß die 43 Prozent Wählerstimmen, die die Volkseinheit erhalten hatte, ausreichten, »um die politischen Bedingungen wiederherzustellen, die vor dem Oktoberstreik des vergangenen Jahres geherrscht hatten«. Er entließ die Militärs aus seiner Regierung, die dem Land in den sechs Monaten ihrer Regierungsbeteiligung eine gewisse Ruhepause im Revolutionsprozeß verschafft hatten. Die Revolution sollte wieder voranschreiten. In der Sozialisierung sollte fortgefahren werden, über Insistenzdekrete* die Enteignung von Unternehmen fortgesetzt werden, die die Militärs zu unterschreiben sich geweigert hatten. Zwar besetzte Allende sein neues Kabinett mit Leuten der gemäßigten Linie, aber in der politischen Strategie folgte er dem linken Flügel der Sozialistischen Partei, der auch den Ausschluß der Militärs aus der Regierung gefordert hatte.

Was aber hieß, die Bedingungen von vor Oktober 1972 wiederherzustellen? Hatte die Politik von vor Oktober nicht zu dem Streik der Fuhrunternehmer geführt, der dann sich ausweitete, das Land vollkommen lahmlegte und dem Bürgerkrieg nahebrachte? War davon auszugehen, daß jetzt andere Entwicklungen möglich seien? Dies muß verneint werden. Indem Allende der Revolution wieder Gas gab, öffnete er dem politischen Extremismus Tür und Tor. Auf die Ultras ging das Gesetz des Handelns über. Erneut trat der Bürgerkrieg in das Blickfeld der Chilenen. Damit begab sich Allende auch der Möglichkeit, die Opposition zu spalten, die nach den Wahlen bündnismüde war. Vor allem bei den Christdemokraten zeigten sich deutliche Anzeichen für eine Trennung von den Nationalen. Aber nicht nur dies. Indem Allende neue Gesetzesprojekte einbrachte, schuf er sich und seiner Regierung neue verwundbare Flanken. Dies traf vor allem für das Projekt einer polytechnischen Einheitsschule, genannt ENU, zu. Zum erstenmal gerieten nun die katholische Kirche und die Volkseinheit aneinander. Alle bösartigen Vorwürfe der politi-

schen Rechten, ja direkte Angriffe hysterischer Frauen auf Silva Henriquez bei gesellschaftlichen Ereignissen hatte der Kardinal hingenom-
men, ohne seine neutrale, teilweise von Sympathie getragene Haltung
gegenüber Allende und seiner Regierung aufzugeben. Nun aber war der
Konflikt da. Aber auch die Streitkräfte waren entschieden gegen das
ENU-Projekt. Hier zeigte sich zum erstenmal, daß innerhalb der Streitkräfte politische Überlegungen angestellt und politische Strömungen
gebildet wurden, was die traditionelle politische Enthaltsamkeit der
Streitkräfte untergrub.

20. Ein Vorspiel zum Putsch – 29. Juni

Am frühen Morgen des 29. Juni beziehen Kampfwagen und Panzer des Panzerregiments Nr. 2 der Garnison von Santiago vor dem Verteidigungsministerium und vor der Moneda Stellung. Sie schießen nach allen Seiten. Der Putschversuch überrascht alle. Nicht nur die Regierung, Allende und die Volkseinheit, sondern auch die Streitkräfte und die Opposition. Um 8.00 Uhr hatte die Arbeit im Verteidigungsministerium wie normal begonnen. Als das Gebäude angegriffen und die schwere Metalltüre durch einen Panzerschuß zerstört wurde, herrschte im Innern das größte Durcheinander. Keiner wußte, was los war. Die Rebellen bemächtigen sich des Hauses, überwinden dabei die Wachen, nehmen den wachhabenden Oberst gefangen und befreien einen Offizier, der am Vortag wegen umstürzlerischer Pläne festgesetzt worden war. Zwei verteidigende Soldaten finden den Tod.
Allende befindet sich in seiner Residenz Tomás Morus, als er telefonisch vom Putschversuch informiert wird. Es ist 8.15 Uhr. Eine halbe Stunde später sind die Kommandeure der drei Waffengattungen und auch der stellvertretende Chef der Polizei bei ihm. Als erste Maßnahme wird die Verstärkung der Mannschaften beschlossen, die die Residenz schützen. Sodann versuchen die Kommandeure, Kontakt zu verschiedenen Einheiten herzustellen, um das Ausmaß des Putschversuches festzustellen. Der Staatssekretär des Innenministeriums kommt von der Moneda aus mit einem Anruf durch, der Regierungspalast werde beschossen. Inmitten dieser alarmierenden Nachrichten und sich widersprechender Meldungen über das Ausmaß der Rebellion wendet sich Allende in einer ersten Rundfunkrede an das Volk. Er teilt mit, daß eine bewaffnete Einheit im Aufstand sei. Er fordert seine Anhänger auf, auf die Straße zu gehen, um seine Regierung auch mit Waffengewalt zu verteidigen. Doch langsam beruhigen sich in Tomás Morus die Gemüter. In den großen Regimentern, die im Raum Santiago stationiert sind, scheint alles normal zu bleiben. Allende kann mit der vollen Unterstützung des Heeres, der Marine und der Luftwaffe rechnen, die den Aufstand niederschlagen werden.

114

Deshalb wendet er sich kurze Zeit später wieder per Radio an seine Anhänger, diesmal mit der Bitte, sich ruhig an ihren Arbeitsplätzen zu verhalten, die Fabriken zu besetzen und weitere Instruktionen abzuwarten, da er mit der vollen Loyalität der Oberbefehlshaber aller Streitkräfte rechnen könne. Er bittet sie, nicht ins Stadtzentrum zu fahren, ehe der Aufstand niedergeschlagen sei. In der Tat »nahmen die Arbeiter und Angestellten nicht wenige Fabriken und die entscheidenden Dienstleistungszentren in ihre Hände« (Corvalán). Die militärischen Gegenaktionen blieben Sache der Streitkräfte.

Darin hatten sich die Militärs in Tomas Morus durchgesetzt. Besonders Prats hatte von Anfang an darauf bestanden, daß der Aufstand eine militärische Angelegenheit sei, die ausschließlich von den Streitkräften selbst wieder unter Kontrolle zu bringen sei. Er wehrte deshalb eine politische Perspektive ab, die die anwesenden Mitglieder der Volkseinheitsparteien und Allende selbst der Gegenaktion geben wollten, nämlich eine Verbindung der Streitkräfte mit bewaffneten Arbeitermilizen, die gemeinsam den Putschversuch ersticken. Prats befahl den Truppen der Garnison von Santiago, sie sollten das aufständische Regiment umzingeln. Er begab sich selbst an den Ort des Kampfgeschehens, ging schließlich zu Fuß zu einigen Panzern, die zu den rebellierenden Truppen gehörten, und forderte die Besatzungen auf, sich zu ergeben. Einige Panzer senkten daraufhin ihre Geschütze, drehten ab und kehrten in ihre Standortlager zurück. Als Prats von einem Untergebenen bedroht wurde, ließ er ihn durch einen der ihn begleitenden Adjutanten entwaffnen. Der entwaffnete Soldat führte Prats zum Chef der Aufständischen, Oberst Roberto Souper, der sich auf Prats Befehl hin, sich zu ergeben, ebenfalls zurückzog. Ihm folgte der Rest der Truppen. Souper ergab sich in seinem Regimentsstandort. Damit war der Putschversuch niedergeschlagen. Das Feuer der Heckenschützen von den Dächern der die Moneda umgebenden Ministerien und Verwaltungsgebäude, das noch andauerte, als Allende nach der Aktion von Prats im Regierungspalast eintraf, war nur noch ein Abgesang auf die vollkommen mißglückte Aktion, hinter der — wie die Nachforschungen der Streitkräfte ergaben, die Organisation »Patria y Libertad« stand. Ihre Führer flüchteten in die Botschaft Ekuadors.

Die politische Bedeutung des Putschversuchs ging weit über die militärische Tragweite des waghalsigen Unternehmens hinaus. Zunächst einmal fühlte sich die Regierung nun ernsthaft bedroht durch die subversive Wühlarbeit der Rechten. Allende wollte den Belagerungszustand ausrufen, der der Regierung erhebliche Machtmittel in die Hände gegeben hätte, um der Lage Herr zu werden. Diese Maßnahme bedurfte aber der

Zustimmung des Parlaments, so daß es von den Christdemokraten abhing, ob die Regierung ihr Ziel erreichte. Diese beschlossen am Morgen des Putsches, nach einer öffentlichen Erklärung über den Rundfunk ihre Verurteilung des Putsches und ihre Bindung an die Verfassungsmäßigkeit Allende auch persönlich mitzuteilen. Die telefonische Verbindung zwischen Aylwin und Allende kam erst um 12.35 Uhr zustande, als die schwierige Situation bereits bereinigt war. Allende nutzte die Gelegenheit, um Aylwin neben dieser Tatsache auch mitzuteilen, daß er ein Gesetz zur Ausrufung des Belagerungszustandes für sechs Monate im Kongreß einbringen werde, dem die Christdemokraten zustimmen könnten, wenn ihnen ernst sei mit der Verteidigung der verfassungsmäßigen Ordnung. Doch so weit wollten die Christdemokraten nicht gehen. Aylwin erwiderte Allende noch im gleichen Gespräch, daß die Christdemokraten einem Kabinett, das teilweise aus Ministern bestehe, die vom Kongreß angeklagt oder bereits verurteilt worden seien, keine so weitreichenden Vollmachten geben könnten. Aylwin forderte ein Militärkabinett. Daraufhin hielt Allende dem Christdemokraten entgegen, daß das Kabinett sein volles Vertrauen genieße, und legte auf. Das Gespräch, das einen scharfen Ton angenommen hatte, war alles andere als geeignet, angesichts der offenen Gefährdung der Verfassung, die gemäßigten politischen Kräfte zusammenzuführen. So entschied sich der Parteirat der Christdemokraten mit 14 zu 4 Stimmen gegen Allendes Gesetzesvorschlag. Bei ihnen herrschte die Meinung vor, daß der Präsident mit dem Staatssicherheitsgesetz, mit der Möglichkeit, den Ausnahmezustand auszurufen, und dem Waffengesetz ausreichend Machtmittel zur Hand habe, um die Bedrohung zu meistern. Der Regierung mehr zivile Macht einzuräumen, würde bedeuten, die Diktatur zu errichten. Sie wiederholten die Forderung auf einen Dialog mit der Regierung und einen Kompromiß mit den gemäßigten Gruppen der Volkseinheit.

Dies wies Allende ab. Der Präsident und die Volkseinheit betonten, daß die Christdemokraten durch ihre Haltung objektiv den Rechtsextremisten in die Hände spielten. Sie hofften dabei auf einen Gesinnungswandel der DC. Ihnen müßte doch klar werden, daß sie letztlich mehr verlieren würden, wenn die Rechtsextremen sich durchsetzten. Überhaupt sei die Situation für die Partei der Mitte unangenehm. In jedem Falle verliere sie, ob nun die »Volksmacht«-Politik der Linksextremen oder die Faschisten sich durchsetzten. Wie schwierig auch die Situation der Volkseinheit war, glaubte sie sich letztlich doch in einer besseren Lage als die Christdemokraten. Niemand wollte nachgeben.

Noch weitreichendere Folgen hatte die Rebellion in den Streitkräften. Es war offenbar geworden, daß das Militär gespalten war. Außerdem wurde deutlich, daß die Tagespolitik in die Streitkräfte eingedrungen war und daß überall politisiert wurde. Die Frage der institutionellen Einheit war aber entscheidend für die Handlungsfähigkeit der Streitkräfte. Ihr Bruch mußte auch für eine mögliche bewaffnete Auseinandersetzung befürchten lassen, daß sich Armeeteile im Kampf gegenüberstünden. Diese Sorge bedrückte vor allem General Prats. Andere Sorgen kamen hinzu. Es hatte sich gezeigt, daß Teile der Anhängerschaft Allendes bewaffnet waren. Von Heckenschützen wurde noch gefeuert, als der Aufstand bereits erstickt war. Die Streitkräfte hatten sich im Falle einer militärischen Auseinandersetzung im Innern darauf einzurichten, daß bewaffnete Gruppen bestanden, die nicht einfach unterzuordnen oder gar zu bekämpfen waren. Deshalb begannen die Streitkräfte nach dem 29. Juni damit, das im Oktober 1972 verabschiedete Waffengesetz anzuwenden. Hausdurchsuchungen und andere militärische Aktionen waren die Folge. Es wurde versucht, Waffen und Waffenverstecke aufzufinden. Dabei gingen die Streitkräfte nicht zimperlich vor. Aber auch ohne die extreme Härte, mit der das »verhaßte Gesetz« nun angewandt wurde, mußten diese Maßnahmen die heftigste Opposition des MIR und großer Teile der Volkseinheit heraufbeschwören, die im Aufbau der »Volksmacht«, bewaffneter Bauern- und Arbeitermilizen, langfristig die einzige Chance sahen, gegen die mit allen Mitteln operierende Opposition in Chile den Sozialismus durchzusetzen. Ab jetzt gerieten die Militärs in die politische Schußlinie zunächst der extremen Linken, dann auch der Regierung und Allendes, die unter dem Druck der Extremisten standen. Eine Konfrontation der Regierung mit den Streitkräften mußte aber für das Überleben der Allende-Regierung gefährlich werden.

Um diese Entwicklung zu unterbinden, führt Allende den Rücktritt seines Kabinetts herbei. Er will doch versuchen, die Militärs wieder in die Regierung aufzunehmen. Aber die Streitkräfte stellen nun Bedingungen. Am 4. Juli publiziert die Nachmittagszeitung »La Segunda« diese Bedingungen, die nach einer sicheren Quelle wörtlich dem Schreiben entsprochen haben, das die Militärs Allende schickten: Verkündigung der Verfassungsreform über die drei Wirtschaftsbereiche (in der Form, wie sie der Kongreß verabschiedete), Einfrierung der Agrarreform, Lösung der Probleme bei den Fernsehkanälen (Ausdehnung des Kanals 13 auf das ganze Land, Abbruch der Besetzung des Kanals 9), absolute Kontrolle der extremistischen Gruppen rechts und links, effektive Kontrolle des gesamten Wirtschaftsbereichs (neben den Ministerien auch die staatlichen Stellen ODEPLAN, DIRINCO, CORFO), ein Kabinett, das größtenteils aus Militärs besteht. Die Streitkräfte forderten also eine spektakuläre Änderung der Regierungspolitik. Das war zuviel für die Volkseinheit.

Allende versuchte zwar, die Forderungen der Streitkräfte abzumildern und den Anteil, den sie an der Macht forderten, zu verringern, aber vergeblich. Das Korps der Generale des Heeres entschied, keine Änderung der von den Streitkräften gestellten Bedingungen zuzulassen. Somit blieb es Allende versagt, erneut Militärs in die Regierung aufzunehmen. Selbst die Kommunisten lehnten unter den genannten Bedingungen die Idee einer Militärregierung ab. Allende versuchte daraufhin, einige unabhängige Persönlichkeiten für sein Kabinett zu gewinnen, zum Beispiel Felipe Herrera, den früheren Präsidenten der Interamerikanischen Entwicklungsbank, oder den christdemokratischen Rektor der katholischen Universität von Santiago, Fernando Castillo Velasco. Aber auch diese Idee scheiterte. Schließlich ernannte er am 5. Juli ein Kabinett, das sich nicht sehr von dem vorhergehenden unterschied. Allein jene Minister, die aufgrund von Verfassungsklagen des Kongresses abgesetzt worden waren, wurden ersetzt.

Aber noch war zu hoffen, daß die gemäßigten Politiker aus den beiden Lagern einen Kompromiß finden würden. Corvalán betonte eine Woche nach dem gescheiterten Putschversuch: »Es bleibt und muß politische Hauptaufgabe aller Chilenen bleiben, ganz gleich, ob Anhänger der Regierung oder nicht, den Bürgerkrieg zu verhindern, so, wie wir in der Notwendigkeit übereinstimmen, den Klassenkampf weiterzuführen, so hart er auch sei.« Aber es war fraglich, ob zwischen »Klassenkampf« und »Bürgerkrieg« unterschieden werden konnte. Führte nicht die Vertiefung und Zuspitzung des Klassenkampfes zur bürgerkriegsähnlichen Situation? Konnte man den Klassenkampf predigen, ohne damit nicht zugleich auch dem Bürgerkrieg das Wort zu reden? Zudem standen die gemäßigten Politiker, die subjektiv den Bürgerkrieg verhindern wollten, unter dem sich täglich verstärkenden Druck der Extremisten, die ununterbrochen das politische Klima anheizten. Sie hielten nichts von einem Kompromiß, der sachlich in einer Reihe von Fragen zwischen Teilen der Volkseinheit und Teilen der Opposition durchaus möglich war und auch parlamentarisch Chancen gehabt hätte, den Kongreß zu passieren. Die Aufrufe der katholischen Kirche, zu friedlichen Mitteln der politischen Konfliktregelung zurückzukehren, verhallten ungehört. Fast täglich gab es Demonstrationen in Santiago, mal von der einen, mal von der anderen Seite. In der Innenstadt tobten schwere Kämpfe zwischen Demonstrantengruppen und der Polizei, die mit Wasserwerfern und Tränengas der Lage Herr zu werden versuchte. Der Verkehr wurde stundenlang lahmgelegt, Geschäfte schlossen, weil sie um Einrichtungen und Waren fürchteten. Überall wurde gestreikt. Die politische Situation, besonders aber die schlechte Versorgungslage, Schlangen und schwarze Märkte, gaben

Anlaß genug dazu. Auch die Schulen schlossen. Wo wurde noch gearbeitet? Politik beherrschte von morgens bis abends die Szene. Und immer bedrückender wurde die Vorstellung, daß dieses Chaos letztlich nur in einem Bürgerkrieg enden würde. Könnte jemand die Nerven behalten? Würden vor allem die gemäßigten Politiker noch einmal miteinander sprechen?

21. Front gegen den Bürgerkrieg: der Dialog

Am entschiedensten rief die katholische Kirche zur politischen Mäßigung auf. Sie setzte ihren ganzen Einfluß ein, um die Politik wieder in friedliche Bahnen zu lenken. Doch ihre Möglichkeiten waren beschränkt. Sie wußte auch, daß sie bei den Extremisten auf taube Ohren stieß. Sie richtete sich deshalb immer wieder an die gemäßigten Gruppen in den verfeindeten politischen Lagern. Drei Gesichtspunkte trug die katholische Kirche in einem Aufruf Ende Juli 1973 vor, mit dem sie einen Dialog zwischen Regierung und Christdemokraten herbeiführen wollte:
1. In der Regierung und in der Opposition gibt es Stimmen, die nach Vernunft und Eintracht rufen. Es liegt an ihnen und an denen, die sie vertreten, mit Taten die Ernsthaftigkeit ihrer Worte zu beweisen.
2. Diese Gruppen bitten wir inständig, daß sie die nötigen Schritte unternehmen, um die Bedingungen für einen Dialog zu schaffen, der zu einer Übereinkunft führt . . ., damit sich die Geister und Hände entwaffnen.
3. Wir schlagen einen Waffenstillstand vor. Die Politiker wissen, wie dieses Ziel zu erreichen ist. Es wird uns erlauben, mit mehr Ruhe dauerhafte Lösungen zu suchen.«
Dem setzte im Namen der Sozialistischen Partei Carlos Altamirano ein klares Nein entgegen. Er spickte seine Antwort noch mit Überlegungen, die die Streitkräfte reizen mußten, nämlich der Aufforderung zur Befehlsverweigerung:
»1. Die bürgerliche Legalität ist am Ende. Jetzt muß die revolutionäre Legalität errichtet werden.
2. Jede Übereinkunft mit der DC dient in diesem Augenblick nur dazu, die sektiererischen Gruppen zu stärken. Dialog ja, aber mit der Basis.
3. Sollten sich einige Offiziere erheben, so haben andere Offiziere, Unteroffiziere, Mannschaften und Soldaten nicht die Pflicht, zu gehorchen. Klarer ausgedrückt: sie brauchen nicht nur ihnen nicht zu gehorchen, sondern sie haben sich aktiv ihnen zu widersetzen.«

Versorgungsmängel in Santiago und überall. Stundenlanges Schlangestehen nach Lebensmitteln und Brennstoff (Benzin).

Der Streik der Fuhrunternehmer im Oktober 1972 und erneut ab August 1973 verschlimmert jeweils die Versorgunslage noch.

Straßenschlachten in Santiago wurden zu einer alltäglichen Erscheinung.

Die Frauen des bürgerlichen Viertels protestierten wiederholt mit leeren Töpfen gegen die Lebensmittelknappheit.

Die Rechtsextremisten von „Vaterland und Freiheit" in Aktion.

Luis Corvalán und Carlos Altamirano, die Generalsekretäre der PC und der PS, im Gespräch (Bild oben von links nach rechts).

General Carlos Prats (links unten) tat alles, um den Bürgerkrieg zu vermeiden. Kardinal Silva Henríquez (unten Mitte) forderte den Dialog zwischen Regierung und Oppostion, doch Allende und Aylwin (Bild unten rechts, in der Mitte Senator Olguin) brachten keine Übereinkunft zustande.

11. September. Panzer fahren vor der Moneda auf, umstellen den Regierungspalast. Die Soldaten werden sogleich in einen Schußwechsel mit Heckenschützen, die auf den umliegenden öffentlichen Gebäuden postiert sind, verwickelt.

9.45 Uhr: Allende ist offensichtlich entschlossen, an der Verteidigung der Moneda persönlich teilzunehmen. Er hat sich eine kugelsichere Jacke angelegt, einen Stahlhelm aufgesetzt und hält sein Maschinengewehr in der Hand, ein Geschenk Fidel Castros. Leute von der GAP umgeben ihn. Im Hintergrund links der Chef der Polizei, General Sepúlveda.

Auf wen sollte nun Allende hören? Auf wen sich stützen? Konnte er sich an der Regierung halten, wenn er den Forderungen seiner linksextremen Gefolgsleute nachgab? War das Volk so weitgehend mobilisiert, wie der MIR und der linke Flügel der Sozialistischen Partei vorgaben? Machten die Kommunisten überhaupt mit? Denn sie forderten ja ebenfalls einen Dialog mit den Christdemokraten. Und auch wenn sie viel von Mobilisierung der Massen sprachen, so gaben einige Vorfälle doch Anlaß zu der Meinung, daß die Kommunisten an der Basis eher eine gegenteilige Politik trieben. Bei Demonstrationen der CUT* überwogen mehr und mehr der MIR und die Sozialistische Partei. Da die führenden Positionen in der CUT vielfach von Kommunisten eingenommen wurden, kam es auch zu Spannungen in der Einheitsgewerkschaft. Die Führung der Kommunisten befürchtete wie Allende, daß eine Forcierung der Massenmobilisierung und eine Annahme der Strategie der Linksextremisten die sofortige Intervention der Streitkräfte herbeiführen würden. Deshalb unternahm Allende den Versuch eines Dialogs mit den Christdemokraten.

Dieser Versuch ist nicht unproblematisch, der Dialog von Anfang an erheblich belastet. Ein Kompromiß mit den Christdemokraten kann den Bruch Allendes mit der Mehrheit des Zentralkomitees der Sozialistischen Partei, mit dem MIR und seinen verschiedenen Unterorganisationen und dem Garreton-Flügel des MAPU bewirken. Denn ihre Politik schlägt immer entschiedener eine andere Richtung ein. Der MIR ist dabei, eine »revolutionäre Volksposition« gegen die »Reformisten, Bürokraten und Vermittler« aufzubauen. Diese Politik löst sich immer mehr von der Allende-Linie. Die Führer der sog. Cordones Industriales, der Arbeitermilizen, handeln immer mehr auf eigene Rechnung, schaffen in der Tat eine doppelte Macht zur Moneda. Allende und die CUT können sie nicht mehr in Schach halten, wie auch die zivile Gewalt gegenüber den Streitkräften immer ohnmächtiger wurde. Trotz dieser schwierigen Situation Allendes gegenüber seiner eigenen Anhängerschaft will Allende den Dialog. Aber ist er zu Kompromissen bereit? Kann er überhaupt inhaltlich nachgeben?

Die Christdemokraten wissen genau, was sie wollen. Sie bringen vier Punkte in das Gespräch: Entwaffnung der bewaffneten Gruppen, Rückgabe der Unternehmen und Landgüter, die während des Putschversuchs vom 29. Juni von Arbeitern besetzt wurden, Verkündigung der Verfassungsreform über die drei Wirtschaftssektoren und eine Regierung unter Beteiligung von Militärs.

Der Dialog findet am 30. Juli statt. Allende und Aylwin, begleitet von nur wenigen Mitarbeitern, kommen an diesem Tage zweimal für insgesamt vier Stunden zusammen. Die öffentliche Erwartung ist riesengroß.

Kommt man einander näher? Kann die Gefahr des Bürgerkriegs gebannt werden? Einig scheint man sich darin, daß es sinnvoll ist, die Streitkräfte erneut an der Regierung zu beteiligen, weil sie ein Garant der bestehenden Verfassungsordnung und auch der Durchführung möglicher Absprachen zwischen der Volkseinheit, repräsentiert durch Allende, und den Christdemokraten sind. Aber der Präsident will die Mitregierung der Militärs nicht als Bedingung akzeptieren, sondern stellt sie nur in Aussicht. Übereinstimmung herrscht auch in diesem Gespräch in der Frage der Entwaffnung der militanten Gruppen. Doch unverändert unterschiedlich bleiben die Vorstellungen zur Verfassungsreform über die drei Wirtschaftsbereiche. Und Allende denkt nicht daran, die während des Putschversuchs vom Juni besetzten Unternehmen wieder zurückzugeben, wie es die Opposition möchte: »Ich habe 100 000 Arbeiter, die meine Regierung zu verteidigen bereit sind, und ich kann nicht ohne das Einzige bleiben, was mich stützt«, war die dramatische Antwort Allendes. So hatte man miteinander gesprochen, in bemerkenswert freundlicher Atmosphäre. Zu einer Übereinkunft aber war man nicht gekommen. Man ging auseinander, ohne auch zu vereinbaren, den Dialog fortzusetzen. Ob man wollte oder nicht, überließ man damit den Extremisten wieder das Gesetz des Handelns. Rechte Ultras und linke Ultras verstärkten ihre Aktionen. Der Streik der Transportarbeiter, der am 25. Juli begonnen hatte, dehnte sich aus. Verbindungslinien des Südens mit der Mittelzone Chiles wurden unterbrochen, Hochspannungsmasten gesprengt. Gewalt und Terror nahmen zu. Wie würden sich die Streitkräfte verhalten? Auf welche Seite würden sie sich schlagen, wenn der demokratische Weg zum Sozialismus nicht würde aufrechterhalten werden können und die Entscheidung immer mehr die extremen Lösungen begünstigte: wie es der MIR formulierte »Sozialismus (der Diktatur des Proletariats) oder Faschismus«. Allmählich begann man in der Volkseinheit diese Frage zu diskutieren und zu berücksichtigen, daß die Streitkräfte in ihrem Führungskorps den Mittelschichten entstammen. Es mußte verhindert werden, daß die Regierung und die Streitkräfte sich auseinanderlebten. Doch MIR und der Altamirano-Flügel der Sozialistischen Partei propagierten eine andere Lösung: die Unterwanderung der Streitkräfte.
Am 8. August deckte der Geheimdienst der Marine ein Komplott auf dem Kreuzer »Almirante Latorre« auf. Einige MIR-Angehörige waren in Marineuniform heimlich an Bord des Kreuzers gelangt und unter den 1000 Diensttuenden nicht ohne weiteres auszumachen. Man ließ sie zunächst gewähren, und das Schiff lief aus. Auf hoher See ordnete der Kommandant an, alle Mannschaften sollten auf Deck antreten. Auch die Extremisten mußten diesem Aufruf folgen und gliederten sich in die Reihen ein.

Sodann ordnete der Kommandant an: »Alle diejenigen, die hier fremd sind, treten einen Schritt vor.« Natürlich trat keiner vor. Nach wenigen Sekunden erfolgte ein zweiter Befehl: »Man lasse jede Person, die als fremd erkannt wird, einen Schritt vortreten.« Nun wurden vier Extremisten mit Gewalt dazu gebracht, vorzutreten. Sie zu erkennen, war deshalb recht einfach, weil die Besatzung des Schiffes in einzelne Mannschaften untergliedert ist. Jede Gruppe teilt nicht nur eine Tätigkeit, sondern teilweise auch die gleiche Kajüte. So kennen sich also alle. Die Subversion war gescheitert.

Mit dem Versuch der Linksextremen, die Streitkräfte zu infiltrieren, war für die Regierung eine äußerst gefährliche Situation entstanden. Sie konnte diese nur lösen, indem sie sich entschieden von solchen Plänen und Aktionen distanzierte. Ja, Allende mußte Volkseinheit und Streitkräfte wieder enger zusammenführen, koste es, was es wolle. Der Preis war die erneute Regierungsbeteiligung der Streitkräfte. Einen Tag nach dem Vorfall auf dem Kreuzer traten vier Generale in die Regierung ein, diesmal die drei Kommandeure der verschiedenen Waffengattungen. General Prats übernahm das Verteidigungsministerium. Ihm vertraute Allende, aber Prats Einfluß im Offizierskorps hatte trotz des heldenhaften persönlichen Einsatzes des Generals bei der Niederschlagung des Juni-Putschversuchs erheblich abgenommen. General Augusto Pinochet Ugarte übernahm stellvertretend für Prats die Leitung des Heeres.

Über die Bedeutung dieser Kabinettsbildung waren sich alle im klaren. Es war ein letzter Versuch. Allende wußte darum. Wenn dieses Kabinett scheitern würde, konnte das Militär nicht noch einmal gewonnen werden. Um es jetzt zu gewinnen, hatte der Präsident klare politische Aussagen machen müssen, die Forderungen der Streitkräfte entsprachen: »Ich nenne dieses Kabinett«, so führte der Präsident am 9. August aus, »eine Regierung der Nationalen Sicherheit, weil es die letzte Möglichkeit ist, um die Subversion zu bekämpfen. Wir müssen verhindern, daß sich die Regierung vom Volk und das Volk von den Streitkräften trennt. Wir müssen die politische und wirtschaftliche Ordnung aufrechterhalten und den ungeheuren Inflationsprozeß stoppen, der uns verschlingt. Wir müssen in eindeutiger Weise das Gesetz gegen die ultrarechten und ultralinken Gruppen anwenden, die sich die Hand reichen. Wir müssen Schluß machen mit der alle Maße sprengenden Spekulation und mit dem schwarzen Markt. Wir müssen die innere Ordnung und die nationale und internationale Sicherheit wiederherstellen. Wir müssen vom Kongreß die Verabschiedung einer Reihe von Gesetzen erhalten, die dort bislang hängenblieben. Wir müssen Wirtschaftsvergehen streng bestrafen. Wir müssen ein Verteilungssystem einrichten, das zu einer demokratischen und gleichen Verteilung der Lebensmittel führt. Wir müssen das subversive Eindringen in die Streitkräfte verhindern. In Chile wird es niemals eine Parallel-Armee geben; die Hierarchie der Befehlsordnung wird respektiert...« Sprach hier der chilenische Präsident, der für die bisherige Politik seiner Regierung verantwortlich war? Sprach hier der politische Führer der Volkseinheit, zu der ja auch die Sozialistische Partei mit ihrer Mehrheitsfraktion, dem Altamirano-Flügel, gehörte? Schluß mit der Subversion, mit der Unterwanderung der Streitkräfte, Verhinderung einer Parallelarmee, Anwendung des Gesetzes auch gegen linke Ultras, Wiederherstellung der inneren Ordnung — das war in Worten eine Kampfansage an Gruppen der Volkseinheit, weniger eine solche an die Oppositionsparteien. Aber würde Allende diese politische Linie tatsächlich einhalten?

Die schnelle Regierungsbildung täuscht jedoch über den Unmut hinweg, der bereits in den Streitkräften besteht. Man will nicht mehr mit Allende kollaborieren, es sei denn, Allende nimmt in Taten einen Kurswechsel vor. So verstärkt sich der Druck des Offizierskorps auf die Repräsentanten der Streitkräfte in der Regierung. Ihre Arbeit steht unter der Last, möglichst rasch Erfolge aufzuweisen. So kann auch General Ruiz Danyau einen Kompromiß mit den streikenden Fuhrunternehmern erzielen, sich aber weder in seinem Ministerium noch bei Allende durchsetzen. Sein sozialistischer Staatssekretär unterläuft den Kompromiß, und Allende lehnt es auf Druck seiner linksextremistischen Freunde ab, die Vereinbarung zu unterschreiben. Daraufhin tritt General Ruiz von seinem Ministeramt zurück, zwei Wochen, nachdem das »Kabinett der letzten Möglichkeit« gebildet worden war. Durch den Versuch, einen Prestigegewinn zu erzielen, verschlechtert Allende noch sein persönliches Verhältnis zum Offizierskorps. Er zwingt General Ruiz, auch sein militärisches Amt niederzulegen, mit dem Argument, er wolle den Vertreter der Luftstreitkräfte in seiner Regierung haben. Während aber General Gustavo Leigh Guzman Kommandant der Luftstreitkräfte wird, ernennt Allende einen Zivilisten zum Nachfolger von General Ruiz im Ministeramt.

Daraufhin werden Ruiz Solidaritätskundgebungen der Offiziere und vor allem der Frauen des Generalkorps zuteil, und es geht das Gerücht, daß die Luftstreitkräfte der Base El Bosque nahe Santiago sich eingeschlossen hätten, um ihren Chef wiederzugewinnen. So spitzt sich das Verhältnis Streitkräfte — Regierung der Volkseinheit schnell wieder zu. Die noch im Kabinett verbliebenen Militärs wissen, daß auch ihnen nur mehr wenig Zeit bleibt, wenn sie nicht ihren Rückhalt in den Streitkräften verlieren wollen. Deshalb denkt vor allem Prats an eine zivile Lösung im Sinne der

Wiederaufnahme des Dialogs zwischen Volkseinheit und Christdemokraten.

Noch bieten sich ihm verschiedene Möglichkeiten der Beeinflussung. Der Botschafter Israels gibt einen Empfang zu Ehren von General Prats: Einer der vielen Empfänge, die Politiker verschiedener Orientierung zusammenführen. Radomiro Tomic zieht die Aufmerksamkeit eines Kreises von Personen auf sich, zu denen auch Prats gehört. Man spricht über die politischen Notwendigkeiten, um den Bürgerkrieg zu verhindern. Auch Pinochet ist anwesend, in weißer, eleganter Militäruniform, während Prats in Zivil erschienen ist. Er steht etwas abseits des Kreises, als wolle er zuhören, ohne aktiv am Gespräch teilzunehmen. Offensichtlich hindert das Prats, deutlich zu werden. Er nimmt einen der Umstehenden beiseite und macht ihm klar, daß die einzige Möglichkeit, Chile vor dem Bürgerkrieg zu bewahren, im Dialog der Christdemokraten mit der Regierung liege. In den Streitkräften werde unentwegt über Politik beraten. Er könne das nicht mehr lange mitmachen. Auch die Beteiligung des Militärs an der Regierung stehe zur Debatte. Besonders betroffen war er von der Demonstration der Frauen seiner Kollegen, die vor sein Haus gekommen waren und auf ihn Druck ausüben wollten. »Ich will nicht in die Geschichte eingehen als derjenige, der die Einheit der Streitkräfte aufs Spiel gesetzt hat.« Damit deutet er an, daß er an seinen Rücktritt denkt, wenn der Dialog nicht stattfinden werde. »Ihr müßt euch mit ihnen verständigen«, und so, als habe sein Gesprächspartner nicht recht verstanden, um wen es sich handelt, zeigt er auf Radomiro Tomic, der noch immer das Wort führt und seine Zuhörer von einer ähnlichen Lösung zu überzeugen versucht.

Im August und September spitzte sich die wirtschaftliche Lage Chiles weiter zu. Sie war chaotisch. Jeden Tag nahm der Wert des chilenischen Escudo um ein Prozent ab. Es war zu erwarten, daß die Inflation im Jahre 1973 über 400 Prozent betragen würde, eine Rekordhöhe. Die verstaatlichten Unternehmen produzierten riesige Verluste. Sie beliefen sich zuletzt auf 70 Prozent ihres gesamten Umsatzes. Staatliche Zuwendungen verhinderten ihren Bankrott. Dadurch stiegen die Staatsausgaben, die 1973 nur noch zu etwa 47 Prozent durch Steuereinnahmen gedeckt werden konnten. Einzige Aushilfe war hier die ständige Ausweitung der umlaufenden Geldmenge. Die Notenpresse lief ununterbrochen. Die Geldmenge wurde in drei Jahren um 325 Prozent erhöht. Und nichts deutete auf eine wirtschaftliche Erholung hin. Dies vor allem nicht, weil die inländische Produktion stagnierte oder abnahm. Vor allem die landwirtschaftlichen Erzeugnisse gingen zurück. Das zog erhöhte Einfuhren an Lebensmitteln nach sich. Die Ausgaben für Importe steigerten sich von

1970 1,18 Milliarden Dollar auf 1973 1,63 Milliarden Dollar. Die Exporte aber nahmen nicht im gleichen Ausmaß zu, so daß die außenwirtschaftliche Situation Chiles sich ebenfalls verschlechterte. Das Prokopfeinkommen* der chilenischen Bevölkerung verringerte sich 1973 gegenüber dem Vorjahr um 7,5 Prozent. Damit lag Chile in Lateinamerika weit abgeschlagen an letzter Stelle in der Rangfolge wirtschaftlichen Wachstums.

22. Die Zuspitzung

»Es wäre ungerecht zu verneinen, daß die Verantwortlichkeit einiger größer sei als die anderer, aber die einen mehr, die anderen weniger, alle tragen wir dazu bei, die chilenische Demokratie zu zerschlagen.« (Radomiro Tomic in einem öffentlichen Schreiben an General Carlos Prats vom 29. August 1973, anläßlich dessen Rücktritt vom Ministeramt)

»Es bestand ein solches Klima politischer Irrationalität, daß es dem absurden Theater entnommen zu sein schien.« (Carlos Briones, letzter Innenminister Allendes, zwei Monate nach dem Putsch)

Während das Land durch Streiks und die angestrengte politische Situation lahmgelegt war, versuchte Allende verzweifelt, einen Ausweg aus der schwierigen Lage des Landes und seiner Regierung zu finden. Aber sein Handlungsspielraum verringerte sich von Tag zu Tag. »Der Ring zog sich immer enger um uns zusammen. Aber es mußte einen Ausweg geben. Wir wollten den Dialog mit den Christdemokraten« (Corvalán). Aber den Dialog zu wollen, reichte jetzt nicht mehr aus. Wenn ein Eingreifen der Streitkräfte verhindert werden sollte, mußten rasche Änderungen in der Politik erfolgen. Einen letzten Versuch zu einem Dialog zwischen Allende und den Christdemokraten unternahm Kardinal Raúl Silva Henriquez. In seinem Hause kamen der Präsident und Aylwin am 17. August zusammen. Der Christdemokrat verlangte im Namen seiner Partei eine grundlegende Änderung der Politik Allendes, die dieser angesichts des politischen Drucks, den Teile seines eigenen Lagers auf ihn ausübten, gar nicht zugestehen konnte. Dem Kardinal zufolge versprach Allende zwar einige konkrete Schritte im Sinne der Aylwinschen Forderungen, aber einer Trennung von den linken Gruppen seines Bündnisses stimmte er nicht zu. Damit blieb auch in Frage gestellt, ob er seine Zusagen in der Praxis durchführen würde. Insgesamt scheiterte auch dieser letzte Dialog. Beide Partner trieben damit die politische Lage weiter einer militärischen Lösung zu, wobei die Christdemokraten noch hofften, ein Eingreifen der Streitkräfte könnte die freiheitliche Verfassung retten, die sie durch die Linksextremen in der Volkseinheit bedroht sahen.

Nachdem damit sämtliche Kompromißmöglichkeiten mit der Christdemokratie erschöpft schienen, ereilte Allende ein neuer Schlag. Am 24. August trat General Carlos Prats aus der Regierung aus und legte auch sein Amt als Oberbefehlshaber der chilenischen Streitkräfte nieder. Er hielt es, wie er Allende schrieb, als »Pflicht eines Soldaten mit festen Grundsätzen, nicht zum Grund für den Bruch der Verfassungstreue und zur Auflösung des Rechtsstaats zu werden, noch denen zum Vorwand zu dienen, die den Sturz der verfassungsmäßigen Regierung suchen«. Prats war Allendes beste Stütze in den Streitkräften. Das darf nicht im parteipolitischen Sinne mißverstanden werden. Prats war politisch ein Mann der Mitte und eher christdemokratischen Ideen zugänglich. Doch er garantierte Allende, solange er die Streitkräfte führte, eine verfassungsloyale Haltung der Militärs. Er trat zurück, weil er seinen früheren Rückhalt im Generalskorps eingebüßt hatte. Die Begründung seines Rücktritts mußte allen klarmachen, daß das Militär zum Putsch bereitstand.
Die internen Spannungen in der Volkseinheit hatten in dem Maße, wie die gesamte politische Lage sich zuspitzte, ebenfalls zugenommen und engten Allendes Handlungsspielraum weiter ein. Die Strategie der extremen Linken drängte darauf, die politische Macht jetzt an sich zu reißen. Entsprechende Aktionen waren die Folge. Die Regierung und die noch gesprächsbereiten Teile der Opposition wurden weiter auseinandergetrieben. Allende kämpfte gegen die linksextreme Richtung. Er gab unter anderem an Clodomiro Almeyda und zwei weitere Sozialisten die Anweisung, die gemäßigten Kräfte in der Sozialistischen Partei zu sammeln und auf einem baldigen Parteikongreß dem Flügel um Carlos Altamirano das Generalsekretariat der Partei zu entreißen. Kurzfristig konnte daraus keine Hilfe für seine politische Linie erwachsen, die auf einen Kompromiß mit Teilen der bürgerlichen Opposition hinzielte. Diese Strategie verfolgte auch die Kommunistische Partei, doch angesichts der tatsächlichen Machtverhältnisse im linken Lager war auch ihre Politik im dramatischen Moment, den Chile durchlebte, mehr als schwankend.
Unter diesen Umständen feierte Allende am 4. September den dritten Jahrestag seines Wahlsieges. Es war ein Tag, der ihn zum Teil wieder mit Optimismus erfüllte, denn die Massen, die ihn unterstützten und ihm während dreier Jahrzehnte gefolgt waren, strömten erneut zusammen, um ihn zu hören und um ihm zuzujubeln. Dies war der letzte direkte und persönliche Kontakt Allendes mit seinen Anhängern, den er genoß, obwohl ihm nicht verborgen bleiben konnte, daß die Masse der Versammelten in Gemäßigte und Extreme gespalten war und einander widersprechende Transparente mit sich führte. Es kam sogar zu tätlichen Auseinandersetzungen zwischen dem MIR und dem Gazmuri-Flügel des MAPU.

Doch handelte es sich um eine mächtige Demonstration, die vor allem durch die Kampfbereitschaft der Teilnehmer hervorstach. Vier Marschsäulen defilierten an der Moneda vorbei. Viele Teilnehmer werteten die Massenveranstaltung als Beweis dafür, daß die Revolution jetzt irreversibel geworden sei, daß sie nicht wieder rückgängig zu machen sei. Zumindest in dem Augenblick war man davon überzeugt. Wer wollte diese Massen aufhalten? Viele wünschten, daß Allende sich entschiedener auf das Volk stütze, sich an die Spitze eines entschlossen geführten Kampfes stelle, um den endgültigen Sieg über die inneren und äußeren Feinde herbeizuführen. Darin mischte sich auch Kritik an Allende, der eben doch kein Fidel Castro sei, um die Massen zum Sieg führen zu können.

Einen Tag später gab es in Santiago eine weitere große Demonstration. Es handelte sich wieder einmal um die Frauen der Opposition, die erneut ihre »leeren Töpfe« aus dem Schrank geholt hatten und lärmend mit sich führten als Protest gegen die nun in der Tat schwierige wirtschaftliche Lage. Die Aggressivität der Demonstranten war enorm und steigerte sich zur blinden Wut. Die Hoffnungen, die die Demonstration des Vortages bei Allende und seinen Anhängern nährte, erwiesen sich schnell als grundlos. Am Donnerstag, 6. September, ereignete sich ein Zwischenfall, der die Lage der Regierung weiter verschlechterte. Die Streitkräfte hatten seit geraumer Zeit – in Erfüllung des Gesetzes über die Waffenkontrolle – zahlreiche Aktionen zur Aufspürung von Waffenlagern unternommen. Am Abend des 6. Septembers entwickelte sich eine Aktion von Einheiten der Luftwaffe in einem Haus nahe der verstaatlichten Textilunternehmung Sumar fast zu einer Konfrontation mit Arbeitermilizen. Die Durchsuchung rief eine Mobilisierung des sogenannten »Cordon Vicuña Mackenna« hervor: etwa 500 Personen – so der Bericht der Luftwaffe – versammelten sich unter Sirengeheul und bengalischem Licht; sie trugen dunkle Kleidung und Sandalen und näherten sich in herausfordernder Haltung den Einheiten der Luftwaffe. Diese fuhren jedoch in ihrer Durchsuchung fort und fanden – ihren Berichten zufolge – eine große Menge an Waffen. Dieser Vorfall und die erfolgreiche Aktion der Streitkräfte stießen auf heftige Kritik von seiten der Parteien der Volkseinheit und vor allem des MIR. Die Feindseligkeiten zwischen den Parteien der Volkseinheit und dem MIR einerseits und dem Militär andererseits verschlechterten das Verhältnis zusehends.

Dies mußte Allende verhindern. Er war deshalb höchst besorgt über den sich abzeichnenden Konflikt zwischen Volkseinheit und Streitkräften, der sich öffentlich in den Zeitungen vom Freitag, 7. September, widerspiegelte und auch in allen politischen Programmen der Rundfunksender und Fernsehkanäle, die von den Parteien der Volkseinheit kontrolliert wurden. Allende rief deshalb die Chefs der drei Waffengattungen für Sonnabend, 8. September, zu sich. Diese Sitzung stand jedoch noch unter einer weiteren Belastung. Die Föderation der Volkseinheitsparteien solidarisierte sich in einer offiziellen Erklärung mit 47 Marineangehörigen, die wegen des Verdachts subversiver Tätigkeit angeklagt waren. Die Erklärung wies ausdrücklich darauf hin, daß die Männer gefoltert wurden, um ihnen Geständnisse zu entlocken. Diese Erklärung mußte jeden Versuch Allendes erschweren, die Spannungen zwischen Militär und Volkseinheit abzubauen.

Dies zeigte sich denn auch in der Konferenz, die in der Moneda stattfand. Allende übte Kritik an den Methoden, die die Streitkräfte anwandten, um das Gesetz über die Waffenkontrolle durchzuführen. Doch die Reaktion der befehlshabenden Chefs der drei Waffengattungen war eisig: »Das Gesetz ist sehr bestimmt in seinem Inhalt und erlaubt keine politische Interpretation.« Das Gespräch verlief somit ergebnislos. Eines mußte nun aber für Allende feststehen. Er konnte nicht mehr mit dem Gehorsam der Streitkräfte rechnen, deren verfassungsmäßiger Oberbefehlshaber er war. Die militärische Macht war auf dem Wege, sich zu verselbständigen, seiner Kontrolle zu entgleiten. Dies war eine Tatsache von außerordentlicher Tragweite, die ihn den ganzen Sonnabend beschäftigte und in ihm die Überzeugung reifen ließ, daß er nur noch sehr wenig tun konnte, um das Blatt noch einmal zu wenden.

In der Bilanz der Woche war die Demonstration des 4. September bereits weit entrückt und schien fast bedeutungslos. Viel mehr bedrückte Allende nun die abnehmende Unterstützung der Streitkräfte, der Fehlschlag der wiederholten Versuche seines Innenministers Carlos Briones, den abgebrochenen Dialog mit den Christdemokraten wieder anzuknüpfen, und die Tatsache, die Führung der Sozialistischen Partei nicht von der Richtigkeit seiner politischen Linie überzeugen zu können. Seine eigene Partei bedrängte ihn, immer mehr Gas zu geben, ohne sich darum zu kümmern, ob – wie Allende sehr bildhaft oft wiederholte – »der Motor in der Lage sei, so schnell zu laufen, ohne zu überdrehen«.

Der Sonntag, 9. September, war kaum weniger angefüllt mit Ereignissen größter politischer Bedeutung. Das wichtigste war vielleicht die Versammlung der Sozialistischen Partei, in welcher Carlos Altamirano die Beschlüsse des Parteitags seiner Partei bekanntgab, die direkt auf die Situation des Landes Bezug nahmen. Altamirano führte hier wörtlich aus: »Die Sozialistische Partei hat gesagt, es könne keinen Dialog mit Terroristen geben, mit den Verantwortlichen für derart viel Elend. Die Rechte kann nur mit der unbezwingbaren Kraft des Volkes, der Mannschaften, Unteroffiziere und Offiziere, die zu der verfassungsmäßigen Regierung

halten, niedergeschlagen werden. Wir haben gesagt, daß wir keine Einmischungen dulden, von welcher Seite auch immer, seien sie bewaffnet oder nicht. Wir werden uns keiner illegitimen Macht unterwerfen. Chile wird sich in ein neues heroisches Vietnam verwandeln, wenn die Reaktion sich des Landes bemächtigen will.« Sodann hob er hervor: »Dem reaktionären Putsch kann man nur mit Schlägen gegen den Putsch begegnen, nicht, indem man mit den Verrätern verhandelt. Den Putsch kann man nicht mit Dialogen bekämpfen, sondern nur mit der Macht des Volkes, seiner Arbeitermilizen, seiner Bauernräte, seiner Organisation . . . Wir fordern in dieser schweren, bitteren Stunde die Solidarität der Völker, der Revolutionäre in aller Welt. Alle sollen wissen, daß hinter dieser Verschwörung die Vereinigten Staaten stehen, die den Bürgerkrieg schüren, die Konterrevolution, und die Brasilien und Bolivien hineinziehen. Der Sturz (der Regierung Allende) würde einen substantiellen Wandel in der weiten lateinamerikanischen politischen Szene bedeuten. Und das wissen sie.« Schließlich sagte er: »Mehr als je ist in dieser Stunde die Einheit Notwendigkeit zur Verteidigung des Programms der Volkseinheit, dem zufolge die Veränderungen nur dann möglich sind, wenn das Volk die Macht ergreift. Die Sozialistische Partei fordert Einhaltung des Programms. Das erste Kapitel des Programms heißt »Volksmacht«. Das ist kein auf den damaligen Moment gemünzter Titel. Wir fordern Treue zur Regierung, die das Programm erfüllen muß. Unter diesen Bedingungen stellt die Sozialistische Partei ihre ganze immense Kampfkraft der Regierung zur Verfügung. Wir sind sicher, daß der Genosse Allende, der ein Symbol in der ganzen Welt ist, niemals aufhören wird, sein Wort zu erfüllen. Wir haben in diesen drei Jahren eine Kampfkraft entwickelt, die niemand und nichts wird aufhalten können.«
Je schwieriger die politische Lage wurde, desto entschiedener vertrat Altamirano die extremistischen Lösungen, wahrscheinlich in der Annahme, die eigenen Kräfte reichten bereits aus, um die endgültige Auseinandersetzung zu gewinnen, auf die er hinsteuerte. Der allgemeine Eindruck war, daß Altamirano den Kampf suche, und wenn dem so sei, dann müsse er wohl darauf vorbereitet sein. Damit forderte er erneut die Streitkräfte heraus. Auch die gemäßigten Politiker in Regierung und Opposition horchten auf. Und schließlich stellte er nun auch der Regierung Allende Bedingungen dafür, daß die Sozialisten weiterhin die Regierung der Volkseinheit unterstützten.
Am gleichen Tag verhärteten aber auch die Christdemokraten ihre Haltung. Eine Versammlung der Parteiführer der Provinzen sprach sich für die Forderung nach Rücktritt Allendes und aller gewählten Gremien aus, um in einer Neuwahl sowohl einen neuen Präsidenten als auch ein neues

Parlament zu wählen. In der Christdemokratie setzten sich mit dieser Forderung die Anhänger Eduardo Freis und der damaligen Parteiführung gegenüber dem Flügel durch, der mehr Verständnis für die schwierige Lage Allendes aufzubringen bereit war.

Gegen Abend verlagerte sich das Zentrum des Dramas dorthin, wo der Präsident sich aufhielt. In seiner Residenz in Tomás Morus war er über die Ereignisse des Tages informiert worden. Dort hatte er auch mit großem Kummer die Rede Altamiranos gehört. Hier erhielt er von einem seiner Mitarbeiter (Alberto Jerez) den Rat zurückzutreten. Hier diskutierte er mit weiteren Mitarbeitern, was der beste Weg aus der Sackgasse sei. Hier beschloß er am Ende, am darauffolgenden Tag, Montag, den 10. September, eine Initiative anzukündigen, die zu einem Volksentscheid und – wenn er das Plebiszit verlieren sollte – zu seinem Rücktritt führen sollte. Diese Idee war schon während der voraufgegangenen Woche erörtert worden, und führende Kommunisten, unter ihnen Luis Corvalán, waren sogar an Politiker des linken Flügels der Christdemokratie herangetreten, um deren Meinung zu hören. Es zeigt, wie anders diese Vertreter der Volkseinheit die politische Lage einschätzten; Altamirano hatte jedweden Dialog abgelehnt. Sie wußten wie Allende, daß dies die letzte Initiative war, die die Regierung ergreifen konnte, da alle anderen Wege ihr verschlossen waren. Aber würde der Plan ausreichen? Würde die Ankündigung, ein Plebiszit einzuleiten, was sicherlich einige Zeit der Vorbereitung, mit Sicherheit einige Monate gekostet hätte, den Putsch aufhalten können, dem Chile zutrieb, der vielleicht schon im Termin festgelegt war? Zumindest war er seit Monaten in der Vorbereitung, wie nachher bekannt wurde. Am 9. September wußten Allende und seine Berater davon nichts, als sie ein Plebiszit ins Auge faßten.

Doch entgegen der Ankündigung sprach Allende am 10. September nicht. Warum nicht? Seinen engsten Mitarbeitern zufolge sei die Rede, die er in Rundfunk und Fernsehen habe halten wollen, nicht rechtzeitig fertig geworden, während die von der Entscheidung des Vorabends verständigten Christdemokraten mutmaßten, Allende habe sich mit seinem Plan gegenüber der extremen Linken in der Volkseinheit nicht durchsetzen können. Wie dem auch sei, die Aufschiebung der Rede war fatal, denn das Volk erhielt dadurch nicht mehr Kenntnis davon, daß Allende und die gemäßigten Kräfte der Volkseinheit noch eine politische Lösung bereit hatten.

Wie die Ruhe, die dem Sturm vorausgeht, verlief der Montag ohne öffentliche Aufmerksamkeit erregende Vorfälle. Einige Ereignisse ließen auf eine leichte Entspannung schließen, zumindest den dahingehenden Willen erkennen. So rief etwa der Verteidigungsminister Orlando Letelier die Leiter der Informationsmedien zusammen und betonte, daß die Nachrichten über die Aktionen der Streitkräfte, die diese in Ausführung des Gesetzes über die Waffenkontrolle durchführten, nicht bedeuteten, daß die Streitkräfte in den politischen Tageskampf hineingezogen würden. Danach führte Letelier die wirtschaftlichen, materiellen und technischen Verbesserungen auf, die die Streitkräfte unter der Allende-Regierung erhielten. Aber der Versuch, die Kluft zwischen Volkseinheit und Streitkräften wieder zu schließen, war bereits gescheitert, bevor er recht beginnen konnte.

An diesem Montag, der so ruhig zu verlaufen schien, schickte Admiral José T. Merino Castro, Kommandeur der Marine, einen Kurier von Valparaiso nach Santiago, der die anderen Befehlshaber der Waffengattungen und den Chef der Polizei davon verständigen sollte, daß die Marine am nächsten Tag losschlagen werde. An diesem 10. September erfolgte die Abstimmung der verschiedenen Kommandeure, am folgenden Tag Allende zu stürzen. Das Schriftstück Merinos gelangte zunächst zum Chef der Luftwaffe, General Gustavo Leigh Guzman, der mit »Einverstanden« gegenzeichnete. Sodann wurde der inzwischen zum Chef der Polizei vorgestoßene General César Mendoza Durán informiert, der für die Carabineros die Einschränkung machte, daß er den Plan billigen würde, wenn das Heer, stärkster Truppenteil der chilenischen Streitkräfte, mitputschen würde. Erst dann gelangte das Schriftstück zum Oberkommandierenden der chilenischen Streitkräfte und Kommandeur des Heeres, General Augusto Pinochet Ugarte. Er schloß sich dem Putschplan für den 11. September in feierlicher Form an, indem er mit Amtssiegel und vollem Namenszug signierte, während die anderen Kommandeure nur jeweils ihre Initialen darunter setzten.

Warum der 11. September? Weshalb das Vorrücken des Termins? Die Planungen für einen Putsch liefen schon seit langem. Leigh hat später gemeint, die Rede Altamiranos vom 9. September habe das frühere Losschlagen der Streitkräfte hervorgerufen. Doch war den Militärs der Entschluß Allendes wohl bekannt, die Initiative für ein Plebiszit zu ergreifen. Warum wartete das Militär nicht ab? Dafür gibt es nur einen triftigen Grund: Die Führer der Streitkräfte waren an einer politischen Lösung nicht mehr interessiert. Allendes Plan hätte ihre Putschposition vor der Öffentlichkeit und in den eigenen Reihen durchlöchert. Der Putsch scheint terminlich in engem Zusammenhang mit dem letztmöglichen politischen Ausweg zu stehen, der damit verhindert wurde.

23. Chile – 11. September

»Lieber Freund,
es ist Montag, es ist halb acht Uhr abends. Ein merkwürdiger Tag und
eine merkwürdige Stunde, um einen Brief anzufangen, um so mehr, als
ich so viele Wochen verstreichen ließ, ohne dir zu antworten. Daran ist
der Prozeß schuld, den wir durchleben. Rasend und lähmend zugleich:
eine paradoxe Situation. Rasend, weil sich die Ereignisse derart überstürzen, daß das, was vor einem Monat geschah, uns bereits abgelebt erscheint, als etwas, das nur noch die Geschichtsschreiber angeht. Lähmend, weil die Widersprüche, die dieses Land erschüttern, eine Situation
herbeigeführt haben, in der es stillzustehen scheint. Seit Monaten leben
wir in einem Zustand permanenter Wachsamkeit, wie auf einem Bahn-
steig. Selbst die Liebe kann uns keinen Moment lang von diesem Zustand
lauernder Erwartung befreien. Wenn auch mancher versucht, es zu leugnen: wir alle warten nur auf das, was kommen muß, auf die Konfrontation.
Ich hatte oft im Sinn, dir zu schreiben. Jene Raserei hat mich daran ge-
hindert. Wozu schreiben, wenn das, was man zu erzählen hat, schon am
Tag darauf bedeutungslos geworden sein wird? . . .
Wir sind jetzt dem Anfang nah, oder dem Ende. Jeder von uns ist ange-
spannt wie ein Soldat vor der Schlacht. Verschiedenartige Reaktionen:
die einen brechen in Gelächter aus, die anderen entdecken den Schrek-
ken. Manche fangen an, nachdenklich zu werden, manche glauben, sie
hätten ein Recht darauf, von neuem anzufangen, um in einem neuen Leben das zu finden, was das alte ihnen verweigert hat. Das alles verleiht
Chile die Atmosphäre eines einzigen riesigen Irrenhauses.
Die Bombenwerferei ist längst zu einer alltäglichen Angelegenheit geworden. Das politische Verbrechen ist gang und gäbe. Die Wahrheit darüber muß man mit der Lupe suchen. Was die Zeitungen schreiben, ist
bloß Agitation. Die ungeheuerlichsten Behauptungen werden verbreitet.
Man hat kaum mehr Zeit, sie zu dementieren, oder vielmehr, was noch

schlimmer ist, man hat keine Lust mehr dazu, weil es letzten Endes gleichgültig ist. Wir sind dem Kern der Sache nah, vielleicht haben wir ihn schon erreicht. Unsereinem rücken Tag für Tag Leute auf den Leib, die die sofortige Eröffnung des Bürgerkriegs fordern, und andere, die mit professoralem Ernst behaupten, man müsse ihn vermeiden. Es gibt Militärs, die ihn verlangen und andere, die ihn ablehnen, Zivilisten, die nur in militärischen Begriffen denken und Militärs, die sich wie Zivilisten geben. Wer wird am Leben bleiben, um dies alles zu erzählen? Keine Ahnung. Ich persönlich fühle mich wie ein Toter auf Urlaub. Wenn mich nicht schon zuvor irgendein faschistisches Arschloch mit einer Bombe oder mit einer Kugel auf offener Straße fertigmacht – sobald der Tanz erst richtig beginnt, wird es mich in jedem Fall erwischen.
Ich dramatisiere nichts, das kannst du mir glauben. Um dir das alles zu schreiben, bin ich um die Selbstanalyse nicht herumgekommen, jene furchtbare Selbstprüfung, bei der man auch die durchlöcherten Socken (des eigenen Bewußtseins) nicht übergehen kann.
Du denkst an die Leute, die du liebst, und zum erstenmal kriegst du Angst, weil du ihnen bald fehlen wirst. Du kommst soweit, daß du irgendeinem imaginären Jemand, den es gar nicht gibt, einen Tausch vorschlagen möchtest: dein Leben gegen den Frieden derjenigen, die du liebst . . . Dies hier wird vielleicht mein letzter Brief sein. Ich schreibe ihn ohne Zittern in den Knien. Aber es ist richtig, dir zu sagen, wie es aussieht, damit du einen exakten Eindruck vom heutigen Chile bekommst, nicht mehr und nicht weniger . . .«
(Augusto Olivares, übersetzt von Gaston Salvatore, entnommen aus: Kursbuch 35, S. 185 f.)

Nachdem Augusto Olivares an diesem Montag, den 10. September, seinen Brief an einen deutschen Freund beendet hat, begibt er sich in die Residenz des Präsidenten in Tomás Morus. Olivares war Journalist, voller Sympathien für den MIR, die er niemals verbarg. Aber immer war er zugleich auch auf der Seite Allendes, mit dem ihm eine tiefe und lange Freundschaft verband. Weil er Allende so treu war, nannten Freunde ihn »El Perro« (Hund). Unter diesem Namen war er im ganzen Land bekannt. In Tomás Morus sollte eine Versammlung der engsten Mitarbeiter Allendes stattfinden. Während des Abendessens, das bis etwa 23.00 Uhr dauerte, war auch Allendes Frau Hortensia Bussi de Allende zugegen. Sie zog sich später zurück.
Gegenstand der Zusammenkunft war, die Rede vorzubereiten, die Allende am gleichen Tag nicht gehalten hatte, die er aber auf jeden Fall am folgenden Tage verlesen wollte. Die Namen einiger der Anwesenden ver-

raten, welche politische Linie diese Rede erhalten sollte. Da war Carlos Briones, der Innenminister, Sympathisant der Sozialistischen Partei, aber seit einigen Wochen in heftigen Streitigkeiten mit ihr, weil er den Dialog mit den Christdemokraten fortsetzen wollte. Da war Orlando Letelier, seit kurzem Verteidigungsminister, ebenfalls ein Mann der gemäßigten Linie. Er glaubte nicht an den Putsch. Noch zu Beginn der Woche hatte Letelier den Präsidenten zur Teilnahme an der Konferenz der Blockfreien Staaten in Algier bewegen wollen. Er sah hier die Möglichkeit, Chile ein neues außenpolitisches Feld zu eröffnen, nämlich Afrika. Dieses Interesse hatte ihn aber fast blind gemacht gegenüber der drohenden innenpolitischen Gefahr eines Umsturzes, die Allendes Anwesenheit unbedingt verlangte. Da war schließlich Joan Garcés, politischer Berater Allendes spanischer Nationalität, der in verschiedenen Schriften darauf bestanden hatte, daß die Rechtmäßigkeit und Anerkennung der Regierung Allende auf der Einhaltung der durch die Verfassung Chiles gegebenen Grenzen beruhe. Natürlich besprach man die allgemeine politische Lage und neue, besorgniserregende Vorkommnisse. Inmitten dieser Diskussion läutete das Telefon. Der Präsident erhielt die ersten Informationen über seltsame Truppenbewegungen in verschiedenen Teilen des Landes. Eine Meldung bezog sich auf Einheiten, die von der Stadt San Felipe, 100 Kilometer nördlich von Santiago, auf die Hauptstadt zumarschierten. Mit dieser Nachricht verlor die Zusammenkunft ihr eigentliches Thema aus den Augen. Die Atmosphäre war spannungsgeladen und beängstigend. Das einzige, worauf die Anwesenden sich konzentrieren konnten, war, zu erfahren, was draußen im Lande passierte.

Der Verteidigungsminister rief sofort General Hermann Brady an, Chef der Militärgarnison von Santiago und Kommandeur der 2. Division des Heeres. Brady wurde für Allende treu gehalten. Der General erwiderte, daß er nichts wisse, daß er aber Nachforschungen anstellen würde und in spätestens 15 oder 20 Minuten wieder anrufen werde. Als es bereits nach 12.00 Uhr war, d. h. als der 11. September bereits begonnen hatte, der den Lauf der chilenischen Geschichte so plötzlich ändern sollte, setzte sich der Verteidigungsminister erneut mit General Brady in Verbindung. Jener sagte nun, daß er mit der Militärbasis in San Felipe gesprochen habe und daß alles normal sei.

Trotz dieser Versicherung kehrte keine Ruhe ein, denn andere Informationen, die laufend eingingen, bestätigten Truppenbewegungen im ganzen Land. Inmitten dieser Umstände, die sich von Minute zu Minute zu verschlimmern schienen, löste sich die Zusammenkunft gegen 2.00 Uhr morgens auf. Allende blieb allein.

Schlief Allende einige Stunden? Seine Frau hat dies später verneint.

Auch der Innenminister hat später berichtet, daß er nicht habe schlafen können: »Ich fuhr nach Hause und hielt mich ans Telefon, um zu erfahren, was im Lande vor sich ging.« Alle versuchten wohl, genauere Informationen zu erhalten.

Kurz vor 7.00 Uhr wird Allende davon unterrichtet, daß einige Offiziere der Marine sich in Valparaiso erhoben hätten, besonders Offiziere des Kreuzers »Almirante Latorre« und des Unterseeboots »Simpson«. Nun beginnen sich die Ereignisse zu überstürzen.

7.00 Uhr: Allende ruft die Kommandeure der drei Waffengattungen an. Niemand antwortet. Sie sind wie vom Erdboden verschwunden! Es scheint, als gäbe es sie gar nicht.

7.05 Uhr: Der Präsident ruft den Innenminister an: »Sehr schwerwiegende Dinge sind im Gange. Ich begebe mich sofort in die Moneda.«

7.10 Uhr: Allende gelingt es, eine telefonische Verbindung mit General Brady herzustellen. Der General versichert Allende, daß er die notwendigen Maßnahmen ergreifen werde und »wenn er dies nicht tun könne, so würde er ihn (Allende) direkt verständigen«.

Fünf Minuten später verläßt Allende seine Residenz in Richtung Moneda mit einer starken Polizeieskorte, die mit hohem Tempo in die Innenstadt braust. Die Karawane erreicht eine Viertelstunde später den Regierungspalast, den Allende sofort betritt. Er sollte ihn nicht mehr lebend verlassen.

7.35 Uhr: Der Oberste Chef der Polizei, General Sepúlveda, trifft in der Moneda ein und informiert Allende über die Maßnahmen, die ergriffen wurden, um die Regierung zu schützen. Er verläßt sofort wieder den Regierungspalast, um selbst die von ihm gegebenen Anweisungen zu überwachen.

7.40 Uhr: Leicht gepanzerte Wagen und andere Polizeiwagen und mehr als 200 Polizisten nehmen strategisch wichtige Plätze um den Regierungspalast ein, um die Moneda zu verteidigen.

7.45 Uhr: Allende spricht mit dem Präsidenten der Einheitsgewerkschaft CUT und führendem Kommunisten, Luis Figueroa. Welche Möglichkeiten hat die CUT, die Regierung zu verteidigen?

7.55 Uhr: Der Präsident läßt seine erste Mitteilung an das Volk auf Tonband aufnehmen. Sie wird sofort von Radio Corporación, das der Sozialistischen Partei gehört, ausgestrahlt. Allende informiert in kurzen Worten über die Geschehnisse, insbesondere über den Aufstand der Marine. Er fordert die Bevölkerung auf, Ruhe zu bewahren, aber wachsam zu sein. Den Werktätigen empfiehlt er, an ihren Arbeitsplätzen zu bleiben und dort die Regierung zu verteidigen. Er versichert, daß er auf seinem Posten bleiben werde. Seine Stimme klingt ruhig, aber entschieden.

7.57 Uhr: Ein Flugzeug der Luftwaffe greift die Sendeanlagen von Radio Corporación und später die von Radio Portales an. Ein anderes überfliegt zum erstenmal die Moneda. Diese Ereignisse bestätigen, daß der Aufstand nicht allein auf die Marine beschränkt ist, wie bisher von Allende und seiner Umgebung angenommen wurde. Noch ist das Ausmaß der Erhebung nicht abzusehen. Vielleicht gibt es noch der Regierung ergebene Truppenteile. Aber es muß das Schlimmste befürchtet werden.

8.00 Uhr: Allende spricht mit dem Generalsekretär der CUT, dem Sozialisten Rolando Calderón.

8.01 Uhr: Zum erstenmal tritt in Radio Agricultura, das Kreisen der wirtschaftlichen Rechten des Landes gehört, ein Sprecher auf, der »im Namen der Militärjunta« die Allende-treuen Radiostationen auffordert, ihr Programm einzustellen, andernfalls sie angegriffen würden.

8.04 Uhr: Der Aufstand zeigt inzwischen seinen ganzen Umfang! Vergeblich versucht Allende, die Kommandeure der verschiedenen Truppenteile telefonisch zu erreichen. Er ist noch nicht vollkommen überzeugt, daß alle mitmachen, vielleicht bleiben einige ihm weiterhin treu. Er ist enttäuscht darüber, auch General Orlando Urbina, Generalinspekteur des Heeres und angeblich Allende ergeben, nicht auffinden zu können. Er sei »nicht in seiner Wohnung«. Das gleiche trifft für Admiral Raúl Montero, Kommandeur der Marine, zu. In diesem Falle weiß Allende nicht, daß Montero durch Admiral José Toribio Merino abgelöst wurde und der neue Chef der Marine zur Zeit den Hafen von Valparaiso und die gesamte Provinz gleichen Namens kontrolliert.

8.09 Uhr: Die Streitkräfte und die Polizei fordern den Rücktritt Allendes. Das kurze, aber entscheidende Kommuniqué wird von den Sendern, die sich den Rebellen angeschlossen haben, gemeinsam ausgestrahlt:

»In Anbetracht: Erstens der schwersten sozialen, wirtschaftlichen und politischen Krise des Landes und zweitens der Unfähigkeit der Regierung, Maßnahmen zu ergreifen, um das bestehende Chaos zu beenden, fordern die Streitkräfte und die Polizei, daß der Präsident der Republik unmittelbar sein Amt zur Verfügung stellt, um die institutionelle Ordnung des Landes wiederherzustellen. Die Streitkräfte und die Polizei sind entschlossen, das Vaterland vom Marxismus zu befreien. Den Werktätigen wird versichert, daß ihre sozialen Errungenschaften respektiert werden. Die Radiostationen der Volkseinheit haben ihre Sendungen sofort einzustellen. Bei Zuwiderhandlung werden sie vom Lande und aus der Luft angegriffen. Es unterzeichnen: General Augusto Pinochet, Kommandeur des Heeres, Admiral José Toribio Merino, Kommandeur der Marine, General Gustavo Leigh, Kommandeur der Luftwaffe, General César Mendoza, Generaldirektor der Polizei.«

Endlich sind die Namen der Anführer der Verschwörung bekannt! Aber es sind jeweils die Kommandeure der verschiedenen Truppenteile: Pinochet und Leigh und auch Merino, wenn auch nur stellvertretend für Montero, den er jetzt offensichtlich hauptamtlich abgelöst hat. Aber Mendoza war neu. Er hatte in der Rangfolge der führenden Generäle der Polizei erst den vierten Platz eingenommen. Und General Sepúlveda diente mit seinen Mannschaften noch Allende, zur Verteidigung der Moneda bereit. War die Polizei gespalten? Oder hatte der Putsch innerhalb der Polizei Sepúlveda völlig kaltgestellt? Konnte man hoffen? Und worauf?

8.20 Uhr: Allende beginnt gerade, seine zweite Rede an das Volk aufzunehmen, als er von einem dringenden Anruf eines seiner Adjutanten unterbrochen wird. Er teilt Allende mit, daß er sich bei der Gruppe 7 der Luftstreitkräfte von Santiago befinde, wo er sich über die Ereignisse informiert habe. Er eröffnet ihm, daß General Gabriel von Schouwen, Chef des Generalstabs der Luftwaffe, für den Präsidenten ein Flugzeug bereithalte. Scharf und spontan erwidert Allende: »Sagen Sie dem General von Schouwen, daß der Präsident von Chile kein Flugzeug nimmt und flieht, sondern daß er seine Pflicht als Soldat erfüllt.«

8.45 Uhr: Allende spricht in seinem Arbeitszimmer seine dritte Rede und bekräftigt seine Entscheidung, nicht zurückzutreten.

8.50 Uhr: Die Streitkräfte verbreiten ein 14 Punkte umfassendes Kommuniqué, in dem sie den Putsch rechtfertigen und auch die Forderung, daß Allende die Präsidentschaft aufgeben solle. Während dieses Aufrufs betritt Allende den Balkon seines Arbeitszimmers und grüßt mit erhobener Hand die wenigen Neugierigen, die noch vor der Moneda auftauchen. Es ist sein letzter persönlicher Kontakt mit »Menschen von der Straße«, normalen Bürgern, die gewöhnlich weitab von dramatischen Ereignissen leben, wie sie jetzt geschehen. Keine Massen mehr. Nur vier oder fünf Fußgänger. Dieser Gruß ist melancholisch, traurig, symbolisch. Allende wird von Mal zu Mal einsamer, allein mit seinem Schicksal.

8.52 Uhr: Der Präsident spricht mit General Sepúlveda. Dieser teilt ihm telefonisch mit, daß die Radiozentrale der Polizei von Rebellen besetzt sei, und daß über den Sender der Befehl gegeben worden sei, die Wagen und Mannschaften um die Moneda sollten den Schutz des Palastes aufgeben. Der Abzug sei im Gange. Das verschlimmert die Situation. Auch Sepúlveda steht Allende nicht mehr zur Verfügung. Er befehligt keine Polizeikräfte mehr.

8.55 Uhr: Der Staatssekretär im Verteidigungsministerium trifft in der Moneda ein und berichtet, daß er keinen Eintritt ins Verteidigungsministerium erhalten habe, das von Einheiten aus Santiago unter dem Kommando von General Brady besetzt sei. Auf diese Weise erfährt Allende, daß auch Brady zu den Rebellen gehört. Selbst diejenigen, die Allende am treuesten erschienen, sind unter den Putschisten.

9.00 Uhr: Allende hält seine vierte Rede an die Bevölkerung.

9.05 Uhr: Zwei Offiziere der Polizei teilen Allende persönlich mit, daß sie Befehl gegeben haben, die Palastwache um 50 Polizisten zu verstärken. Allende dankt ihnen. Kurz darauf trifft General Sepúlveda wieder in der Moneda ein.

9.10 Uhr: Fünfte Ansprache Allendes. Die regierungstreuen Sender Portales und Corporación wurden bombardiert. Die Worte Allendes sind allein über Radio Magallanes zu hören. Es ist bereits jetzt der einzige Sender, der Allende noch bleibt. Der Kreis schließt sich immer mehr. Nur in Santiago ist Allende noch zu hören. In den anderen Provinzen erfährt man nicht, was in Santiago geschieht. Nur, daß ein Militärputsch im Gange ist, dringt überallhin durch.

9.15 Uhr: Sechste und letzte Rede Allendes, die Radio Magallanes sendet. Seine Stimme ist wehmütig und sehr ernst. Seine Worte bringen deutlich zum Ausdruck, daß er das Ende seines Weges gekommen sieht. Seine Bereitschaft, zu sterben, unterliegt keinem Zweifel. Er weiß, wofür er stirbt, für ein Ideal, für das er ein Leben lang gekämpft hat und das viele andere mit ihm teilen, gestern, heute und morgen, für das gestern Menschen fielen und heute Opfer notwendig sind, um die moralische Kraft derjenigen zu stärken, die morgen die Kämpfe weiterführen müssen:

»Meine Worte enthalten keine Bitterkeit, jedoch Enttäuschung. Ich werde nicht zurücktreten! In eine Periode historischen Übergangs gestellt, werde ich die Treue des Volkes mit meinem Leben bezahlen.

Werktätige meines Vaterlandes! Ich glaube an Chile und seine Zukunft. Andere nach mir werden auch diese bitteren und dunklen Augenblicke überwinden, in denen der Verrat versucht, sich durchzusetzen. Sie sollen wissen, daß schon bald wahre Menschen auf breiten Straßen marschieren werden, um eine bessere Gesellschaft aufzubauen.

Es lebe Chile! Es lebe das Volk! Es leben die Werktätigen! Dies sind meine letzten Worte. Ich habe die Gewißheit, daß mein Opfer nicht umsonst sein wird. Ich habe die Gewißheit, daß es zumindest eine moralische Lektion sein wird, die Feigheit und Verrat strafen wird.«

9.25 Uhr: Allende läßt seinen drei Adjutanten (des Heeres, der Marine und der Luftwaffe) volle Handlungsfreiheit. Sie verlassen die Moneda, so wie viele andere nach ihnen, teilweise auf Befehl Allendes.

9.30 Uhr: Allende versammelt im Toesca-Salon der Moneda die Mehrzahl der zu dieser Zeit im Regierungspalast befindlichen Menschen. Er spricht zu ihnen, wie wenn er sich mit ihnen unterhalten würde, und teilt ihnen mit, daß die Moneda jeden Augenblick angegriffen werden könne. In sehr ernsten Worten versucht er den Anwesenden klar zu machen, daß »keine Revolution siegreich sein kann, wenn ihre Führer nicht bis zum Ende ihrer Verantwortung gerecht werden«. Augenscheinlich denkt er an seinen eigenen Tod als etwas Unvermeidliches und sogar Notwendiges. Deshalb fügt er hinzu: »Nutzlose Opfer haben keinen Sinn für die Revolution. Darum bitte ich alle Männer, die Frauen von der Notwendigkeit zu überzeugen, den Palast zu räumen.«

In diesen dramatischen Stunden sind noch eine Reihe Frauen in der Moneda, unter ihnen Isabel und Beatriz Allende, zwei der drei Töchter des Präsidenten, Frida Modak, die Pressesekretärin Allendes, und Miria Contreras Bell, bekannter unter dem Namen »La Payita«, die Allende persönlich sehr nahestehende Privatsekretärin. Zu den anwesenden Männern gehören Carlos Briones, Clodomiro Almeyda, Jaime Tohá, der Landwirtschaftsminister, einige Ex-Minister wie José Toha, einige Journalisten wie Augusto Olivares und Carlos Jonquera, einige Berater wie Joan Garcés, außerdem seine Leibwache und einige Leibärzte.

9.45 Uhr: Allende ist offensichtlich entschlossen, an der Verteidigung der Moneda persönlich teilzunehmen. Er hat sich eine kugelsichere Jacke angelegt, einen Stahlhelm aufgesetzt und hält sein Maschinengewehr in der Hand, ein Geschenk Fidel Castros. Aber die Anzahl der Verteidiger ist gering. Den wirksamsten Schutz gegen eine Erstürmung des Palastes bieten die bewaffneten Gruppen und Scharfschützen, die auf den umliegenden Gebäuden postiert sind. Sie sind es, die es stundenlang verhindern, daß die rebellischen Truppen die Moneda im Handstreich nehmen. Allende gibt einige Schüsse ab, zieht sich aber bald wieder von der aktiven Verteidigung der Moneda zurück. Sie wird aus dem Inneren der Moneda heraus zunächst im wesentlichen von der Palastwache geleistet, die aus Angehörigen der Polizei besteht. Später wird sie ausschließlich von der persönlichen Garde des Präsidenten übernommen, die nicht mehr als 30 Leute zählt.

9.52 Uhr: »Das Feuer wird eröffnet. Zunächst ein paar einzelne Schüsse. Niemand weiß, wo sie herkommen. Dann ein mörderisches Feuer aus allen Rohren. Die Soldaten bestreichen mit ihren Maschinengewehren, MPs und Mauser-Gewehren Palast, umliegende Ministerien und Verwaltungsgebäude. Beton spritzt von den Wänden, Glasscheiben zersplittern. Von allen Seiten der Innenstadt marschiert Verstärkung für die Militärs an. Linksmilizen feuern von Dächern, aus Banken, Parteilokalen, aus Büros städtischer und staatlicher Behörden. Panik bricht unter den Neugierigen aus, die sich im Umkreis von 200 Metern um den Palast in großen Gruppen an den Straßenecken angesammelt haben. Auf der Alameda und in den Straßen um den Palast brechen die ersten Zivilisten tot oder verletzt zusammen« (Stern).

10.00 Uhr: Nach diesem ersten Feuergefecht stellt die Junta Präsident Allende ein Ultimatum: sich innerhalb einer Stunde zu ergeben, andernfalls werde die Luftwaffe die Moneda bombardieren. Eine Stunde! Um 11.00 Uhr würde er, wenn er nicht die Waffen strecke, ohnmächtig die Bombardierung der Moneda über sich ergehen lassen müssen. »Sie werden es nicht wagen«, ist die verzweifelte Hoffnung Allendes, »sie werden es nicht wagen«, wiederholt er, als wolle er sich und die anderen davon überzeugen, daß diese Überlegung richtig ist. Vielleicht dadurch beruhigt, vielleicht aber auch getragen von der schon getroffenen Entscheidung, bis zum Tode zu kämpfen, bleibt Allende voller Ruhe, Elan und Energie. Er geht von einem Posten zum anderen und überwacht die Aktionen, gibt Befehle, muntert seine Leute auf. Vor allem kümmert er sich um die Frauen, die noch immer da sind und die er zu überreden versucht, die Moneda zu verlassen. Seine Pressesekretärin Frida Modak sagt später zum Stern-Berichterstatter: »Der Präsident war alles andere als deprimiert. Wir saßen zusammen im großen Empfangssaal in der Nähe seines Büros, er unterhielt sich mit uns und machte uns Mut. Er war einfach gekleidet: beiger Rollkragen-Pullover, braune Hosen. Er hörte sich im Radio die Bekanntmachungen der Streitkräfte an und sagte: »Niemals werde ich mich ergeben. Ich setze mein Leben ein für das, was ich denke und woran ich glaube« . . . Wir erklärten ihm, wir wollten bei ihm bleiben und mit ihm sterben. Er sah uns mit großer Zuneigung an. In sehr väterlicher Form, gar nicht wie ein Präsident, den man gerade aus dem Palast zu schießen versucht. Er sagte: »Ihr Genossinnen dürft nicht euer Leben opfern. Euer Leben ist viel wert, und jeder muß dafür kämpfen, daß der einmal eingeleitete Prozeß nicht endgültig abgebrochen wird. Nein, Genossinnen, hier nehme ich mir das Leben, denn lebend werden sie mich nicht bekommen. Geht ihr ruhig hinunter. Laßt mich allein.«

Laßt mich allein! Diese Bitte wiederholte Allende laufend in den folgenden Stunden. Doch niemand ging. Während das Ultimatum langsam verstrich, blieb Allende von etwa 30 Leuten umgeben, in der Mehrzahl Angehörige der persönlichen Garde. »Die Anwesenheit dieser Garde machte es unmöglich, mit Allende allein zu sprechen und ihn zu Verhandlungen zu bewegen«, berichtete später Briones. Ein solcher Versuch wäre aber offensichtlich vergebens gewesen, denn Allende wollte sich nicht ergeben. Als dann doch gegen 10.45 Uhr eine Unterredung zwischen Allende, Almeyda, Briones und dem Staatssekretär der Regierung, Flores, zustandekam, wurde entschieden, daß mit der Evakuierung der Moneda fortgefahren werden solle. Es fehlen nur noch 15 Minuten bis zur Bombardierung der Moneda. Es muß etwas getan werden, um Zeit zu gewinnen. Allende bemüht sich selbst erneut um die Frauen. Eine von ihnen, Beatriz Allende, vielleicht seine Lieblingstochter, auf jeden Fall eine seiner drei Privatsekretärinnen vom ersten Tag seiner Regierung an, ist im siebten Monat schwanger und leidet unter der unerträglichen Spannung. Aber die Frauen rühren sich nicht. »Keiner bewegte sich«, berichtet Frida Modak. »Daraufhin bestellte der Präsident über Funk bei den Militärs einen Jeep, um die Frauen abzuholen. Seine Töchter sagten, sie wollten nicht, denn dann würden sie vielleicht als Geiseln benutzt, um eine Übergabe zu erzwingen. Die Antwort des Präsidenten war: »Wenn sie das tun, dann sollen sie euch töten und in die Geschichte eingehen als Frauenmörder.« Dann rief er erneut General Baeza, den Kommandanten der Kampftruppen vor der Moneda, an, und verlangte noch einmal einen Jeep. »Sie sind zwar Verräter«, sagte er, »aber ich hoffe, sie respektieren zumindest das Leben der Frauen.«

Frida Modak verließ zusammen mit anderen Frauen den Palast. Ein Adjutant des Präsidenten begleitete sie bis zur Treppe. Sie erzählt: »Dort wartete ein Polizist, der uns am Ausgang Schutz gab. Von einem Jeep war nichts zu sehen. Der Polizist ging mit uns zur nächsten Ecke, dort flüchtete er. Uns ließ er allein. Da trennte auch ich mich von meinen Genossinnen.« Doch eine Frau blieb in der Moneda zurück: Miria Contreras, »la Payita«.

10.55 Uhr: Vor der Moneda erscheinen die ersten Panzer. Erneut wird geschossen. Wird nun die Luftwaffe eingreifen?

11.00 Uhr Uhr: Keine Bombardierung. Haben sie es nicht gewagt? Allende fährt mit der Evakuierung der Moneda fort. Er ruft General Sepúlveda und andere Offiziere der Palastwache zu sich und gewährt ihnen volle Entscheidungsfreiheit. Sie danken ihm, verabschieden sich und verlassen die Moneda mit ihren Mannschaften. Die innere Verteidigung des Regierungspalastes liegt nun ausschließlich in den Händen der Leibwache Allendes, die bis zum Ende ein Eindringen in die Moneda verhindert, wenn eine Türe geöffnet wird und jemand den Palast verläßt. Unverändert beschützt das Gewehrfeuer von den Dächern der umliegenden Gebäude die Moneda wirksam vor einem direkten Angriff.

11.05 Uhr: Allende befiehlt seinem politischen Berater, Joan Garcés, die Moneda zu verlassen. Tief bewegt verabschieden sich die beiden Freunde voneinander. Der Palast leert sich, und Allende wird immer einsamer. Doch die Luftwaffe greift nicht ein. Wird die Bombardierung noch folgen? Allende hofft, sie zumindest hinauszögern zu können. Vielleicht ist das dem Widerstand dienlich, der sich im ganzen Land bilden könnte.

Solange die Regierung sich halten kann, werden seine Anhänger mutig die Rebellen bekämpfen. Es ist vielleicht wichtig, zunächst einmal Zeit zu gewinnen. Vergebliche Illusion! Das Land steht vollkommen unter Kontrolle der Aufständischen, obwohl hier und dort noch kleine Gefechte, Schußwechsel und Kämpfe stattfinden. Die Moneda ist der einzige bedeutende Punkt im Lande, der noch in der Hand der verfassungsmäßigen Regierung ist. Aber wie soll Allende das wissen? Seine Isolierung von der Außenwelt ist jetzt fast vollkommen.

11.30 Uhr: Noch immer sind keine Maschinen der Luftwaffe über der Moneda erschienen. Noch hofft Allende, daß das Militär die Bombardierung der Moneda nicht wagen wird. Er täuscht sich. In diesen Minuten tauchen Flugzeuge über dem Barrio Alto auf, gehen über Tomás Morus nieder und bombardieren die Residenz des Präsidenten, in der sich zu dieser Zeit Hortensia Bussi de Allende befindet. Sie berichtet später:

»Es waren Stunden der Angst in Tomás Morus. Um 11.30 Uhr der Angriff der Flugzeuge. Sie schossen Raketen ab und kehrten zu ihren Stützpunkten zurück, um neu aufzuladen. Es roch nach Sprengpulver, Rauch stieg auf und überall herrschte Zerstörung. In einer Atempause gelang es mir, aus der Residenz zu fliehen.«

11.55 Uhr: Die Flugzeuge fliegen in Richtung Moneda. Sie wagen es! Für Allende brechen die letzten Funken der Hoffnung zusammen. Zwei Maschinen des Typs Hawker-Hunter werfen in rasantem Sturzflug ihre erste tödliche Ladung ab. Die Einschläge sind sehr genau und verursachen großen Schaden. Wenig später sind die Maschinen wieder da und setzen ihren Beschuß fort, erneut exakt und erfolgreich. Eine Viertelstunde dauert die Bombardierung, lange 15 Minuten. Die Moneda brennt! Riesige Flammen steigen aus dem Gebäude auf, dort, wo das Innenministerium untergebracht ist. Schnell dehnt sich das Feuer auf den Präsidentenflügel aus. Zum erstenmal steht der Palast, der von dem italienischen Architekten Toesca erbaut wurde, ehe Chile politisch unabhängig wurde, vor der Zerstörung. Die wertvolle Innenarchitektur brennt, die Bomben, die abgeworfen werden, verursachen immer größeren Schaden, sind offensichtlich immer stärker. Die Militärs zeigen, daß sie bis zum äußersten entschlossen sind. 12.12 Uhr schlägt die stärkste Bombe ein, die Detonation ist mächtig. Es ist zugleich die letzte. Die Flugzeuge kommen noch einmal zurück, aber ohne zu schießen, so als wollten sie sehen, ob ihr Angriff erfolgreich war.

Allende befand sich während des Angriffs im Kellergeschoß des Innenministeriums. Dort wird ihm mitgeteilt, daß Augusto Olivares versucht hat, sich durch einen Schuß in die Schläfe das Leben zu nehmen und mit dem Tode ringt. Einer der Leibärzte des Präsidenten, Doktor Guijon, eilt

Die Moneda
brennt!
Riesige Rauch-
schwaden steigen
aus dem Regie-
rungsgebäude
auf.

Nach dem Angriff: die zerstörte Moneda. Neugierige betrachten den angerichteten Schaden an diesem historischen Bauwerk. Bomben und Raketen haben vor allem den vorderen Teil des Palastes getroffen, den Präsidentenflügel (Pfeil) und das Innenministerium. Während die Fassade der Moneda den Angriff relativ gut überstand, wurde das Innere vollkommen verwüstet.

Seite 150
Vor Panzern auf dem Boden liegend, werden Angehörige der Volkseinheit, die die Moneda verlassen und sich ergeben haben, von Soldaten bewacht.

Die Putschisten-Generale (von links nach rechts): Gustavo Leigh Guzmann, Augusto Pinochet Ugarte, José T. Merino Castro, César Mendoza Durán.

Anhänger der Volkseinheit werden zu Tausenden in das Nationalstadion von Santiago getrieben, später in Konzentrationslager und Gefängnisse verbracht.

Vier Tage nach dem „bitteren" 11. September, nach Allendes Tod, stirbt Chiles Nobelpreisträger Pablo Neruda, wie Allende ein Vertreter des einfachen Volkes.

zu ihm, um ihm zu helfen. »Da war nichts mehr zu machen«, sagte er später. Der Freitod von Olivares, des treuen Gefährten durch lange Jahre, spitzt die Atmosphäre in der Moneda dramatisch zu. Olivares hatte die Spannung nicht länger ertragen können. Mit Allende war er der einzige, der klar zu verstehen gab, daß seine Stunden gezählt seien, daß dieses Schreiben, diese Rede vielleicht die letzten sein würden. Er hatte sich nur noch wie »ein Toter auf Urlaub« gefühlt.

12.30 Uhr: Die Streitkräfte umzingeln die Moneda und eröffnen ein starkes Feuer, sowohl gegen die Moneda als auch gegen die Ministerialgebäude, auf denen sich regierungstreue Gruppen befinden. Während fünf Minuten wird ununterbrochen geschossen, der Lärm ist ohrenbetäubend. Danach wieder einzelne Schüsse von Heckenschützen, die damit anzeigen, daß sie noch keineswegs ausgeschaltet sind. Der Kampf geht weiter.

12.45 Uhr: Allende hat keinen Zweifel mehr: Das Ende ist nahegekommen. Es gilt alles vorzubereiten. Er beginnt dies sehr gewissenhaft zu tun. Zuerst möchte er noch einmal Zeit gewinnen, Zeit, die vielleicht den Dingen noch einmal einen ganz anderen Lauf geben kann. Allende bietet deshalb an, sich unter bestimmten Bedingungen zu ergeben. Dafür schickt er zwei Boten zum Verteidigungsministerium, das gerade 100 Meter von der Moneda entfernt ist, und von wo aus die Militärjunta die Aktionen im ganzen Land leitet. Die Bedingungen, die Allende stellt: Feuereinstellung, kein Angriff auf die Wohngebiete der unteren Bevölkerungsschichten, Benennung eines Zivilisten durch die Junta, der mit ihm, Allende, Verhandlungen aufnehmen soll.

Allende muß wohl von den Luftangriffen auf die Poblaciones Callampas erfahren haben, die praktisch wehrlos dem Gewehrfeuer und den Bomben ausgesetzt sind. Wo waren die versprochenen Waffen des Altamirano? Nur vereinzelt konnte sich Widerstand gegen die Aktionen der Streitkräfte organisieren, die mit äußerster Brutalität vorgetragen wurden. Die Kuriere brauchen mehr als zwanzig Minuten, um zum Verteidigungsministerium durchzudringen, denn nach wie vor wird heftig geschossen. Aber kaum hat die Junta das Übergabeangebot erhalten, hört Allende über Radio, daß es abgelehnt wird, weil es Bedingungen enthält. Allende soll sich bedingungslos ergeben. Dies allein ist für die Junta annehmbar! In diesem Falle will man das Leben des Präsidenten schonen und ihm die Möglichkeit geben, sich mit seiner Familie und seinen Mitarbeitern ins Ausland abzusetzen. Die Sendboten kehren nicht zurück. Sie sind verhaftet worden.

Angesichts der Entschiedenheit der Antwort auf sein erstes Angebot beschließt Allende, die Moneda bedingungslos zu übergeben.

13.15 Uhr: Am Moneda-Ausgang Morandé 80 wird eine weiße Fahne gehißt. Vorsichtig nähert sich ein Streifenwagen. Aus dem Palast treten der Staatssekretär im Innenministerium, Daniel Vergara, und der Staatssekretär der Regierung, Fernando Flores, heraus. Diesmal brauchen sie nur 15 Minuten, um zum Verteidigungsministerium zu gelangen. Die Junta akzeptiert die Allende-Antwort, sich bedingungslos zu ergeben. Sie bereitet einen Wagen vor, der zur Moneda fahren soll, um die Personen, die sich noch im Palast befinden, festzunehmen, Salvador Allende eingeschlossen. Es ist dies vielleicht der günstigste Moment zur Ausführung der Pläne der Rebellen: Allende lebend gefangenzunehmen. Denn sie wollen verhindern, daß Allende zu einem Märtyrer wird, dessen Opfer mehr geschichtliche Kraft entwickelt als der lebende Allende. Während sich der Militärwagen langsam vorbewegt, da Heckenschützen unverändert tätig sind, vor allem vom Arbeitsministerium aus, beginnt in der Moneda der letzte Akt des Dramas.

13.40 Uhr: Allende gibt Befehl zum Verlassen der Moneda. Alle sollen zur Türe Morandé 80 hinuntergehen. Er selbst will das Ende der Reihe bilden. Einige haben Gasmasken aufgesetzt. Allende sagt ihnen, daß sie diese abnehmen und nur in der Hand tragen sollen. Auch jetzt noch kümmert sich Allende um den Eindruck, den eine solche Szene macht. Langsam beginnen alle den Abstieg auf der Steintreppe, die zum Erdgeschoß und zur Türe führt. Allende wartet, bis sich alle einreihen. Schließlich bildet er das Ende. Unten angekommen, öffnen die ersten vorsichtig die Türe, nur einen Spalt breit, um mit einer weißen Fahne zu zeigen, daß sie die Moneda verlassen wollen, ohne Widerstand zu leisten. Die erste ist »La Payita«; Allende hatte darum gebeten. Langsam folgen die anderen nach. Während dies geschieht und aller Aufmerksamkeit auf sich zieht, sondert sich Allende von der Schlange ab. Niemand bemerkt es. Die Spannung ist einfach zu groß; niemand schaut mehr rückwärts. Alle gehen davon aus, das Allende der letzte sei und folglich das Ende der Reihe bilde. Aber er ist in das Innere der Moneda zurückgekehrt. Warum? Will er noch einmal Abschied nehmen von seinem Arbeitsplatz, den er fast drei Jahre eingenommen hat? Will er – tief bewegt – in den Ruinen des Regierungspalastes über das Ende seiner politischen Laufbahn und seines Weges zum Sozialismus nachdenken? Wohl kaum. Bereits die Tage vorher und erst recht die letzten Stunden waren voller Leiden; all das würde nun ein Ende haben. Die schon früher getroffene Entscheidung, die er verkündete, als er zum erstenmal voll begriff, was im Gange war, mußte nun ausgeführt werden. »Sie werden mich nicht lebend aus der Moneda holen«, hatte er gesagt. Er geht in einen der Räume, die nicht von den Bomben zerstört wurden und an die das Feuer noch nicht herangekommen ist. Es ist der Unabhängigkeitssaal. Allende ist allein mit seinem Schicksal! Was für Gedanken kommen ihm am Ende seines Lebens? Vergleicht er sich mit dem Präsidenten José Manuel Balmaceda, der im Jahre 1891 ebenfalls um der politischen Idee willen, für die er lebte, den Freitod wählte? Sieht er in diesen Augenblicken die wichtigsten Stationen seines eigenen Lebens? Sieht er seine Erfolge und Mißerfolge? Den großen Wahlsieg von 1970, der soviel Hoffnung enthielt, und die Widerstände, Fehler und Niederlagen, die seinen Traum und den vieler Menschen zerstörten? Bleibt Hoffnung in ihm, die Hoffnung, der er mit seinem Tod neue Nahrung geben will? Niemand wird es je erfahren. Allende ist vollkommen allein mit sich und seinem Schicksal. Mit Entschlossenheit führt er seine Absicht aus. Er stützt seine Kinnspitze auf das Maschinengewehr und drückt ab. Alles ist zu Ende.

Durch Zufall wird der Leibarzt Patricio Guijon Klein Augenzeuge dieses dramatischen Ereignisses. Guijon hatte ebenfalls die Reihe verlassen, um seine Gasmaske zu holen, die er vergessen hatte. »Am Ausgang der Büstengalerie (Statuen aller chilenischen Präsidenten) fiel mir ein, daß ich meine Gasmaske nicht bei mir hatte und kehrte um. Ich sah eine offene Türe (oder vielleicht war es eine direkte Verbindung mit einem Saal) und blickte instinktiv hinein. In diesem Moment sah ich, wie der Präsident auf einem Sofa sitzend mit einem Maschinengewehr auf sich schoß, das er zwischen den Beiden hielt. Ich sah es, aber ich hörte nichts. Ich sah die plötzliche Erschütterung seines Körpers und seine Schädeldecke in die Luft fliegen.« Guijon ist der einzige Zeuge des tragischen Endes des chilenischen Präsidenten: er ist der einzige, der aussagt, er habe gesehen, wie Allende sich das Leben nahm. Er gab tags darauf auf Aufforderung der Militärs eine Erklärung über das ab, was er sah. Diesen Bericht hat er vier Monate später der Zeitschrift »Ercilla« wiederholt. Guijon geht in die chilenische Geschichte ein als der entscheidende Augenzeuge eines Ereignisses, das in der Weltpresse vielfach anders dargestellt worden ist. Als die Soldaten nach heftigem Schußwechsel mit der persönlichen Garde zum erstenmal an diesem Tage in die Moneda eindringen, finden sie Doktor Guijon neben dem toten Salvador Allende sitzend. »Ich saß hier (neben dem Leichnam Allendes) etwa acht bis zehn Minuten«, berichtete Guijon.

Allende ist tot. Während diese Nachricht um die ganze Welt geht, bleibt die chilenische Bevölkerung über das Schicksal ihres Präsidenten völlig im Ungewissen. Nur gerüchteweise verbreitet sich hier und dort die von argentinischen Sendern abgehörte Meldung, daß Allende bei Kämpfen in der Moneda den Tod gefunden habe. Als er beerdigt wird, weiß das Land offiziell noch nichts von seinem tragischen Tod. Nur wenige Chilenen werden durch Zufall zu Augenzeugen des weiteren Geschehens. Eine Zeugin in Viña del Mar berichtet, daß am Morgen des 12. September, gegen 12.00 Uhr, starke Polizeieinheiten die Straße abzusperren begannen. Minuten später raste eine Autokarawane mit hoher Geschwindigkeit vorbei. Was die Zeugin zu erkennen vermag, ist lediglich, daß in einem der Wagen Hortensia Bussi de Allende sitzt. Eine andere Zeugin befindet sich gerade auf dem Friedhof Santa Inés, als plötzlich Polizeieinheiten die Besucher auffordern, den Friedhof zu verlassen. Sie tut dies ruhig und ohne Widerspruch. Deshalb ist es ihr möglich, den Trauerzug zu kreuzen, nachdem die Autos verlassen wurden. In diesem Augenblick erkennt sie Hortensia de Allende. Sie fährt zusammen. Sie versteht sofort, was geschieht. Obwohl sie zuletzt in Opposition zur Regierung der Volkseinheit stand, wird in ihr sofort die Erinnerung an den Wahlkampf von 1970 wach, in dem sie zusammen mit Hortensia de Allende für den Wahlsieg des Kandidaten der Volkseinheit gekämpft hatte. Sie kann die Hoffnungen nicht vergessen, die dieser Wahlkampf und der Wahlsieg ihres Kandidaten in ihnen geweckt hat. Heute tragen sie den Mann zu Grabe, auf dem diese Hoffnungen ruhten.

Man bestattet Allende innerhalb von 24 Stunden – denn es ist Vorschrift in südlichen Ländern, Tote innerhalb eines Tages zu begraben. Aber Salvador Allende ist kein x-beliebiger Toter. Er trug nicht nur die Hoffnung einer älteren Dame des Mittelstandes, die bald in Opposition zu seiner Politik geriet, sondern der Sozialisten in aller Welt, vor allem der Jugend in allen Kontinenten. Glaubten die Militärs, mit der Eile und Anonymität, mit der sie Salvador Allende bestatten ließen, seinen Namen und seinen Tod ausradieren zu können aus dem Gedächtnis der Chilenen? Glaubten sie, wenn Allende nur unter der Erde liege, sei damit auch die chilenische Revolution zu Grabe getragen? Sie irren!

Folgen wir noch dem Bericht, den Frau Hortensia Bussi de Allende selbst von den Ereignissen gab: Am 12. September wurde sie in das Militärhospital zitiert. Dort sprach ihr ein General seine Anteilnahme aus. Dann brachte man sie zur Gruppe 7 der Luftwaffe, wo eine Maschine startbereit steht. Sie stieg ein: »Stellen Sie sich vor, was ich sah; einen Sarg, mitten im Flugzeug, bedeckt mit einem Militärmantel.« Das Flugzeug fliegt die Militärbasis Quintero an, in der Nähe von Valparaiso und Viña del Mar. Von dort aus startete in höchster Geschwindigkeit ein Trauerzug, der aus mehreren Autos bestand. Er fuhr zum Friedhof Santa Inés in Viña del Mar, wo die Familie Allende eine Familiengruft besitzt. Die Beerdigung ging schnell vonstatten. In einer Mischung aus Trauer und Empörung legte Frau Allende einen Strauß Blumen auf den Sarg und rief »Salvador Allende kann nicht auf diese anonyme Weise begraben werden.«

24. Hintergründe und Entwicklungen: Chile heute

»Lieber Freund,
nach einer langen Nacht (sechs Monate gefangen, drei in den Kammern des Schiffes Lebu, drei in einem Konzentrationslager in der Nähe von Colliguay), habe ich die Freiheit wieder . . . Es ist schwierig, sich vorzustellen, was in Chile passiert, ohne es zu erleben. Du weißt beispielsweise, daß es in meinem Fall nie eine einzige Anschuldigung noch einen einzigen Anklagepunkt gegeben hat. Ich hatte weder einen politischen Posten inne noch übte ich eine politische Aufgabe aus. Ich war Professor an der Universität. Aber sie verhörten mich – und Du kannst Dir vorstellen wie – um herauszufinden, wessen sie mich anklagen könnten. Das sagten sie mir mit allem Zynismus. Und sie hielten mich sechs Monate gefangen.
Noch gibt es Tausende von Häftlingen. Und die Repression ist nicht zurückgegangen. Ich bin ziemlich besorgt, denn meine Familie und meine Freunde sind noch in Chile. Als ich das Land verließ, sagten sie (die Verhörer) mir, daß sie das wüßten und daß ich mir dessen auch bewußt sein sollte . . . Nein, die Sache ist so barbarisch und brutal, daß man sie sich kaum in der schlimmsten ›political-ficcion‹-Literatur vorstellen könnte«. (Auszug aus einem Brief eines chilenischen Professors für Literatur an einen Freund in Deutschland)

Die Streitkräfte schlugen unerbittlich zu. Sie hatten den Putsch von langer Hand vorbereitet. Heute brüstet sich jeder der Chefs der drei Waffengattungen, die (zusammen mit dem ehemaligen Olympiateilnehmer im Reiten, Mendoza) die Junta bilden, der erste gewesen zu sein, der plante (Pinochet), der losschlug (Merino), der vernichtete (Leigh). Sicher ist, daß die Pläne schon ab Frühjahr 1972 liefen. Alles deutet darauf hin, daß der Putsch zunächst für einige Tage später geplant war, etwa die Tage des chilenischen Nationalfestes, 18./19. September. Für diese Tage hatte auch eine nordamerikanische Kunstflugstaffel um Einflugerlaubnis nach Chile nachgesucht. Man muß sich das vorstellen: die innenpolitische Situation in Chile steht vor der Entscheidung durch Waffengewalt, und die USA denken offiziell an die Entsendung von »Kunstfliegern«. Das Fernschreiben des chilenischen Geschäftsträgers in Washington wird vom Außenministerium in Santiago aus Sicherheitsgründen ans Verteidigungsministerium weitergegeben, das zustimmt. Vor der chilenischen Küste übt eine nordamerikanische Einheit mit chilenischen Seestreitkräften. Aus Buenos Aires meldet der chilenische Botschafter seinem Außenministerium die Einreise verschiedener CIA-Agenten nach Chile. US-Botschafter Davies kehrt zwei Tage vor dem Putsch von einem Kurzurlaub in den USA wieder nach Santiago zurück und begrüßt auf einem Empfang der bulgarischen Botschaft am Abend des 10. September Leute von der Volkseinheit, die er bislang nur flüchtig kannte, als wolle er demonstrieren, daß er unter ihnen sei und mit der nur wenige Stunden später ablaufenden Sache nichts zu tun habe. Sind die Zusammenhänge purer Zufall, die persönlichen Eindrücke aus der Luft gegriffen? Wohl kaum! Die US waren zumindest informiert, sicherlich auch höchst interessiert am politischen Umschwung in Santiago. Inwieweit sie direkt hinter dem Putsch standen, vermochten meine Recherchen nicht herauszufinden. Den Zeitpunkt des Putsches bestimmten wohl die chilenischen Militärs. Die Luftwaffe war schon seit Tagen einsatzbereit. Der Anstoß kam von der Marine. Sie schlugen unerbittlich zu.

Vieles wissen wir heute noch nicht sicher. Wir haben keine genauen Zahlen darüber, wieviele aus den eigenen Reihen der Militärs aus dem Wege geräumt wurden, weil sie den Putsch ablehnten, weil sie sich weigerten, gegen die verfassungsmäßige Regierung vorzugehen. Ihre Zahl ist hoch. Bekannt dagegen ist, mit welchen Mitteln die Putschisten Führer und Anhänger der Volkseinheit verfolgten. Sie trieben sie in das Nationalstadion von Santiago und in die Stadien anderer Städte, errichteten Konzentrationslager im ganzen Land, folterten und mordeten. Selbst der CIA schätzt, daß inzwischen etwa 25 000 Menschen umgekommen sind. Wie ist nur die Brutalität zu erklären, mit der gehandelt wurde? Wollte man mit ihr jegliche Gegenrevolte im Keime ersticken? Wollte man mit ihr Opfer verringern? General Prats hatte immer davon gesprochen, der Bürgerkrieg könne zwanzig Tage oder zwei Tage dauern. Wollte man so schnell wie möglich Herr der Lage werden, um das Land zu schonen? Diese Motive, die die Brutalität des Vorgehens verständlich machen könnten, wird man wohl kaum den Streitkräften unterstellen können. Denn die Brutalität wurde aufrechterhalten, als die Kontrolle über das

Land längst erreicht war. Seit dem 11. September wird verhaftet, interniert, gefoltert, abgeurteilt, vielfach auch gemordet. Das Land wird bewußt in einer Atmosphäre der Unsicherheit gehalten, mit der die Militärs ihre drakonischen Maßnahmen zu rechtfertigen suchen. Anfänglich diente dazu auch die Erfindung des sogenannten »Planes Z«, demzufolge die Volkseinheit bereits die Listen von Personen zusammengestellt hatte, die in einer militärischen Aktion der Linken ausgemerzt werden sollten. Sicherlich, die extreme Linke hat an eine solche persönliche Abrechnung mit den Klassenfeinden gedacht. Die Namenslisten, auf den sich das verschreckte Bürgertum wieder fand, dienten aber einem anderen Zweck: Der Erhebung der politisch Andersdenkenden, die hier oder dort die Aktionen der Volkseinheit bremsten oder hinderten und auf die folglich einzuwirken oder deren Widerstand zu brechen war. Auch die interne Säuberung innerhalb der Streitkräfte hat angehalten. Politisch mißliebige Offiziere wurden gefoltert, abgeurteilt. General Bachelet, Minister unter Allende, wurde umgebracht. Der Belagerungszustand wurde aufrechterhalten. Das heißt einmal Ausgangssperre zwischen 12.00 Uhr nachts und 5.00 Uhr morgens. Es bedeutet aber viel mehr für die gegen Angehörige und Führer der Volkseinheit bereits eingeleiteten Prozesse. Nicht die zivile Gerichtsbarkeit, die eine ordentliche Verteidigung ermöglicht, sondern die militärische, die die Rechte des Angeklagten erheblich einschränkt, wird angewandt. Lange Gefängnisstrafen oder Straf- und Arbeitslager wurden bereits verhängt. Noch wartet aber die Mehrheit der heute etwa 10 000 politischen Häftlinge auf die Eröffnung des Verfahrens.

Die Spitzen der Volkseinheit, soweit sie überlebten, wurden auf der Insel Dawson im äußersten Süden des Landes interniert. Wofür will man sie aburteilen? Dafür, daß sie versuchten, Chile aus der Unterentwicklung zu befreien und dies durch eine sozialistische Entwicklung herbeizuführen? Als ob man politischen Überzeugungen mit dem Mittel der Rechtsprechung begegnen könnte! Als ob die politische Verantwortung für die Entwicklung Chiles seit 1970, die im übrigen ja nicht nur bei der Regierung und den sie tragenden Parteien liegt, strafrechtlich geltend gemacht werden könnte.

Für die reaktionären Kreise, die mit der Militärregierung erneut die Macht in Chile übernommen haben, beginnt die »entartete Entwicklung« der traditionell demokratisch regierten Andenrepublik mit dem Aufkommen der sozial-revolutionären Parteien. Verdammt wird nicht nur der Marxismus – Kommunistische und Sozialistische Parteien sind verboten – sondern auch die Christdemokratie, deren parteipolitische Aktivitäten untersagt sind. Chile soll politisch umgezogen werden, soll entpolitisiert werden. Hinter diesen Plänen steckt die politische Rechte des Landes, eine gesellschaftliche Minderheit, die auch wirtschaftlich wieder an den Schalthebeln der Macht sitzt. Der anfängliche Beifall der Mittelschichten für das Militär ist verstummt. Sie haben sich in ihren Streitkräften getäuscht. Erstens richten sich Pinochet, der im Juni 1974 zum Staatschef ernannt wurde, und seine Stellvertreter auf eine längere Machtausübung in Chile ein. Zweitens ist die soziale und wirtschaftliche Politik, die die Militärregierung durchsetzt, nicht nur gegen die unteren Schichten, sondern auch gegen die Mittelschichten gerichtet. Je länger das Militär an der Regierung ist, desto offensichtlicher wird, daß diese Politik gegen Zweidrittel der chilenischen Wählerschaft gerichtet ist. Sie kann nicht gelingen, besonders die Entpolitisierung nicht, bedenkt man den Grad politischen Bewußtseins, den die chilenische Bevölkerung in den letzten zehn Jahren und vor allem unter der Regierung der Volkseinheit erreicht hat. Repression, also Gewalt, wird nur die gegenteilige Wirkung haben. Die politischen Überzeugungen, geboren aus den Kämpfen um eine bessere Gesellschaft, um Recht auf Arbeit, auf Wohnung, Nahrung, Leben, werden immer wieder aufbrechen, mögen die politischen Organisationen der Arbeiter, Bauern und Mittelschichten auch verboten sein. Beerdigungen werden zu politischen Demonstrationen, unter anderem als José Tohá, Allendes persönlicher Freund und ehemaliger Innenminister, ausgemergelt durch die Inhaftierung auf Dawson, im März 1974 seinem Leben ein Ende setzte und unter starker Anteilnahme seiner Parteifreunde beigesetzt wurde.

Die dem Besucher Chiles sichtbarsten Einschnitte liegen im Bereich der Kultur, Bildung und Information. Das neue chilenische Lied ist verstummt. Víctor Jara wurde im Estadio Chile von Santiago grausam zugerichtet und ermordet. Die Schallplatten mit Protestliedern sind für den Handel verboten. Es kostet einige Mühe, gegen den doppelten Preis die Ballade Angel Parras über das Konzentrationslager von Pisagua zu erstehen, in welchem Kommunisten zur Zeit ihrer ersten Verfolgung in Chile interniert wurden und in das nun Parra selbst verbracht wurde. Natürlich sind auch die revolutionären Wandmalereien der Brigade »Ramona Parra« verschwunden. Auf die auch von anderer politscher Propaganda gesäuberten Straßen und Häuser wie auch auf die von »Marxismus und Pornographie« befreiten Kioske ist der Juntafromme Teil des Bürgertums besonders stolz. Der Preis dafür ist die politische Monotonie einer Junta-apologetischen Presse. Die strikt gehandhabte Zensur läßt im Grunde nur Meinungen zu, die noch reaktionärer sind als die Maßnahmen der Militärarmee. Für eine Reihe von Journalisten und Schriftstellern, vor allem jene, die parteipolitisch engagiert sind wie Jaime Castillo und Claudio Orrego, bedeutet die Zensur absolutes Berufsverbot, obwohl sie zu den entschiedensten Gegnern der Allende-Regierung gehörten. Allenfalls werden Artikel dieser Autoren für die internationale Ausgabe der jeweiligen Organe abzudrucken gestattet. Der geringe anfängliche Spielraum für oppositionelle Meinungen wurde kontinuierlich verkleinert. Das christdemokratische Blatt »La Prensa« stellte im Januar 1974 sein Erscheinen ein. Den Oppositionssender »Radio Balmaceda«, ebenfalls christdemokratisch, schloß die Junta vor wenigen Monaten. Als einziges Blatt, das Kritik an der Junta auszudrücken sucht und gegen die Zensur kämpft (es macht die Streichungen der Zensurbehörde durch Leerstellen sichtbar), verbleibt die linkskatholische Monatszeitschrift »Mensaje«.

Schwerwiegende Folgen zog der Putsch im Universitätsbereich nach sich. Trotz des Angebots der Rektorenkonferenz, bestimmte Gesichtspunkte der Junta im Lehrkörper, in der Lehre und in der Selbstverwaltung zu berücksichtigen, wurde die Autonomie der Universitäten aufgehoben. An der Katholischen Universität und an der Staatsuniversität von Santiago wurden ganze Institute und Abteilungen geschlossen. Extrem waren die Eingriffe in den Universitäten von Valparaiso. Hier waren bereits vor dem Putsch die Rechte (gremialistas) stark und im Kampf mit den Christdemokraten gestanden, während die UP-Anhänger nur eine untergeordnete Rolle spielten. Zivile rechte Gruppen forcierten nach dem 11. September die Säuberung, so daß die eigenartige Situation entstand, daß die (im Vergleich zum Heer) konservative Marine die Ultra-Rechte bremsen mußte, da der Lehrbetrieb zusammenzubrechen drohte. An Valparaisos Universitäten wird das Defizit an Lehrpersonal auf 50 Prozent geschätzt. Aber auch an den anderen Landesuniversitäten herrscht ein intellektueller Aderlaß (exodo de cerebres) vor, der für ein Entwicklungsland besonders verhängnisvoll ist. Dies geht nicht nur auf die Entlassung marxistischer Lehrkräfte zurück, sondern liegt auch an der Abwanderung von Lehrkräften in die Administration (besonders rechte und politisch gemäßigte Technokraten), in die Privatindustrie (infolge der besseren Verdienstmöglichkeiten) und ins Ausland. Der politische Druck macht vielen Lehrkräften das Verbleiben an der Universität unmöglich. Die Freiheit der Lehre besteht nicht. Ständige Denunziationsgefahr und kontinuierliche Eingriffe verunsichern die Universitätslehrer, die gezwungen sind, eine Art Selbstkontrolle auszuüben. Nicht jede Disziplin steht hier vor dem Dilemma der Sozialwissenschaften. Wie soll sie ohne Kritik an den herrschenden Verhältnissen in Lateinamerika ausgeübt werden? Was ist von einer sozialwissenschaftlichen Analyse zu halten, die aufgrund der gegebenen politischen Bedingungen auf die wissenschaftliche Kategorie der Klasse verzichten muß? Aus chilenischen Instituten, dem CESO, Ceren, ILPES u. a., stammen die wichtigsten Beiträge zur Abhängigkeitstheorie, die die deutsche Forschung zur Unterentwicklung/Entwicklung gerade aufzunehmen dabei ist. Der Bruch kann kaum radikaler sein. Er kommt der Selbstaufgabe einer Disziplin gleich. Ein junger Politologe aus Valparaiso versinnbildlicht dies, indem er in seiner Lehrveranstaltung auf den spanischen Philosophen der konservativkatholischen Restauration Juan Balmes zurückgreift, der in seiner Anleitung zum wissenschaftlichen Studium 1851 hervorhob, die Bücher gut auszuwählen und sie gut zu lesen.

Glücklicherweise waren die Militärs und ihre rechtsextremen Gefolgsleute bei der Razzia nach marxistischer Literatur nicht zu einer sorgfältigen Auswahl imstande. Vernichtet wurde nach dem Buchtitel. Dem fiel allerdings in Valparaiso eine der sozialwissenschaftlich einflußreichsten Schriften in Lateinamerika zum Opfer: Ralf Dahrendorfs »Class and class-conflict«; wohingegen die Untersuchung des nordamerikanischen Marxisten Sweezy über »Capitalist Development« verschont blieb.

Unter der Militärregierung ist Chile nicht mehr Chile. Eine politische Kultur wurde zerstört. Die Opposition wächst. Sie hat ihren sichtbaren Führer in Kardinal Silva Henríquez, der in den Mittelpunkt der Seelsorge der Katholischen Kirche in Chile die Themen der Versöhnung und der Menschenrechte gestellt hat. Ihm folgend hat auch der rechte Flügel der Christdemokratie unter Expräsident Eduardo Frei und Ex-Senator Patricio Aylwin, der anfänglich den Putsch rechtfertigte, eine Haltung des Protests eingenommen, woraufhin eine scharfe Zurechtweisung durch den ehemaligen Innenminister der Militärregierung, General Oscar Bonilla, erfolgte. Die Frage ist, ob die Militärs die Schraube der Unterdrükkung und politischen Verfolgung noch weiter anziehen können, ohne vollends in die Minderheit zu geraten. Hier ist auch die wirtschaftliche Entwicklung wichtig, die nur hinsichtlich des Außenhandels aufgrund der Ausfuhrzunahmen des Kupfers und des hohen Weltmarktpreises für dieses Produkt befriedigt. Die Inflation betrug in den ersten sechs Monaten des Jahres 1974 offiziell bekanntgegebene 173,9 Prozent, vom April 1973 bis April 1974 sage und schreibe 646,2 Prozent. Demgegenüber sind die Löhne und Gehälter bisher erst um 100 Prozent gestiegen. Die unteren Schichten hungern, verstärkt noch durch die zunehmende Arbeitslosigkeit (von 4 auf etwa 15 Prozent). Aber auch die Mittelschichten, die mithalfen, Allende zu stürzen, befinden sich wirtschaftlich in einer verzweifelten Lage. Das hat sie schnell zusammen mit der politischen Verfolgung, der auch sie ausgesetzt sind, in die Opposition zum Militärregime gebracht und die antifaschistische Front verstärkt.

25. Chile – ein Lehrstück

Warum scheiterte die Revolution in Chile? Viele wußten es schon von vornherein. Einen friedlichen Weg zum Sozialismus gibt es nicht, argumentieren diese Leute, der Sozialismus kann nur gewaltsam, in der Zuspitzung des Klassenkampfes und in der Entscheidung des Klassenkampfes zugunsten des Proletariats eingeführt werden. Erst wenn die politische Macht beim Proletariat liegt, kann der Sozialismus siegreich sein. Jede revolutionäre Politik muß versuchen, den Klassenkampf zu fördern und damit die Voraussetzungen für den Sieg des Proletariats über das Bürgertum herbeizuführen. Aus dem Putsch vom 11. September ziehen diese Leute die Konsequenz, daß der demokratische Weg sich als untauglich erwiesen hat. Der Refomismus führe nicht zum Sozialismus. Teilweise stützt sich diese Argumentation auch darauf, daß eine sozialistische Revolution, die die politische Machtfrage noch unentschieden hält, nicht erfolgreich sein kann, weil die in- und ausländische Opposition sie boykottiere. Die kapitalistischen Länder schnüren ein solches Land, das den Sozialismus demokratisch einführen wolle, wirtschaftlich ein und produzierten zusammen mit den gesellschaftlichen Minderheiten ein solches Wirtschaftschaos, innenpolitische Unsicherheit und Terror, daß schließlich die Streitkräfte zugunsten der Interessen in die Politik eingriffen, die durch die Arbeiter und Bauern bedroht seien. Das Hauptargument, der Imperialismus der kapitalistischen Länder, vor allem der USA, habe die chilenische Revolution zum Scheitern gebracht, hat sich inzwischen verselbständigt. Für viele liegt darin die entscheidende Ursache, weshalb die Volkseinheit scheiterte. Es ist der allgemeine Imperialismusvorwurf, der erhoben wird, und der sicherlich in einigen Punkten zutrifft. Die Frage ist nur, ob die Allgegenwart des Imperialismus in den Ländern der Dritten Welt ausreicht, um das zeitweise Scheitern der Revolution in Chile zu begründen. Ein solcher Vorwurf muß auf seine Stichhaltigkeit überprüft werden.
Wir haben dies im Laufe der Darstellung bereits zu tun versucht, insofern, als wir in den Kapiteln über die Reformen der Regierung Allende

aufgezeigt haben, welche schwerwiegenden Fehler ihr unterliefen. Dabei wurde auch berücksichtigt, daß die Ergebnisse der von Allende eingeleiteten Politik oftmals durch den Boykott der wirtschaftlichen Gegeninteressen und durch die Opposition des In- und Auslandes mitbestimmt wurden. Aber Allendes Politik war viel zu widersprüchlich, um langfristig erfolgreich sein zu können. Wenn beispielsweise ein Ziel der Allende-Regierung war, Chile vom ausländischen Kapital unabhängig zu machen (und auch keine Kredite von sozialistischen Ländern zu erbitten), so mußte binnenwirtschaftlich dafür gesorgt werden, daß die chilenische Zahlungsbilanz* ausgeglichen war. Es mußte mehr produziert und darauf hingearbeitet werden, die Produktivität* (durch Investitionen im Ausrüstungsgüterbereich) zu erhöhen. Aber Allende tat genau das Gegenteil. Im ersten Regierungsjahr wurde mittels Lohn- und Gehaltserhöhungen der Konsum zu Lasten der Investitionen* erheblich ausgedehnt. Das war sicherlich auch ein wichtiges Ziel, die Lebensbedingungen der unteren Bevölkerungsschichten unmittelbar zu verbessern. Aber es hätte mit den anderen Maßnahmen besser abgestimmt werden müssen. Die Agrarreform wurde jedoch ohne Rücksicht auf Produktionsgesichtspunkte durchgeführt. Die Verstaatlichung der Industrien verlief so planlos, daß sowohl die sozialisierten Betriebe nicht rentabel arbeiteten, als auch die in privater Hand verbliebenen Firmen wegen der Unsicherheit hinsichtlich einer möglichen Enteignung ihre Produktion nicht aufrecht erhielten. Nachlassende inländische Produktion und gestiegene inländische Kaufkraft machten höhere Importe notwendig, die zu 50 Prozent der Ernährung der Bevölkerung dienten, und riefen auch die extremen Inflationsraten hervor, die wiederum die Lohnpolitik der Regierung zugunsten der unteren Schichten zunichte machten.

Die wirtschaftlichen Schwierigkeiten hatten zwei einschneidende Folgen: zum einen bewirkten sie, daß Allende die Mehrheit der Wählerschaft nicht dauerhaft für sich gewinnen konnte, was Voraussetzung eines erfolgreichen demokratischen Weges zum Sozialismus war. Zum anderen wurde Chiles Wirtschaft sehr verletzbar durch die Politik der Gegner der Volkseinheit, national und international. Die zweite Unabhängigkeit Chiles fand nicht statt.

Es könnten noch weitere Widersprüche der Politik Allendes aufgezeigt werden, die ebenfalls die relativ günstigen Voraussetzungen Chiles für das Modell eines demokratischen Sozialismus zu verspielen mithalfen. Der entscheidende Widerspruch aber lag in der Zulassung der doppelten Strategie. »Wenn wir den Ursachen des zeitweiligen Scheiterns (der Revolution) nachgehen, dann müssen wir auch die negative Rolle der Existenz zweier strategischer Linien innerhalb der Volkseinheit und schließlich auch in der Regierung berücksichtigen, das Fehlen einer einzigen und folgerichtigen Strategie und Taktik, die Abwesenheit eines gut ausgearbeiteten Plans, um die volle Macht zu übernehmen«, gesteht Ex-Senator und Mitglied des Zentralkomitees der Kommunistischen Partei , Volodia Teitelboim, durchaus ein. Er hebt die richtige Politik der PC hervor: »Die Kommunistische Partei hat von Anfang an mit allem Nachdruck betont, daß die Volksbewegung die Aufgabe habe, sich in eine sichere Mehrheit zu verwandeln, um endgültig und unwiderruflich die Machtfrage zugunsten des Volkes zu entscheiden. Unsere Linie leninistischer Prägung schlug vor, den objektiven Bedingungen gemäß vorzugehen, sich treu an das Programm der Volkseinheit anzulehnen, das eine breite Einheit des Volkes anstrebte, rund um die proletarische Säule als Mitte. Leider hinderte eine andere, entgegengesetzte und sektiererische Linie fortgesetzt die Anwendung der ersten, und zwar von außerhalb und von innerhalb der Volkseinheit. Sie legte die Politik der Volkseinheit lahm«.

Die extreme Linke kritisierte die Strategie, die das Programm der Volkseinheit enthielt, weil sie von vornherein überzeugt war, daß sie scheitern würde. Je mehr Widerstände auftraten, einen demokratischen Weg zum Sozialismus zu beschreiten, umso entschiedener brachten die Extremisten ihre Kritik vor. Sie wollten nicht sehen, daß vor allem die Nichteinhaltung der verfassungsmäßigen Ordnung, die sie propagierten, einen Erfolg des »eigenen chilenischen Weges zum Sozialismus« zunichte machen mußte. Nachdem Allende nicht von Anfang an entschieden die zweite Strategie bekämpfte und unterband, war vollkommen verständlich, daß diese zweite Strategie langfristig an Anhängerschaft gewinnen würde. Denn sie hinderte den Erfolg der ersten Strategie. Ohne nach den Gründen der Mißerfolge der Regierung zu fragen, gingen dann viele Gemäßigte zur Strategie des MIR über. Damit aber wurde das ganze sozialistische Experiment in Frage gestellt. Irgendwann würden die Streitkräfte eingreifen, um die Errichtung einer Diktatur des Proletariats zu vermeiden. Auf diese Konfrontation aber arbeiteten die Linksextremisten hin, vielfach in dem Bewußtsein, den Faschismus hervorzurufen als ein letzlich unvermeidliches Zwischenstadium im notwendigen, am Ende siegreichen Klassenkampf.

Es hat der sozialistischen Revolution in Chile nicht an Wählerschaft, nicht an sozialer Basis, nicht an Massenmobilisierung gefehlt. Wenn man bedenkt, daß die Volkseinheitsparteien unter Bedingungen, die für sie äußerst nachteilig waren, bei den Wahlen vom März 1973 über 43 Prozent der Wählerstimmen erzielten, so kann man ermessen, wie entschieden die Masse der Anhänger die Regierung verteidigte. Sie erkannte zwar, daß die Regierung »Scheiße« sei, wie es auf einem Wahlplakat des

MAPU hieß, aber sie wußte auch, daß jene Regierung ihre Interessen noch am besten vertreten würde. Diese Wählerschaft hat in viel stärkerem Maße als 1969 und 1970 politisch bewußt die Klassenposition gewählt. Auch wenn sie in der Minderheit blieb, hat sie an Kampfkraft gewonnen. Zu keiner Zeit hat Allende seine Massenbasis eingebüßt. Die mächtige Demonstration zum dritten Jahrestag des Wahlsieges sollte dies noch einmal zeigen.

Es hat der Revolution dagegen an einer einheitlichen Führung gefehlt. Das ist der entscheidende innere Faktor gewesen, der das Scheitern der Volkseinheit hervorrief. Die doppelte Strategie war in sich widersprüchlich und nicht gangbar. Der demokratische und der gewaltsame Weg hinderten sich gegenseitig. Da aber der gewaltsame Weg von vornherein wegen der Streitkräfte aussichtslos war, war der eigentliche Verlierer der demokratische Weg zum Sozialismus. Dies wurde nicht rechtzeitig erkannt, oder es wurde von denen, die im Laufe des Prozesses die unausbleiblichen Folgen ahnten, zu wenig unternommen, um die zweite Strategie, die Strategie des MIR, zu unterbinden. So scheiterte das Experiment der Volkseinheit. Aber weder scheiterte damit die Idee eines demokratischen Sozialismus noch die chilenische Revolution schlechthin. Man kann mit gutem Recht sagen, daß der demokratische Weg zum Sozialismus infolge der doppelten Strategie eigentlich überhaupt nicht betreten wurde. Die internen Schwierigkeiten, die sich ihm in den Weg stellten, müssen zum Teil auf die illegalen und gewaltsamen Aktionen der Extremisten zurückgeführt werden. Zudem machte das Beharren eines Teils der Linken auf den illegalen, gewaltsamen Mitteln zur Einführung des Sozialismus den Versuch, einen legalen und friedlichen Weg zu gehen, von vornherein als bloßes taktisches Operieren verdächtig. Diese und andere, aus der doppelten Strategie im wirtschaftlichen und gesellschaftlichen Bereich hervorgehenden Probleme ließen die Volkseinheit nicht zur politischen Mehrheit werden. Damit verschloß sich der demokratische Weg.

Die chilenische Revolution dagegen wartet auf die Bedingungen eines neuen Anfangs. Es wird den Militärs nicht gelingen, das revolutionäre politische Bewußtsein der chilenischen Arbeiter, Bauern und Intellektuellen zu tilgen. Es sei daran erinnert, daß die Kommunistische Partei Chiles nach Aufhebung des neunjährigen Verbots, nach Verfolgung und Internierung, bei den anschließenden Wahlen einen Stimmenanteil erreichte, der an die Zeit vor dem Verbot anschloß. Ein Drittel der chilenischen Bevölkerung ist marxistisch orientiert und wird es bleiben — je mehr Verfolgung, je mehr Repression, je mehr Verarmung, umso entschiedener. Allende starb, um zu leben. Er wußte sein Opfer richtig ein zuschätzen. Die chilenische Revolution lebt, gereift durch die gescheiterte Revolution. Sie lebt auch dann, wenn das chilenische Militär sich über lange Zeit an der Regierung halten sollte. Dies gibt ihren Anführern die Chance, mit etwas mehr Distanz zu den Ereignissen zwischen 1970 und 1973 nach den wirklichen Gründen des Scheiterns zu fragen und die agitatorischen Scheingründe zu überwinden. Die Zeit könnte auch Chancen einer neuen Bündnispolitik zwischen Unterschichten und Mittelschichten eröffnen. Die politische Verantwortung der neuen Führer gegenüber denen, die die Hoffnung eines neuen Beginns in sich tragen und heute leiden, ist größer denn je. Nur wenn die Politiker dieser immensen Verantwortung gerecht werden, kann das »Feuer unter der Asche« erneut auflodern und das chilenische Volk aus Abhängigkeit und Unterentwicklung herausführen.

Anhang

A) Glossar

Akkumulation: Ansammlung von Reichtum, besonders der Teil vorhandenen Reichtums, der als Kapital in die Produktion gesteckt wird, vor allem in deren Bedingungen (Produktionsmittel).

Anarchist: Anhänger der Idee und/oder sozialrevolutionären Bewegung, die eine freiheitliche Gesellschaftsordnung ohne Herrschaft von Menschen über Menschen anstrebt.

Andenpakt: Im Vertrag von Cartagena 1969 geschlossener Pakt zwischen Bolivien, Chile, Ekuador, Kolumbien und Peru (später trat auch Venezuela bei), der einen internen andinen Markt schafft.

arbeitsintensiv: unter hohem Einsatz von menschlicher Arbeitskraft, im Gegensatz zu – kapitalintensiv.

Ausrüstungsgüter: ♦ Investitionsgüter.

Avantgarde: Vortrupp, der sich durch besonderes revolutionäres Bewußtsein auszeichnet, Anführer der Revolution, im Marxismus-Leninismus die kommunistische Partei.

Bolschewisieren: Entwicklung des Programms und des Aufbaus der kommunistischen Parteien in aller Welt nach den sowjetrussischen Bolschewiki.

Bruttosozialprodukt: Summe aller Güter und ♦ Dienstleistungen, die eine Volkswirtschaft in einem bestimmten Zeitraum erzeugt.

Buchwert des Aktivvermögens: das wirkliche Vermögen, das in den Bilanzen von Unternehmen erscheint.

CORA: Corporación de Reforma Agraria, die Agrarreformbehörde, der die Durchführung der Agrarreform oblag.

CORFO: Corporación de Fomento de la Producción, die 1938 gegründete staatliche Entwicklungsbehörde.

CUT: Central Unica de Trabajadores, die chilenische Zentralgewerkschaft, in der alle Einzelgewerkschaften zusammengeschlossen sind.

DC: Democracia Cristiana, Christliche Demokratie, hier vor allem die chilenischen Christdemokraten.

Devisen: ausländische Zahlungsmittel, hier vor allem US-Dollar als harte Währung.

didaktisch: lehrhafte, an bestimmten Lernzielen ausgerichtete Darstellung.

Dienstleistungen: sämtliche Leistungen einer Volkswirtschaft, die nicht in den Produktionsbereichen der Landwirtschaft, des Bergbaus und der verarbeitenden Industrie erbracht werden; umfaßt zumeist Handel und Banken, Kommunikation, Verkehr, Verwaltung, selbständige Berufe etc.

dogmatisch: nennt man Einstellungen oder Thesen, die sich nicht mehr in Frage stellen oder einer Revision unterziehen lassen.

Einkammersystem: das Parlament besteht nur aus einer Kammer statt aus zwei Häusern, wie im Parlamentarismus der westlichen Demokratien vorherrschend.

Entwicklungsbank: Internationales Kreditinstitut für Lateinamerika, die sich Banco Interamericano de Desarollo nennt.

Enzykliken: (sing. Enzyklika): Rundschreiben des Papstes an die Bischöfe.

Gesetz zur Verteidigung der Demokratie: Mit diesem Gesetz vom 3. September 1948 wurde die Kommunistische Partei Chiles verboten, Teile ihrer Mitglieder verfolgt und eingesperrt. Das Gesetz wurde 1957 aufgehoben.

Guerilla: Kampfform sozialer und nationaler Befreiungsbewegungen auf der Basis irregulärer Kampfverbände; Stadtguerilla, Landguerilla: je nach dem Ausgangspunkt und/oder dem Wirkungsfeld der Guerilla.

IC: Izquierda Cristiana, die Christliche Linke, die sich von den Christdemokraten abspaltete; aber auch der linke Flügel der Christdemokraten selbst.

Ideologie: »Vorstellungen und Meinungen über die soziale und politische Wirklichkeit der Gesellschaft, die den Anspruch der Wahrheit und Allgemeingültigkeit erheben, obwohl sie unwahre, halbwahre oder unvollständige Gedankengebilde sind. Ideologie ist das Bewußtsein, das gesellschaftliche Gruppen im historischen Prozeß entwikkeln, vor allem, um ihre Herrschaft (oder Herrschaftsansprüche) zu rechtfertigen« (L. Döhn/F. Neumann, Gesellschaft und Staat. Lexikon der Politik, S. 174).

Insistenzdekrete: Die Verordnung des Präsidenten, mit der er den Einspruch des Parlaments oder Gesetzesvorhaben des Parlaments zurückweisen kann.

Investitionen: (langfristige) Anlage von Kapital in Sachgüter (Produktionsmittel).

Investitionsgüter: Maschinen und Anlagen, die zur Produktionsausrüstung gehören, mit denen Konsumgüter und Investitionsgüter produziert werden können.

Imperialismus: In der Entwicklung des Kapitalismus (Suche nach Rohstoffen, Absatzmärkten für Waren, Anlagefelder für Kapital) begründete Politik europäischer Staaten seit 1850, die zur Errichtung von Kolonialreichen führte. Der Begriff dient heute als Schlagwort zur Bezeichnung einer Politik der Machtausdehnung und Interessensphären (Beispiel: Interventionen der USA in der Dominikanischen Republik 1965 und der Sowjetunion in der Tschechoslowakei 1968).

ITT: Nordamerikanischer Großkonzern: International Telephone and Telegraph-Company.

Kalter Krieg: Periode der Ost-West-Beziehungen zwischen 1947 und Mitte der sechziger Jahre, abgelöst durch die Politik der friedlichen Koexistenz.

kapitalintensiv: unter hohem Einsatz von Kapital, hauptsächlich Maschinenarbeit, moderne Technologie, Gegensatz ♦ arbeitsintensiv.

Kolonialismus: bezeichnet die negativen Seiten der Kolonialpolitik, die Ausbeutung der Kolonialgebiete im ausschließlichen Interesse der Kolonialmächte unter Zerstörung einheimischer Wirtschafts- und Gesellschaftsstrukturen.

Kreole, kreolisch: Einheimischer, einheimisch; Menschen, die in den Kolonien geboren und dort erzogen wurden; bezieht sich in Chile nicht auf die Hautfarbe.

Landoligarche: ♦ Oligarchie.

Lebenshaltungsindex: = Preisindex für Lebenshaltung. Er gibt Aufschluß darüber, um wieviel Prozent das Leben allein infolge von Preisveränderungen (ohne Berücksichtigung der qualitativen Veränderungen der Waren hinsichtlich Auswahl und Produktqualität) vom Basisjahr zum Berichtsjahr teurer oder billiger geworden ist.

legalistisch: weniger an den Geist, sondern an den Buchstaben des Gesetzes geklammertes Verhalten und welches vor allem soziale und politische Aspekte vernachlässigt.

metrische Tonnen: auf dem Kilogramm beruhendes Gewichtssystem: eine Tonne gleich 1000 Kilogramm.

MIR: Movimiento de Izquierda Revolucionaria, Bewegung der Revolutionären Linken.

MAPU: Movimiento de Acción Popular Unitaria, Bewegung für eine einheitliche Volksaktion.

Marginalität, Marginal: die randständische, außerhalb der Gesellschaft lebende Bevölkerung in den Elendsvierteln betreffend.

Monopol: im Wirtschaftsbereich eine Form des Marktes, bei der sich das Warenangebot (oder auch die Nachfrage) in einer Hand konzentriert.

Neo-Kolonialismus: die durch das System der internationalen Wirtschaftsbeziehungen ermöglichte fortgesetzte Ausbeutung der ehemaligen Kolonialgebiete, die inzwischen politisch unabhängig geworden sind.

Oligarchie: die Herrschaft einer kleinen Gruppe, von wenigen.

PC: Partido Comunista de Chile, Kommunistische Partei Chiles.

Pluralismus, pluralistisch: das Zusammenleben und gleichberechtigte Nebeneinander verschiedener Gruppen unterschiedlicher politischer, sozialer, religiöser etc. Vorstellungen in einem Gemeinwesen.

PR: Partido Radical, Radikale Partei.

Präsidialsystem: Regierungssystem, das die Gewalten der Exekutive und Legislative strikt voneinander trennt und zumeist dem Präsidenten ein Übergewicht gibt.

Prokopfeinkommen: die Summe aller individuellen, im Produktionsprozeß erworbenen Geldeinkommen pro Kopf der Bevölkerung.

PS: Partido Socialista, Sozialistische Partei.

radikal: hier stets zur Bezeichnung der politischen Bewegung und Partei der Mittelschichten in Chile verwandt.

Reinvestitionen: Investitionen, die zum Ersatz abgenutzter Gebäude, Maschinen etc. dienen. Sie erhöhen das Volkseinkommen nicht.

Stadtguerilla: ◗ Guerilla.

Volkseinheit: das Bündnis der Parteien der politischen Linken in Chile unter Führung eines Marxisten bzw. eines Vertreters der chilenischen Arbeiterparteien, nicht der Mittelschichten.

Volksfront: das Bündnis der Parteien der politischen Linken in Chile und anderswo (u. a. Frankreich) unter Führung eines Politikers der Mittelschichten, in Chile der Radikalen Partei.

Weltbank: Internationale Kreditinstitution mit Sitz in Washington, die vor allem Entwicklungsaufgaben wahrnimmt.

Zahlungsbilanz: die Gegenüberstellung aller Zahlungen, die in einem bestimmten Zeitraum zwischen dem In- und Ausland vor allem durch Warenverkehr (Import-Export) fällig geworden sind.

Zwangskollektivierung: die zwangsweise Verstaatlichung des Bodens und Einrichtung von Staatsbetrieben.

Zu weiteren im Text verwandten Begriffen und Stichworten siehe die in der Auswahl aus dem Schrifttum angegebenen Lexika.

B) Zeittafel I

Chile 1810 – 1970: Daten und Ereignisse

18. 9. 1810: Erklärung der Unabhängigkeit durch Bernardo O'Higgins.

1818: Sieg der Unabhängigkeitsarmee über spanische Truppen bei Maipó; O'Higgins wird »Oberster Direktor«.

1823: Sturz O'Higgins'; in den folgenden Jahren innere Unruhen; Kämpfe zwischen verschiedenen Fraktionen der Oberschicht um die politische Vorherrschaft und die Verfassung.

1833: Verabschiedung einer konservativen Verfassung; starke Exekutive (Präsident alle fünf Jahre direkt von einer sehr begrenzten Wählerschaft gewählt, Wahlmanipulation); Schöpfer der politischen Ordnung, die bis 1925 in Kraft bleibt: Diego Portales, wird 1837 ermordet.

1845: Beginn der deutschen Einwanderung in das unerschlossene Südchile.

1858: Gründung der Radikalen Partei.

1860: Beginn der Unterwerfung der Araukaner, die südlich des Bío-Bío-Flusses siedeln; Errichtung von Araukaner-Reservaten.

1878: Gründung der Demokratischen Partei.

1879–84: Sog. Salpeterkrieg gegen Peru und Bolivien; Chile siegt und gliedert seinem Staatsgebiet die frühere peruanische Provinz Tarapacá und die frühere bolivianische Provinz Antofagasta an. In den folgenden Jahren verstärktes imperialistisches Eindringen britischen, später nordamerikanischen Kapitals in den chilenischen Salpeter- (später Kupfer)abbau.

1886/1891: José Manuel Balmaceda wird zum Präsidenten gewählt, versucht eine antiimperialistische Politik, stößt dabei auf Widerstand der mit dem Auslandskapital zusammenarbeitenden nationalen Bourgeoisie, die ihn schließlich stürzt. Balmaceda begeht Selbstmord. Das Parlament erringt die Vorherrschaft im Verfassungssystem; Regierungsinstabilität.

1907: Streik der Salpeterarbeiter in Iquique; Massaker der Polizei: 2000 Tote.

1911: Gründung der Sozialistischen Arbeiterpartei durch Luis Emilio Recabarren, dem Vater der chilenischen Gewerkschaftsbewegung; ab 1922 Kommunistische Partei Chiles.

1920: Arturo Alessandri Palma zum Präsidenten gewählt; Beginn der Sozialgesetzgebung.

1925: Verfassung vom 18. September 1925; Chile kehrt zum Präsidialsystem zurück.

1927–1931: Diktatur des Generals Carlos Ibañez del Campo.

1931: Sozialistische Republik der 100 Tage.

1933: Gründung der Falange, aus der 1957 die Christlich-demokratische Partei hervorgeht, und Gründung der Sozialistischen Partei.

1938: Pedro Aguirre Cerda zum Präsidenten gewählt: erste Volksfrontregierung. Staatliche Wirtschaftsplanung und Industrialisierungspolitik begonnen.

1948–57: Verbot der Kommunistischen Partei, Verfolgung, Internierung.

1964: Wahl von Eduardo Frei Montalva zum Präsidenten. Einleitung sozialrevolutionärer Maßnahmen (Kupfergesetze, Agrarreform, Verfassungsreform).

B) Zeittafel II

Chile September 1970–September 1973: Daten und Ereignisse

1970

4. September: Salvador Allende erringt die relative Mehrheit der Stimmen bei den Präsidentschaftswahlen. Zweiter Wahlgang im Kongreß erforderlich.

4. Oktober: Christdemokraten beschließen auf einem Parteikongreß, unter der Bedingung, daß ein Verfassungsstatut verabschiedet wird, im Kongreß für Allende zu stimmen.

22. Oktober: Attentat auf den Oberbefehlshaber der chilenischen Streitkräfte, General Schneider, um Allendes Wahl zu verhindern. Ausnahmezustand.

24. Oktober: Kongreß wählt Salvador Allende mit 153 von 195 zum Staatspräsidenten.

3. November: Übernahme des Präsidentenamtes durch Allende. Bildung des ersten Kabinetts. Aufhebung des Ausnahmezustands.

12. November: Wiederaufnahme diplomatischer Beziehungen zu Kuba.

1971

5. Januar: Aufnahme diplomatischer Beziehungen zur Volksrepublik China.

4. April: Kommunalwahlen. Die Parteien der Volkseinheit erringen 50,8 Prozent der gültigen Stimmen.

6. April: Aufnahme diplomatischer Beziehungen zur DDR.

8. Juni: Attentat auf Edmundo Pérez Zújovic, den früheren Innenminister der Regierung Frei. Ausnahmezustand in der Provinz Santiago.

15. Juli: Verfassungsänderndes Gesetz über die Nationalisierung des Großen Kupferbergbaus, das am 11. Juli einstimmig vom Kongreß angenommen worden war.

18. Juli: Nachwahl zum Abgeordnetenhaus in der Provinz Valparaiso. Es siegt der Kandidat der vereinten Opposition mit 50,9 Prozent der gültigen Stimmen.

Ende Juli: Abspaltung der Izquierda Cristiana von der Christdemokratie (Parra, Maira) und Spaltung des MAPU.

August: Spaltung der Radikalen Partei. Bildung der Radikalen Linken (Bossay, Baltra).

14. Oktober: Christdemokraten bringen verfassungsänderndes Gesetz über die drei Wirtschaftsbereiche im Parlament ein. Ziel: Eindämmung der illegalen Enteignungen und Verstaatlichungen. Gesetz wird Gegenstand eines dauernden Konflikts zwischen Parlament und Regierung.

10. November–4. Dezember: Besuch Fidel Castros in Chile.

11. November: Gesetzentwurf Allendes zur Verfassungsreform: Einführung eines Einkammersystems mit Parlamentsauflösungsrecht für den Staatspräsidenten.

6. Dezember: Marsch der »leeren Töpfe«.

1972

16. Januar: Nachwahlen in Linares und O'Higgins/Colchagua werden von der vereinten Opposition gewonnen.

20. Januar: Neubildung des Kabinetts.

Anfang Februar: Konklave der Volkseinheitsparteien in El Arrayán. Selbstkritik und »Erklärung von El Arrayán«.

März/April: III. Welthandelskonferenz (UNCTAD) in Santiago.

April: Innenpolitische Auseinandersetzungen um ITT-Veröffentlichung.

Mai: Zusammenstöße zwischen Polizei und MIR in Concepción.

28./29. Mai: Zweites Treffen der Volkseinheitsparteien in Lo Curro: Analyse und Selbstkritik.

17. Juni: Umbildung des Kabinetts.

16. Juli: Nachwahl zum Abgeordnetenhaus in der Provinz Coquimbo gewinnt die Regierung, allerdings bei erheblichem Stimmenverlust gegenüber 1969.

4. August: Abwertung des Escudos gegenüber dem US-Dollar um 37 bis 79 Prozent. Einführung fünf verschiedener Wechselkurse.

9. Oktober: Beginn des Streiks der Fuhrunternehmer. Ausweitung des Streiks zur Protestbewegung des Mittelstandes gegen Allende und die UP-Regierung. Ausnahmezustand in 21 Provinzen.

15. Oktober: Zeitlich befristete Gleichschaltung der Rundfunksender aus Anlaß des Streiks.

31. Oktober: Rücktritt des Kabinetts.

2. November: Eintritt der Chefs der drei Waffengattungen der chilenischen Streitkräfte in die Regierung. Prats Innenminister, CUT-Präsident Figueroa Arbeitsminister.

Ab Oktober: Nordamerikanische Gesellschaft Kennecot erwirkt Beschlagnahme chilenischer Kupferexporte in Europa.

Dezember: Auslandsreise Allendes. Bedeutende Rede des Präsidenten vor der UNO-Vollversammlung in New York gegen die Machenschaften der Multinationalen Konzerne in den Entwicklungsländern. Besuch der Sowjetunion, Kubas und Mexikos.

1973

4. März: Neuwahlen zum Kongreß. Die Regierungsparteien erhalten 44 Prozent, die Oppositionsparteien 56 Prozent der abgegebenen Stimmen. Die Volkseinheit gewinnt Sitze im Abgeordnetenhaus und Senat hinzu.

22./27. März: Rücktritt und Neubildung des Kabinetts.

29. Juni: Putschversuch des Obersten Souper wird von loyalen Truppen vereitelt.

3./5. Juli: Rücktritt und Umbildung des Kabinetts.

25. Juli: Beginn des Streiks der Transportarbeiter.

8. August: Aufdeckung einer subversiven Aktion auf dem Kreuzer A. Latorre.

9. August: Umbildung des Kabinetts. Die Oberbefehlshaber von Heer (Prats), Marine (Montero) und Luftwaffe (Danyan) übernehmen Ministerämter.

10. August: Ultimatum der Regierung an die Transportarbeiter.

13. August: Allende erklärt in einer Rundfunkansprache, Chile befinde sich am Rande des Bürgerkriegs.

17. August: Dialog Allendes mit Aylwin im Hause des Kardinals Silva Henríquez.

23. August: Erklärung des Abgeordnetenhauses, die mit 81 gegen 47 Stimmen angenommen wird, in der die Regierung als illegal bezeichnet wird.

24. August: Umbildung des Kabinetts. Prats und Montero treten auf Druck aus den Reihen der Streikräfte zurück.

3. September: Abwertung des Escudos um 14,2 Prozent. Inflationsrate auf über 300 Prozent angestiegen.

4. September: Rede Allendes zum Jahrestag seines Wahlsieges.

9. September: Rede Altamiranos. Aufforderung zur Befehlsverweigerung an die Soldaten und Mannschaften.

11. September: Militärputsch. Junta übernimmt die Macht im ganzen Land. Beginn massenhafter Erschießungen, Internierungen, Folterungen. Allende findet den Tod, seine engsten Mitarbeiter werden verhaftet oder können in ausländische Botschaften fliehen.

c) Schema: Die politischen Parteien und Bewegungen in Chile

Name (Abk.)	Gründung	Orientierung	Wählerbasis	führende Politiker
1. Parteien der Volkseinheit				
Kommunistische Partei Chiles (PC)	1922 (vorher Sozialist. Arbeiterpartei, 1911)	marxistisch-leninistisch, Moskauer Orientierung, Vorrang friedlicher Kampf, Klassenallianz	Industriearbeiter-schaft, Bergbau, städtisch, gewerk-schaftl. Organisierte	Luis Corvalán Volodia Teitelboim Orlando Millas
Sozialistische Partei Chiles (PS)	1933	marxistisch-leninistisch, nicht-sozialdemokratisch, Vorrang bewaffnete Aus-einandersetzung, castristisch	wie PC, ländliche Randzonen, untere Mittelschichten	Salvador Allende Carlos Altamirano Aniceto Rodriguez Clodomiro Almeyda
Radikale Partei (PR)	1858 älteste Partei Chiles	laizistisch-fortschrittlich, sozialdemokratisch, gemäßig-ter rechter Flügel, Spannun-gen zwischen links u. rechts	bürgerliche Mittel-schichten, vor allem ländlich	Alberto Baltra Orlando Cantuarias Hugo Miranda Anselmo Sule
Bewegung für die Volkseinheit (MAPU)	Abspaltung von der DC im Jahre 1969 (sog. Rebellen)	linkskatholischer, sich mar-xistisch entwickelnder Flügel der Christdemokratie	Mittelschicht, Uni-versität, regional auch auf dem Land	Jacques Chonchol Rodrigo Ambrosio Jaime Gazmuri Oscar Garretón
Unabhängige Volks-aktion (API)	1967	sozialdemokratisch	regional eng be-grenzt; Tarud-Wähler	Rafael Tarud
Sozialdemokratische Partei (PSD)	1967	sozialdemokratisch	untere Mittelschich-ten	Luis F. Longo
Partei der Christ-lichen Linken (IC)	Abspaltung von der DC Aug. 1971	linkskatholischer pro-Allende-Flügel der DC	Mittelschichten, Universität	Bosco Parra Luis Maira
1a. Parteien und Bewegungen außerhalb der Volkseinheit, die Allende unterstützten				
Sozialistische Volksunion (USP)	Abspaltung von der PS im Jahre 1968		Arbeiterschaft	Raúl Ampuero
Bewegung der revolu-tionären Linken (MIR)	1961 gegründet	marxistisch-leninistisch, Castro-orientiert, seit 1967 bewaffnete Aktionen	Jugend, Universität; beteiligt sich nicht an politischen Wahlen	Luciano Cruz Miguel Enriquez Nelson Gutierrez
2. Parteien und Bewegungen in Opposition zur Volkseinheit				
Christlich-Demokra-tische Partei (PDC)	1957 aus Falange (1933) hervor-gehend	christlich-humanistisch, für grundlegende Veränderungen in Wirtschaft und Gesell-schaft; vertreten »christ-lichen, humanitären, kommu-nitären Sozialismus«; Span-nungen zwischen rechtem Flügel und linkem Flügel	Volkspartei quer durch alle Bevöl-kerungsschichten; urbane Mittelschich-ten, ländliche Be-völkerung, Marginal-bevölkerung	Eduardo Frei Radomiro Tomic Renán Fuentealba Bernardo Leighton Patricio Aylwin Benjamín Prado Jaime Castillo
Nationalpartei (PN)	1967 Zusammenschl. der Liberalen und der Konservat. Partei	Verteidiger der bestehen-den Wirtschafts- und Gesell-schaftsordnung	Mittel- und Ober-schicht in Stadt und Land	Sergio O. Jarpa Sergio Diez Francisco Bulnes
Radikaldemokra-tische Partei (DR)	1969 Abspaltung von der Radikalen Partei	der rechte Flügel der Radi-kalen Partei, der durch das Bündnis mit den marxisti-schen Parteien die Traditions-partei verließ	Konservative Sek-toren der radika-len Wählerschaft	Julio Durán
Partei der Ra-dikalen Lin-ken (PIR)	August 1971 Abspaltung von der Radikalen Partei	Mißbilligt marxistische Orien-tierung der Radikalen Par-tei, tritt Anfang 1972 aus der Volkseinheit aus	Freiheitlich-demo-kratisch orientier-te Sektoren der ra-dikalen Wählerschaft	Alberto Baltra Luis Bossay
»Vaterland und Freiheit«	1970	Neo-faschistische Bewegung zunächst mit dem Ziel, mit allen Mitteln die Regierungs-übernahme durch Allende zu verhindern, dann seinen Sturz herbeizuführen; paramili-tärische Organisation	Mittel- und Ober-schicht (ohne Be-teiligung an Wahlen)	Pablo Rodriguez

D) Tabelle 1:

Ergebnisse der Wahlen zum chilenischen Abgeordnetenhaus 1961–1973 nach Stimmen und Mandaten (absolut und prozentual)

Parteien	Wahlen vom 5. März 1961 Stimmen		Mandate		Wahlen vom 7. März 1965 Stimmen		Mandate	
	absolut	in %	abs.	in %	abs.	in %	abs.	in %
Konservative (PCU)	198260	14,7	17	11,7	121882	5,3	3	2,0
Liberale (PL)	222485	16,6	28	19,0	171979	7,5	6	4,1
Christl. Dem. (DC)	213468	16,0	23	15,7	995187	43,6	82	55,8
Demokraten (PD)	772	0,05	–	–	21518	1,0		
Radikale (PR)	296828	22,2	39	26,2	312912	13,7	20	13,6
Sozialdem. (PSD)	–	–	–	–	–	–	–	–
Nationaldem. (PADENA)	95179	7,1	12	8,2	74585	3,3	3	2,0
Sozialisten (PS)	149122	11,2	12	8,2	241593	10,6	15	10,2
Sozial. Volksun. (USP)	–	–	–	–	–	–	–	–
Kommunisten (PC)	157572	11,8	16	11,0	290635	12,7	18	12,2
Vang. Nacional (VNP)	–	–	–	–	5637	0,25	–	–
Unabhängige (INDEP)	2720	0,15	–	–	5669	0,25	–	–
Andere	3490[1]	0,2	–	–	40845[2]	2,0	–	–
Insgesamt	1339896	100,0	147	100,0	2282443	100,0	147	99,9

Parteien	Wahlen vom 2. März 1969 Stimmen		Mandate		Wahlen vom 4. März 1973 Stimmen		Mandate	
	absolut	in %	abs.	in %	abs.	in %	abs.	in %
Nationale (PN)	480523	20,4	33	22,0	776190	21,7	34	22,7
Radikaldem. (DR)	–	–	–	–	72027	2,0	2	1,3
Christdem. (DC)	716547	31,0	56	37,3	1043815	29,2	50	33,3
Radikale (PR)	313559	13,6	24	16,0	129615	3,6	5	3,3
Sozialdem. (PSD)	20560	1,0	–	–	–	–	–	–
Nationaldem. (PADENA)	44818	2,0	–	–	12776	0,4	–	–
Radikale Linke (PIR)	–	–	–	–	64977	1,8	1	0,7
Unabh. Volksakt. (API)	–	–	–	–	27108	0,7	2	1,3
Christl. Linke (IC)	–	–	–	–	37767	1,1	2	1,3
MAPU	–	–	–	–	93965	2,6	2	1,3
Sozialisten (PS)	294448	12,7	15	10,0	663259	18,6	28	18,7
Sozial. Volksun. (USP)	51904	2,3	–	–	32268	0,9	–	–
Kommunisten (PC)	383049	16,7	22	14,7	578695	16,2	24	16,0
Andere	2104	0,1	–	–	42653	1,2	–	–
Insgesamt	2307512	99,8	150	100,0	3564226	100,0	150	100,0

Anmerkungen: 1) Darunter 772 Stimmen für die Demokratische Partei und 96 Stimmen für die Volkskommandos; 2) darunter 15173 Stimmen für die Nationale Aktion, 3121 Stimmen für die Volkskommandos, 21518 Stimmen für die Demokratische Partei.
(Quelle: Zusammengest. nach Statistiken der Dirección del Registro Electoral, Santiago.)

D) Tabelle 2:

Ergebnisse der chilenischen Präsidentschaftswahlen 1952–1970

Wahl vom 4. September 1952

Wahlberechtigt	1 105 029
in Prozent der Bevölkerung	18,4
Wahlbeteiligung	957 102
in Prozent der Wahlberecht.	86,6
Ungültige Stimmen	2 971
in Prozent	0,3

Kandidaten	Stimmen absolut	in %
C. Ibañez del Campo	446 439	46,8
Arturo Matte	265 357	27,8
Pedro Alfonso	190 360	19,9
Salvador Allende	51 975	5,5
Insgesamt	954 131	100,0

Wahl vom 4. September 1958

Wahlberechtigt	1 497 902
in Prozent der Bevölkerung	21,8
Wahlbeteiligung	1 250 350
in Prozent der Wahlberecht.	83,5
Ungültige Stimmen	14 798
in Prozent	1,1

Kandidaten	Stimmen absolut	in %
Jorge Alessandri	389 909	31,6
Salvador Allende	356 493	28,8
Eduardo Frei	255 769	20,7
Luis Bossay	192 077	15,6
Antonio Zamorano	41 304	3,3
Insgesamt	1 235 752	100,0

Wahl vom 4. September 1964

Wahlberechtigt	2 915 121
in Prozent der Bevölkerung	36,6
Wahlbeteiligung	2 530 697
in Prozent der Wahlberecht.	86,8
Ungültige Stimmen	18 550
in Prozent	0,7

Kandidaten	Stimmen absolut	in %
Eduardo Frei	1 409 012	56,1
Salvador Allende	977 902	38,9
Julio Durán	125 233	5,0
Insgesamt	2 512 147	100,0

Wahl vom 4. September 1970

Wahlberechtigt	3 539 747
in Prozent der Bevölkerung	36,2
Wahlbeteiligung	2 954 799
in Prozent der Wahlberecht.	83,5
Ungültige Stimmen	31 505
in Prozent	1,1

Kandidaten	Stimmen absolut	in %
Salvador Allende	1 070 334	36,6
Jorge Alessandri	1 031 159	35,3
Radomiro Tomic	821 801	28,1
Insgesamt	2 923 294	100,0

(Quelle: Zusammengestellt und berechnet nach Angaben der Dirección del Registro Electoral, Santiago)

F) Literaturhinweise

Zunächst zwei sehr hilfreiche Lexika:
Drechsler/Hilligen/Neumann: Gesellschaft und Staat. Lexikon der Politik, 2. Auflage Baden-Baden 1971.
Görlitz, Axel (Hrsg.): Handlexikon zur Politikwissenschaft, 2 Bde., Reinbek bei Hamburg 1973.

Zu Lateinamerika allgemein informieren:
Sandner, Gerhard und Hanns-Albert Steger (Hrsg.): Lateinamerika, Fischer Länderkunde Band 7, Frankfurt 1973.
Nohlen, Dieter und Franz Nuscheler (Hrsg.): Unterentwicklung und Entwicklung in Amerika, Band III des Handbuches der Dritten Welt, in Vorb. (Hamburg 1975).

Zur kolonialen Eroberung:
Konetzke, Richard: Entdecker und Eroberer Amerikas, Fischer-Taschenbuch 533, Frankfurt 1963.
Konetzke, Richard: Süd- und Mittelamerika I. Die Indianerkulturen Altamerikas und die spanisch-portugiesische Kolonialherrschaft, Fischer Weltgeschichte 22, Frankfurt 1965.
Eine leicht lesbare, in den Informationen und den Wertungen nicht immer zufriedenstellende Untersuchung zur gegenwärtigen Politik in Lateinamerika ist:
Grabendorff, Wolf: Lateinamerika – wohin?, 2. Auflage München 1971.

Anspruchsvoller sind die beiden Reader von:
Lindenberg, Klaus (Hrsg.): Politik in Lateinamerika. Interne und externe Faktoren einer konfliktorientierten Entwicklung, Bonn-Bad Godesberg 1971.
Grabendorff, Wolf (Hrsg.): Lateinamerika – Kontinent in der Krise, Hamburg 1973.
Probleme der Unterentwicklung und Entwicklung, Theorien über die Verursachung von Unterentwicklung und Strategien der Überwindung von Unterentwicklung sprechen an:
Senghaas, Dieter (Hrsg.): Peripherer Kapitalismus, Analysen über Abhängigkeit und Unterentwicklung, Frankfurt 1974.
Nohlen, Dieter und Franz Nuscheler (Hrsg.): Theorien und Indikatoren von Unterentwicklung und Entwicklung, Band I des Handbuches der Dritten Welt, Hamburg 1974.

Zu Chile ist deutschsprachige Literatur inzwischen recht breit. Die wissenschaftliche Qualität hat jedoch mit der quantitativen Erweiterung der Schriften nicht Schritt gehalten. Deshalb beschränken wir uns auf die folgenden Titel.
Grundlegend für die geographische Gegebenheiten ist
Weischet, Wolfgang: Chile. Seine länderkundliche Struktur und Individualität, Darmstadt 1970.
Weischet, Wolfgang: Agrarreform und Nationalisierung des Bergbaus in Chile, Darmstadt 1974.
In Ergänzung dazu empfiehlt sich immer der Rückgriff auf die Veröffentlichungen des Statistischen Bundesamtes in Wiesbaden. In den Länderberichten der Allgemeinen Statistik des Auslandes erschien 1970 der Länderbericht Chile.

Quellen zum chilenischen Weg:
Allende, Salvador: Chiles Weg zum Sozialismus, Wuppertal 1972.
Debray, Régis und Salvador Allende: Der chilenische Weg, Neuwied, Darmstadt, Berlin 1972.
Chile – Volkskampf gegen Reaktion und Imperialismus, Berlin 1973.

Darstellungen, die bis an die Regierungsübernahme durch Salvador Allende heranführen und die ersten Maßnahmen der Volkseinheit noch analysieren:

Eßer, Klaus: Durch freie Wahlen zum Sozialismus oder Chiles Weg aus der Armut, Reinbek bei Hamburg 1972 (mit sehr vielen Daten aus einer unbestimmt linken Position).

Boris, Dieter und Elisabeth Boris, Wolfgang Ehrhardt: Chile auf dem Weg zum Sozialismus, Köln 1971 (aus marxistischer Sicht eine sehr lesenswerte historische Analyse; je näher sie an die Gegenwart heranführt, desto weniger stichhaltig und fehlerhaft in den Entwicklungsprognosen).

Die erste detaillierte Untersuchung der Allende-Regierung, zeitlich unter Einschluß der Märzwahlen von 1973:

Nohlen, Dieter: Chile. Das sozialistische Experiment, Hamburg 1973 (kritisch zur Politik der Volkseinheit, die die Chancen auf einen demokratischen Sozialismus in Chile vertut).

Nach dem Putsch:

Nohlen, Dieter: Warum scheiterte Salvador Allende, in: Aus Politik und Zeitgeschichte, B 42/1973, S. 3–21.

Nohlen, Dieter und Klaus Schäffler: Die wirtschaftlichen Gründe des Scheiterns von Salvador Allende, in: Hamburger Jahrbuch für Sozial- und Wirtschaftspolitik, Hamburg 1974, S. 43–65.

Chile – Ein Schwarzbuch, Köln 1974 (Sehr gutes Bildmaterial, sehr einseitige Interpretation, politische Agitation).

Komitee Solidarität mit Chile (Hrsg.): Konterrevolution in Chile, Reinbek bei Hamburg 1974.

Buschmann, Martha (Hrsg.): Freiheit für Chile! Reden und Aufsätze von Corvalán 1967 – 1973, Frankfurt 1973.

Weitere Arbeiten des Autors zu Chile:

Nohlen, Dieter: Sozio-ökonomischer Wandel und Verfassungsreform in Chile 1925–1972, in: Verfassung und Recht in Übersee, Heft 1/1973.

Nohlen, Dieter und Otto Boye Soto: Sozialreform, Sozialismus, Reaktion. Chile 1964–1974, in: Herderkorrespondenz, Heft 19/1974.

Nohlen, Dieter und Otto Boye Soto: War die Konterrevolution unvermeidlich? Mittelschichten und Militär in Chile, in: Verfassung und Recht in Übersee, Heft 4/1974.

Darstellungen, die bis an die Regierungsübernahme durch Salvador Allende heranführen und die ersten Maßnahmen der Volkseinheit noch analysieren:

Eßer, Klaus: Durch freie Wahlen zum Sozialismus oder Chiles Weg aus der Armut, Reinbek bei Hamburg 1972 (mit sehr vielen Daten aus einer unbestimmt linken Position).

Boris, Dieter und Elisabeth Boris, Wolfgang Ehrhardt: Chile auf dem Weg zum Sozialismus, Köln 1971 (aus marxistischer Sicht eine sehr lesenswerte historische Analyse; je näher sie an die Gegenwart heranführt, desto weniger stichhaltig und fehlerhaft in den Entwicklungsprognosen).

Die erste detaillierte Untersuchung der Allende-Regierung, zeitlich unter Einschluß der Märzwahlen von 1973:

Nohlen, Dieter: Chile. Das sozialistische Experiment, Hamburg 1973 (kritisch zur Politik der Volkseinheit, die die Chancen auf einen demokratischen Sozialismus in Chile vertut).

Nach dem Putsch:

Nohlen, Dieter: Warum scheiterte Salvador Allende, in: Aus Politik und Zeitgeschichte, B 42/1973, S. 3–21.

Nohlen, Dieter und Klaus Schäffler: Die wirtschaftlichen Gründe des Scheiterns von Salvador Allende, in: Hamburger Jahrbuch für Sozial- und Wirtschaftspolitik, Hamburg 1974, S. 43–65.

Chile – Ein Schwarzbuch, Köln 1974 (Sehr gutes Bildmaterial, sehr einseitige Interpretation, politische Agitation).

Komitee Solidarität mit Chile (Hrsg.): Konterrevolution in Chile, Reinbek bei Hamburg 1974.

Buschmann, Martha (Hrsg.): Freiheit für Chile! Reden und Aufsätze von Corvalán 1967 – 1973, Frankfurt 1973.

Weitere Arbeiten des Autors zu Chile:

Nohlen, Dieter: Sozio-ökonomischer Wandel und Verfassungsreform in Chile 1925–1972, in: Verfassung und Recht in Übersee, Heft 1/1973.

Nohlen, Dieter und Otto Boye Soto: Sozialreform, Sozialismus, Reaktion. Chile 1964–1974, in: Herderkorrespondenz, Heft 19/1974.

Nohlen, Dieter und Otto Boye Soto: War die Konterrevolution unvermeidlich? Mittelschichten und Militär in Chile, in: Verfassung und Recht in Übersee, Heft 4/1974.